JN021678

島根県の教員採用試験過去問シリーズ❸

2025年度版

島根県の国語科

過去問

協同教育研究会 編

協同出版

本書には，島根県の教員採用試験の過去問題を収録しています。各問題ごとに，以下のように5段階表記で，難易度，頻出度を示しています。

難　易　度

非常に難しい	☆☆☆☆☆
やや難しい	☆☆☆☆
普通の難易度	☆☆☆
やや易しい	☆☆
非常に易しい	☆

頻　出　度

◎	ほとんど出題されない
◎◎	あまり出題されない
◎◎◎	普通の頻出度
◎◎◎◎	よく出題される
◎◎◎◎◎	非常によく出題される

※本書の過去問題における資料，法令文等の取り扱いについて

本書の過去問題で使用されている資料や法令文の表記や基準は，出題された当時の内容に準拠しているため，解答・解説も当時のものを使用しています。ご了承ください。

はじめに～「過去問」シリーズ利用に際して～

教育を取り巻く環境は変化しつつあり、日本の公教育そのものも、教員免許更新制の廃止やGIGAスクール構想の実現などの改革が進められています。また、現行の学習指導要領では「主体的・対話的で深い学び」を実現するため、指導方法や指導体制の工夫改善により、「個に応じた指導」の充実を図るとともに、コンピュータや情報通信ネットワーク等の情報手段を活用するために必要な環境を整えることが示されています。

一方で、いじめや体罰、不登校、暴力行為など、教育現場の問題もあいかわらず取り沙汰されており、教員に求められるスキルは、今後さらに高いものになっていくことが予想されます。

本書の基本構成としては、出題傾向と対策、過去5年間の出題傾向分析表、過去問題、解答および解説を掲載しています。各自治体や教科によって掲載年数をはじめ、「チェックテスト」や「問題演習」を掲載するなど、内容が異なります。

また原則的には一般受験を対象としております。特別選考等については対応していない場合があります。なお、実際に配布された問題の順番や構成を、編集の都合上、変更している場合があります。あらかじめご了承ください。

最後に、この「過去問」シリーズは、「参考書」シリーズとの併用を前提に編集されております。参考書で要点整理を行い、過去問で実力試しを行う、セットでの活用をおすすめいたします。

みなさまが、この書籍を徹底的に活用し、教員採用試験の合格を勝ち取って、教壇に立っていただければ、それはわたくしたちにとって最上の喜びです。

協同教育研究会

C O N T E N T S

第１部

島根県の
国語科
出題傾向分析

島根県の国語科　傾向と対策

出題分野は、中高の共通問題として現代文(評論・随筆)、古典(古文)、国語常識である。二〇二四年度、中学では「電子メールと手紙」に関する国語常識、高校では「漢文」が出題され、学習指導要領及び学習指導法は出題されなかった。解答形式は選択式と記述式である。

評論は、貞包英之『消費社会を問いなおす』と「新聞記事」「内閣府の資料」からの出題。①図の選択　②表記の効果　③空欄補充　④表現の工夫　⑤「資料についての設問」などが問われている。難易度は標準以上。

評論は論理を中心とする体系的な文章である。文章読解の手順は(1)語句の検討(同義語・類義語・対義語等)、(2)主述関係に注意し文と文の関係を考え論理的なつながりを正確に把握する、(3)段落相互の関係を考えながら大意や要旨をつかみ、主題を把握、である。(1)から(3)を反復的に行い、文章内容の読解を踏まえ、設問に答える。

小説は、二〇二四年度は出題されていないが、心情把握、空欄補充、表現の効果、表現の特徴などが問われる。小説は評論と異なり非体系的で情緒的かつ叙情性のある文章である。そのため、人物の言動や心理の変化、また場面の描写に着目し、登場人物の性格や心情を読み取ることが大切である。

随筆は安岡章太郎『犬をえらばば』からの出題。①文中からの抜き出し　②語句の意味　③筆者の思い　④筆者の主張　⑤文中の作家の表現の違いが問われている。難易度は標準。

随筆は非体系的で断片的な文章である。日常の具体的経験を取り上げるが、それは単に特殊・具体にとどまらず一般性や本質の把握につながり、人間についての興味と新しい発見がある。

古文は、『十訓抄』から出題されている。①語句と表現に関する説明　②現代語訳　③心情の変化　④主語の選

択　⑤敬語の種類　⑥抜き出し　⑦作中人物の心理が問われている。難易度は標準程度。

古文の学習では、解釈・文法(動詞・助動詞の意味や敬語・慣用句など)ともに古語の読みと意味や基礎的事項をしっかりと固めることで、読解力が身につき、内容把握、理由説明の力も必然的に伴ってくる。

漢文は、二〇二三年度は出題されず二〇二四年度は高校のみの出題である。『淮南子』からの出題。①漢字の読み　②傍線部解釈　③返り点　④書き下し文　⑤傍線部説明(十五字以内、五十字以上六十字以内の二問)　⑥内容合致が問われている。難易度は標準以上。

漢文の学習においても古文の学習と同様に基礎的な知識の定着が重要になる。漢字の読み・意味、句形、返り点、書き下し、口語訳の学習に反復的に取り組むことで、読解力はそれに相関して向上する。

中学校は「職場体験学習」に関する電子メールと手紙について国語常識が問われている。①口語文法　②敬語表現　③筆順　④件名の指導　⑤行書の特徴など。難易度は標準。

中高共通の国語常識では、漢字の読み書き、慣用句、四字熟語、漢字の部首が出されている。

学習指導要領については、二〇二四年度は出題されていないが二〇二三年度は、中学では「各学年の目標」と教材に関する配慮事項、高校では「古典探究」からの出題があった。すべて空欄補充。また、学習指導法については、「現代の国語」の「A　話すこと・聞くこと」の指導「スピーチ」に関する設問が三題出されていた。難易度は標準程度。

学習指導要領に関する問題では、学習指導要領の改訂の趣旨を踏まえ教科目標・科目目標と各教科の内容および指導事項を理解しておく。学習を行う際には、学習指導要領全体を体系的に理解しておくことが重要である。同様に、学習指導法の問題についても、学習指導要領を踏まえた指導法が求められている。まずは学習指導要領の内容を確実に押さえることが重要である。

全体的な対策としては、年度ごとに出題内容が変わっている。このことを認識したうえで、各分野の基礎的知識の学習を徹底的に行い、過去問を分析し、その出題傾向を把握しておくことが大切である

過去5年間の出題傾向分析

●：中高共通　◎：中学　○：高校

分類	主な出題事項	2020年度	2021年度	2022年度	2023年度	2024年度
現代文	評論・論説	●	●	●	●	●
	小説	●	●	●	●	
	随筆					●
	韻文（詩・俳句・短歌）					
	近代・文学史		●			
古文	物語				●	
	説話	●		●		●
	随筆		●			
	日記					
	和歌・俳句			●		
	俳論					
	歌論			●		
	能楽論					
	古典文学史			●		
漢文	思想・政治		●	●		○
	漢詩文					
	漢詩					
	歴史					
	説話	●				
	中国古典文学史			●		
学習指導要領		◎ ○	◎ ○	◎ ○	◎ ○	
学習指導法		●	●	○	○	
その他		●		●	●	○ ●

第２部

島根県の
教員採用試験
実施問題

二〇二四年度　実施問題

【中高共通】

【一】各問に答えよ。

問1　次の漢字に関する問に答えよ。

(1)　次のア、イの傍線部の漢字の読みをひらがなで答えよ。

ア　漸く手に入れることができた。

イ　彼は文化人類学に造詣が深い。

(2)　次のア、イの傍線部で示したカタカナを漢字で記せ。

ア　久しぶりに会った友人とホウヨウを交わす。

イ　フランス文学にケイトウしている。

(3)　次の漢字の部首名を答えよ。

夢

問2　次の語句に関する問に答えよ。

(1)　四字熟語とその意味の組み合わせとして適当でないものをA～Eから選び、記号で答えよ。

A　快刀乱麻…難事を手際よく処理すること。

B　深謀遠慮…先々のことを考えて周到に計画を練ること。
C　杓子定規…物事の基本に沿って規律を正すこと。
D　南船北馬…各地にせわしく旅すること。
E　当意即妙…その場に合わせてすばやく機転をきかすこと。

(2)　次に示した意味を表す慣用句として最も適当なものを以下のA～Eから選び、記号で答えよ。

今までの親しい関係を絶って、冷淡なあつかいをする。

A　肩を入れる　B　泥を吐く　C　水泡に帰す　D　野に下る　E　袖にする

(☆☆☆◎◎◎)

【二】次のⅠ～Ⅲの文章を読み、以下の問に答えよ。(出題の都合上、一部本文に修正を加えている。)

Ⅰ

消費は現在、①他者と競い合うコミュニケーションのゲームとしてだけではなく、②私的な快楽や幸福を終わりなく追求する実践として、無数の人びとにくりかえされている。

そのおかげでこれまで商品化の原理がなかなか及ばなかった分野にまで、消費のゲームが拡大している。教育や介護など商品となりにくかった対象が、その文脈から切り離され(＝離床化され disembedded)、販売されているのである。それに加え、空間的にみれば、消費社会化が西洋諸国だけではなく、アジア・アフリカなどにも着実に及んでいることが見逃せない。自動車や携帯電話、または海賊版的な違法・脱法的商品の流通を促しながら、購買活動はたんに生活を潤すだけではなく、人が人として生きる自由と尊厳を支える欠かせない機会になっているのである。

だからこそ消費社会は端的には否定できない。とはいえ消費社会としてあるこの社会に問題[a]がないわけではない。消費は生活に欠かせない役割をますますはたしている一方で、いくつかの難問をはらみ、場合によっては、それが消費社会の存続さえ危うくしている。社会が将来いかになるべきかという理想を考える上では、そうした問題をみてみぬ振りはできないのである。

消費社会の最初の、そしてきわめて大きな限界になるのが、消費にかかわる自由の配分である。消費は人びとがモノを選択し手に入れる自由を保証するが、そのためには当然、貨幣による支払いが必要になる。しかし貨幣は均等に配分されているわけではない。ピケティ[*1]が指摘していたように、資本主義には富める者をますます富まし、貧しい者をますます貧しくする傾向がある。一パーセントの豊かな者の収入が総所得に占める割合は、たしかに二〇世紀中盤に減少したものの、米国や英国などのアングロサクソン国家では一九八〇年代に再び上昇し、一九三〇年代の水準にまで回帰している。日本ではそこまでではないものの、一九九〇年代には同じく格差拡大の傾向がみられ、豊かな者の所得が総所得に占める割合は、少なくとも一九五〇年代の規模に舞い戻っているのである（図1[b]）。

[ア]、格差の拡大はすぐに消費の自由を台無しにしてしまうわけではない。デフレの到来が一〇〇円ショップでの「賢い」消費を活性化していったように、格差の拡大は商品の価格低下や多様化を促すことで、消費のゲームをにぎやかにもしてきた。

ただし格差が消費のゲームに参加さえできない者を増やすのであれば、やはり問題になる。何であれモノを買うことは、消費社会では、その人の尊厳を支える他に代えがたい契機になる。自分で好きに選択することは、その人の独自性や固有のライフスタイルを具体的に守る砦《とりで》になるからである。

資本主義のなかで自由な選択を許されていなかったり、またそもそも消費のゲームに参加さえできない人がいることは、それゆえ「公平(fair)」とはいえない。消費がますます重要な役割を担う社会で、自分の欲望や望みに対して配慮を受けず、そのため自分の居場所が充分に与えられないことをそれは意味しているためである。

こうした不公平の増大に対して、是正が試みられてこなかったわけではない。それを担ったのが国家である。マルクス主義的にいえば、資本主義は過剰生産による購買力の不足という問題を潜在的にかかえている。二〇世紀社会は労働者の賃金を増やすことでそれに対応してきたとされるが、ただしそれは自発的に、また充分になされてきたわけではない。労働力が切迫した限定的な状況を除けば、個々の企業には賃金を上げる動機は乏しかったからである。

だからこそ国家はそれを補い、労働者の賃金を直接、または間接的に維持することに努めてきた。たとえばデイヴィッド・ガーランドによれば、一九世紀末から二〇世紀なかばにかけて労災保険や疾病、出産保険など所得保障を試みる制度が各国で整備されていく。資本主義が拡大していくなかで、国家の手によって労働者の生活を保障することがまがりなりにもグローバルに一般化していくのである。

こうした流れは、二〇世紀なかば以降には、個々の企業の代わりに国が労働者の暮らしを担うことを目指す「福祉国家」へと結実した。ナショナリズムの高まりや、それを前提とした総力戦体制の確立にも後押しされ、程度の差はあれ、国民の生活を積極的に保護していくことを多くの国家が目標とし始める。他方、財政的にみればこの動きは、公共投資などへの支出を拡大することで完全雇用を目指すケインズ的財政政策の一般化と並行していた。国民生活を直接維持しようとするのか、または完全雇用によって間接的に大多数の国民の生活を安定させることを目指すのかというちがいはあれ、積極的に税金を投下して国民の生活を維持することを多くの国家が目標とし始めていくのである。

こうした国家の舵取りは二〇世紀の最後の四半世紀にたしかに広汎な挑戦を受けることになった。税収を増やし、その代わりに福祉に力を入れる「大きな政府」への志向は新自由主義的な思潮のもと否定され、代わりに民間セクターとの協力関係を前提に統治を実現する「小さな政府」が企図されていくのである。

ただしそれによって福祉国家的試みが完全に放棄されたわけではない。新自由主義も国家を端的に敵視したわけではなく、むしろ利率や為替レートの操作、さらには一部の業界の規制緩和策などの手段を使って、自国のグローバルな経済的優位を確立しようと努めてきた。そうした枠組みのなかで経済を安定化させる最低限の装置として、社会保障制度はしばしば縮小が議論されながらも、なお維持されてきたのである。

実際、日本でも国家の介入によって所得格差はかなりの程度、改善されている。確認したように、平成の時代、不平等を表現するジニ係数[*2]は上昇し、所得の配分は世帯によってさらなる偏りを生んだ。ただしそれは税収や年金給付等の調整以前の話であり、再分配がおこなわれた後の数字をみれば、ジニ係数はかなり安定している(図2)。格差が拡大したことには、そもそも高齢化の影響が大きかったが、高齢者に対する年金を中心に多くの税金が投入されることで、全体としての平等はかなりの程度、維持されてきたのである。

(貞包英之『消費社会を問いなおす』より)

＊1　ピケティ…フランスの経済学者。

＊2　ジニ係数…所得などの分布の均等度合を示す指標。0に近づくほど格差が小さく、不平等が大きいほど1に近くなる。

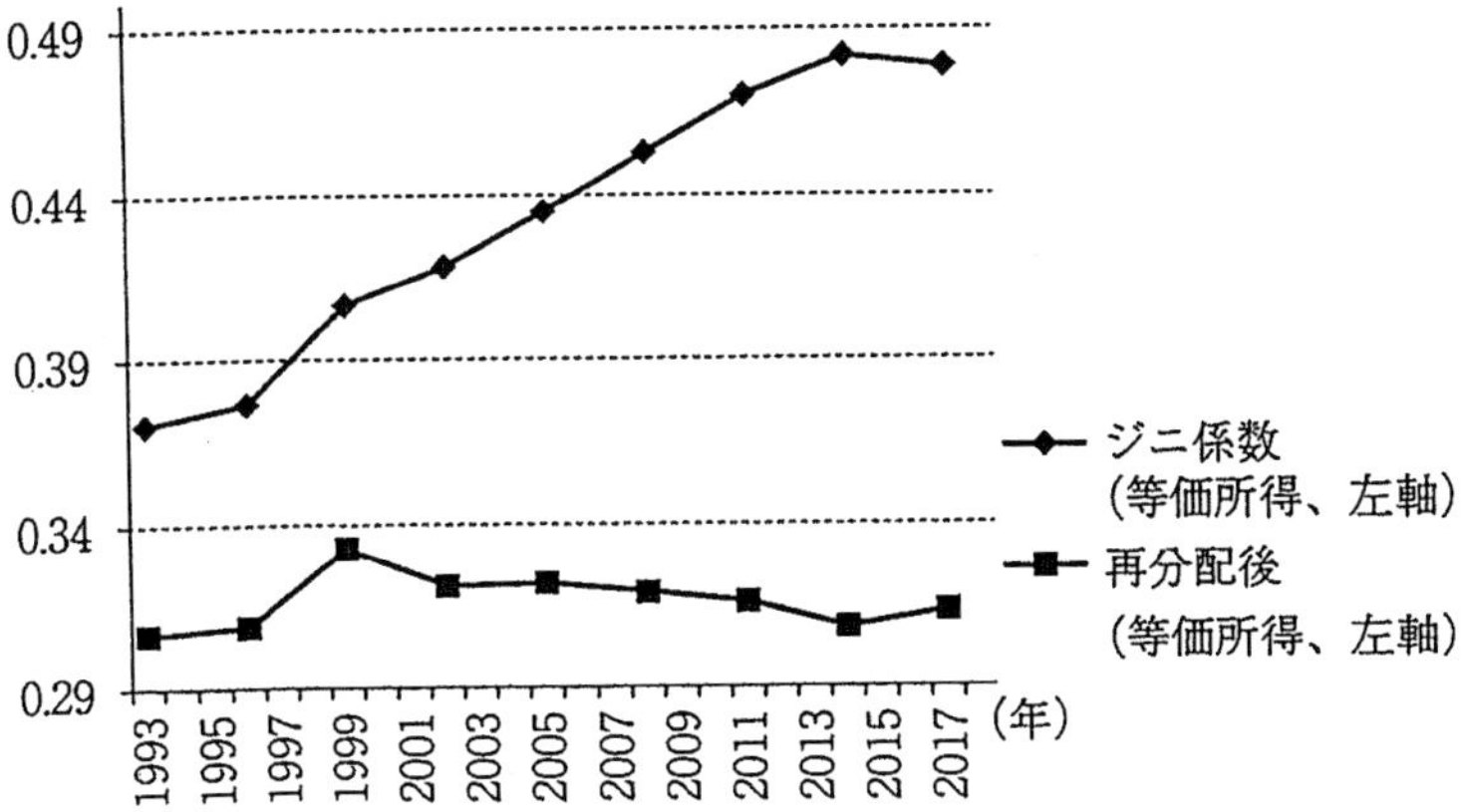

ジニ係数、相対的貧困率（所得再分配調査より作成）

図2

Ⅱ 新聞記事

日本の経済格差「深刻」88%、縮小のため「賃金底上げを」51%…読売世論調査

読売新聞社は格差に関する全国世論調査(郵送方式)を実施し、日本の経済格差について、全体として「深刻だ」と答えた人は、「ある程度」を含めて88%に上った。「深刻ではない」は11%だった。具体的な格差7項目について、それぞれ今の日本で深刻だと思うかを聞くと、「深刻だ」との割合が最も多かったのは「職業や職種による格差」と「正規雇用と非正規雇用の格差」の各84%だった。岸田首相は「新しい資本主義」を掲げ、これまで市場に依存し過ぎたことで格差や貧困が拡大したと繰り返してきた。調査からも、格差への問題意識が広く共有されていることが明らかになった。自分自身が不満を感じたことがある格差(複数回答)としては、「正規雇用と非正規雇用の格差」の47%が最も多く、「職業や職種による格差」42%、「都市と地方の格差」33%などが続いた。格差縮小のため、政府が優先的に取り組むべき対策(3つまで)は、「賃金の底上げを促す」51%、「大企業や富裕層への課税強化など税制の見直し」50%、「教育の無償化」45%などの順で多かった。日本の経済格差が今後どうなると思うかを聞くと、「拡大する」が50%で、半数が悲観的だった。「変わらない」は42%で、「縮小する」は7%にとどまった。

(読売新聞二〇二二年三月二十七日より)

格差縮小のために優先すべき対策（３つまで）

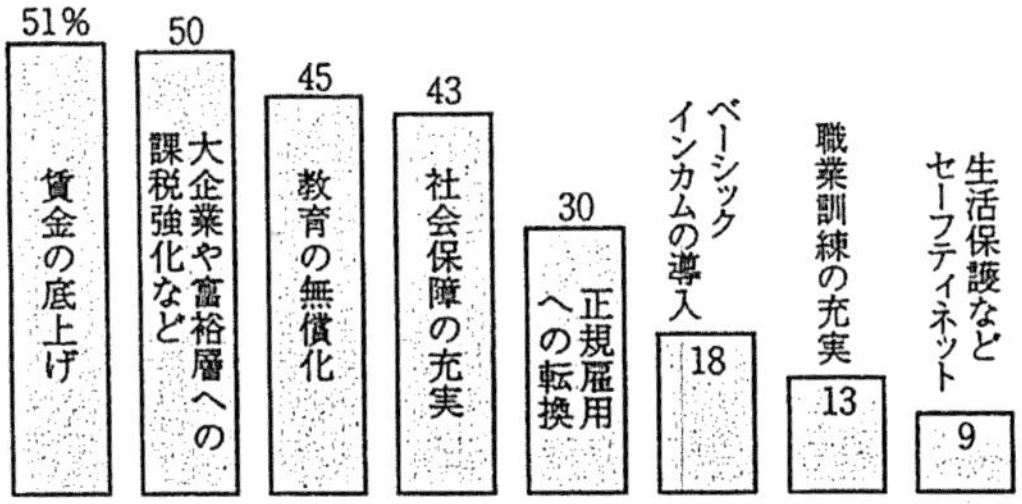

年代別（上位３項目）	1位	2位	3位
18～39歳	賃金の底上げ	教育の無償化	社会保障の充実
40～59歳	教育の無償化	賃金の底上げ	大企業や富裕層への課税強化など
60歳以上	大企業や富裕層への課税強化など	賃金の底上げ 社会保障の充実	

（Ⅱの資料）

Ⅲ　内閣府の資料

日本では戦後、三大都市圏を中心とした都市圏と、農漁村を含む地方圏との間での所得格差が続いてきた。そして、こういった所得格差と人口移動の間には密接な関係があり、より所得の高い魅力的な地域に、地方から若年層を中心に人口が流出してきたと考えることができる。一方で、都市圏と地方圏の格差を考える際に、単純に所得格差のみを比較してよいのかという問題もある。地域によって生活に必要な費用は異なり、また物

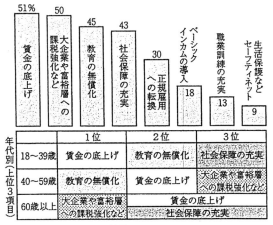

価の違い、住宅環境の違いなどがある。単に所得の金額だけを比較してどちらが豊かかを論じることは必ずしも適切ではないであろう。なお前述したとおり、近年、経済の水準というよりも経済状況の好不況が、若年層の人口移動や出生率に影響を及ぼす傾向が出てきているとみられる。

（内閣府ホームページ『選択する未来』より）

東京圏における転入超過数と所得格差の推移

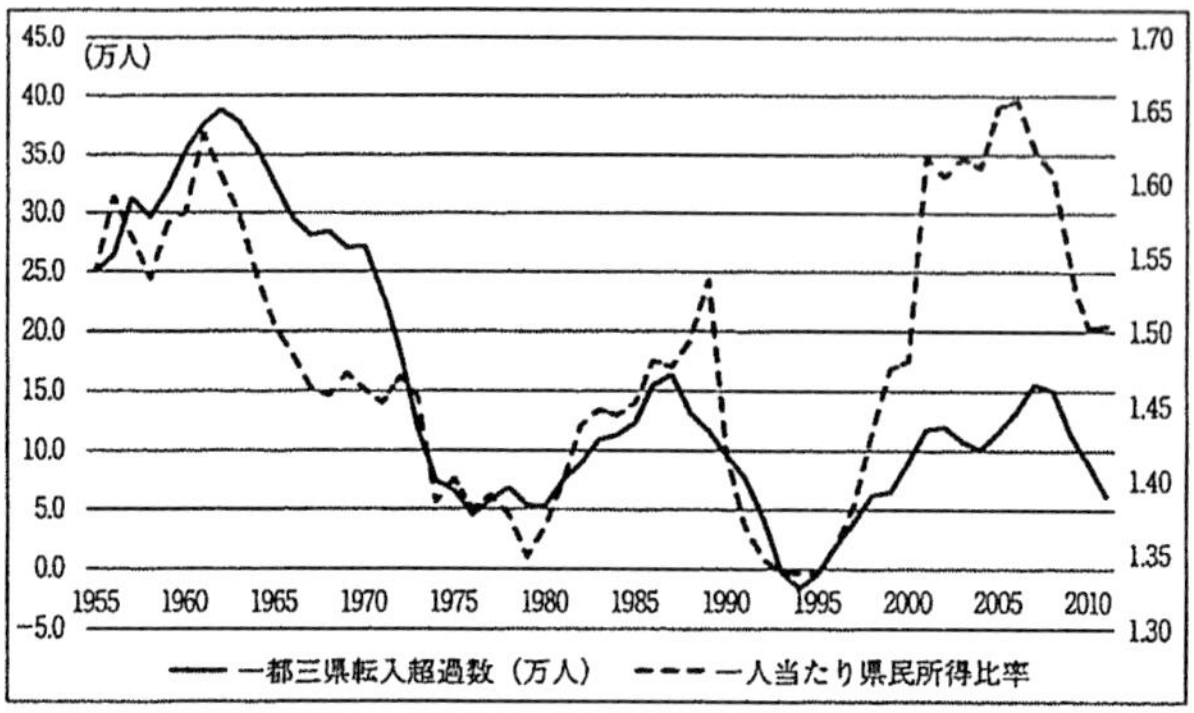

（備考）総務省「住民基本台帳人口移動報告」、内閣府「県民経済計算」
転入超過数は東京都、埼玉県、千葉県、神奈川県の１都３県の転入超過数計。
所得格差は県民経済計算の「一人当たり県民所得」の全国計に対する東京都の比率。

（Ⅲの資料）

問1　次の問に答えよ。

(1)　傍線部a「問題」について説明した次の文の［　　］に入る言葉を文章中から十二字で抜き出して答えよ。

> ［　　　　　　　　］についての問題。

(2)　傍線部b「図1」として最も適当なものをA～Eから選び、記号で答えよ。

A

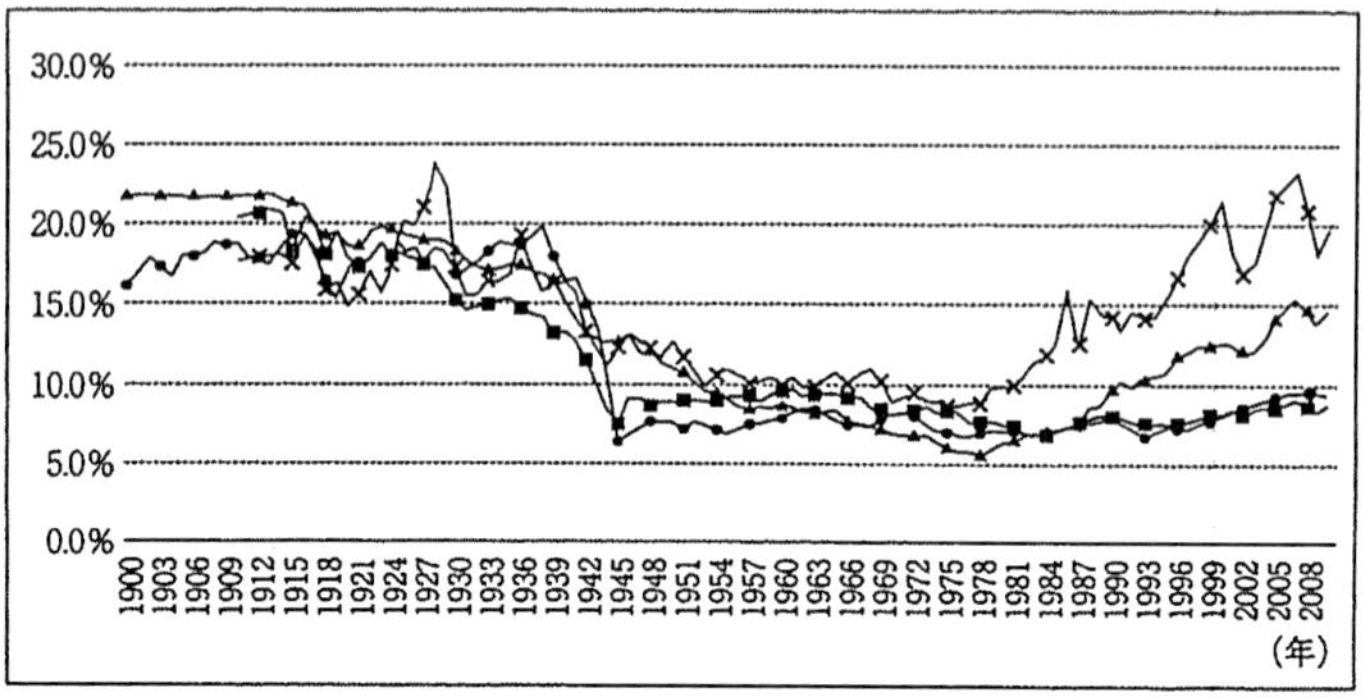
30.0%
25.0%
20.0%
15.0%
10.0%
5.0%
0.0%
1900
1903
1906
1909
1912
1915
1918
1921
1924
1927
1930
1933
1936
1939
1942
1945
1948
1951
1954
1957
1960
1963
1966
1969
1972
1975
1978
1981
1984
1987
1990
1993
1996
1999
2002
2005
2008
(年)

B

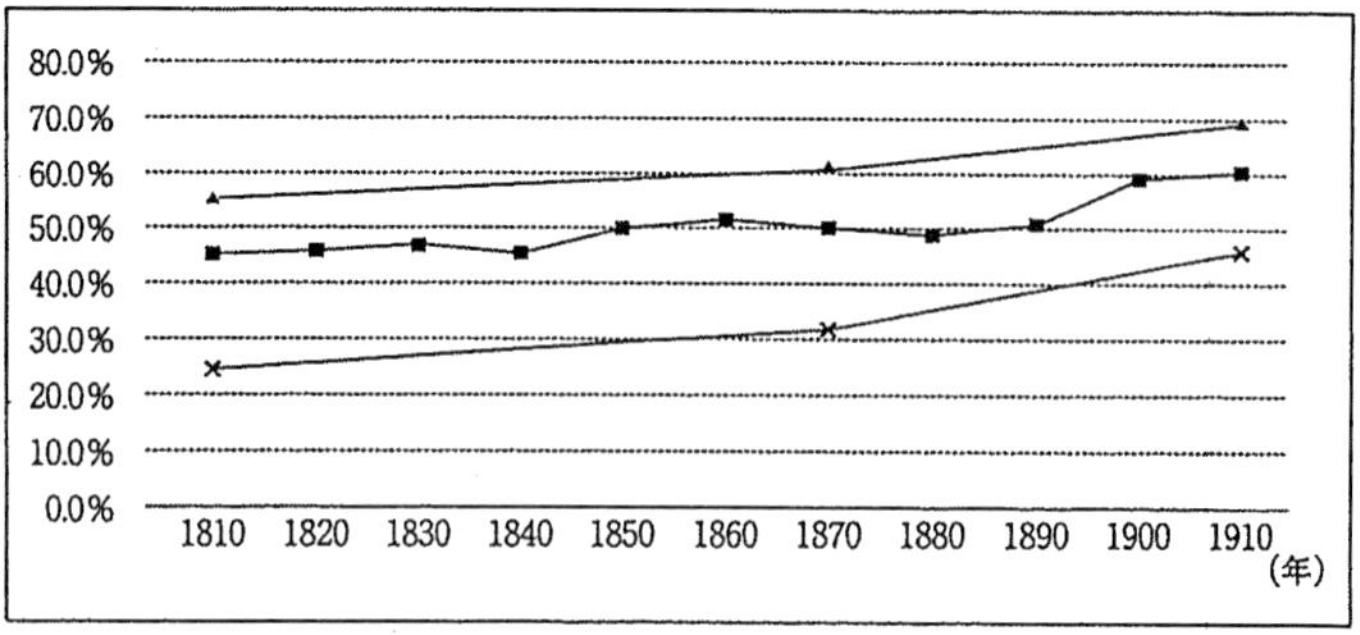
80.0%
70.0%
60.0%
50.0%
40.0%
30.0%
20.0%
10.0%
0.0%
1810
1820
1830
1840
1850
1860
1870
1880
1890
1900
1910
(年)

C

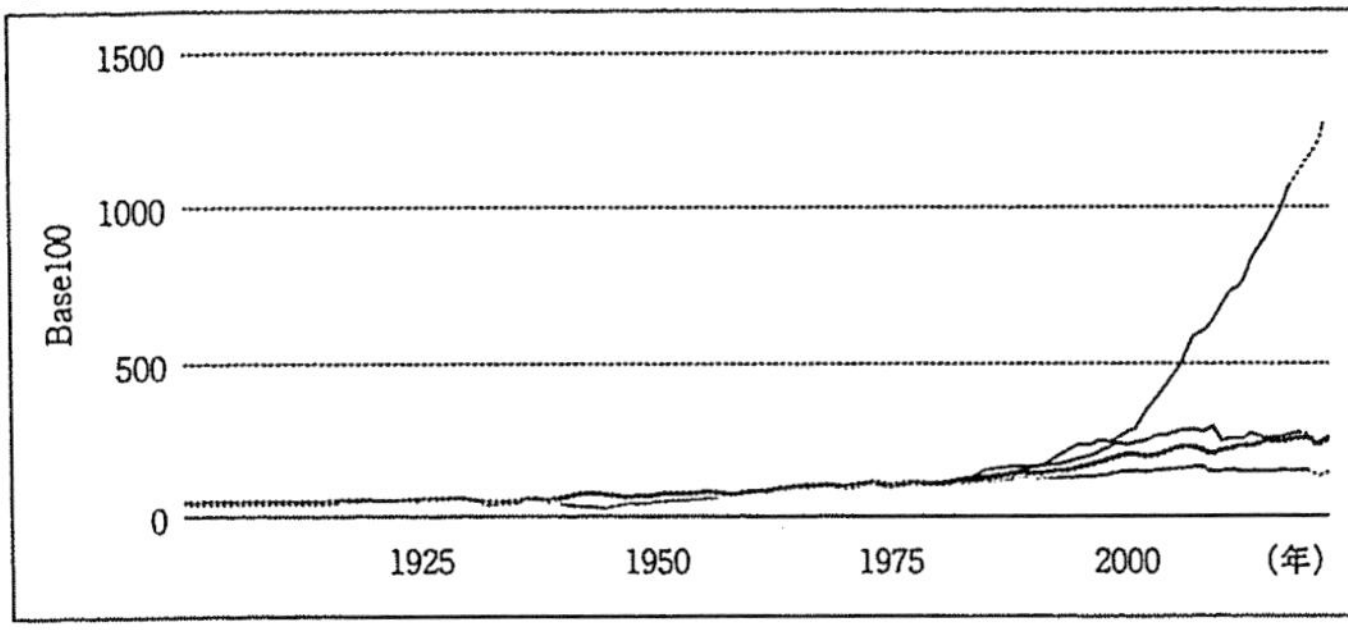
1500
1000
500
0
Base100
1925
1950
1975
2000
(年)

D

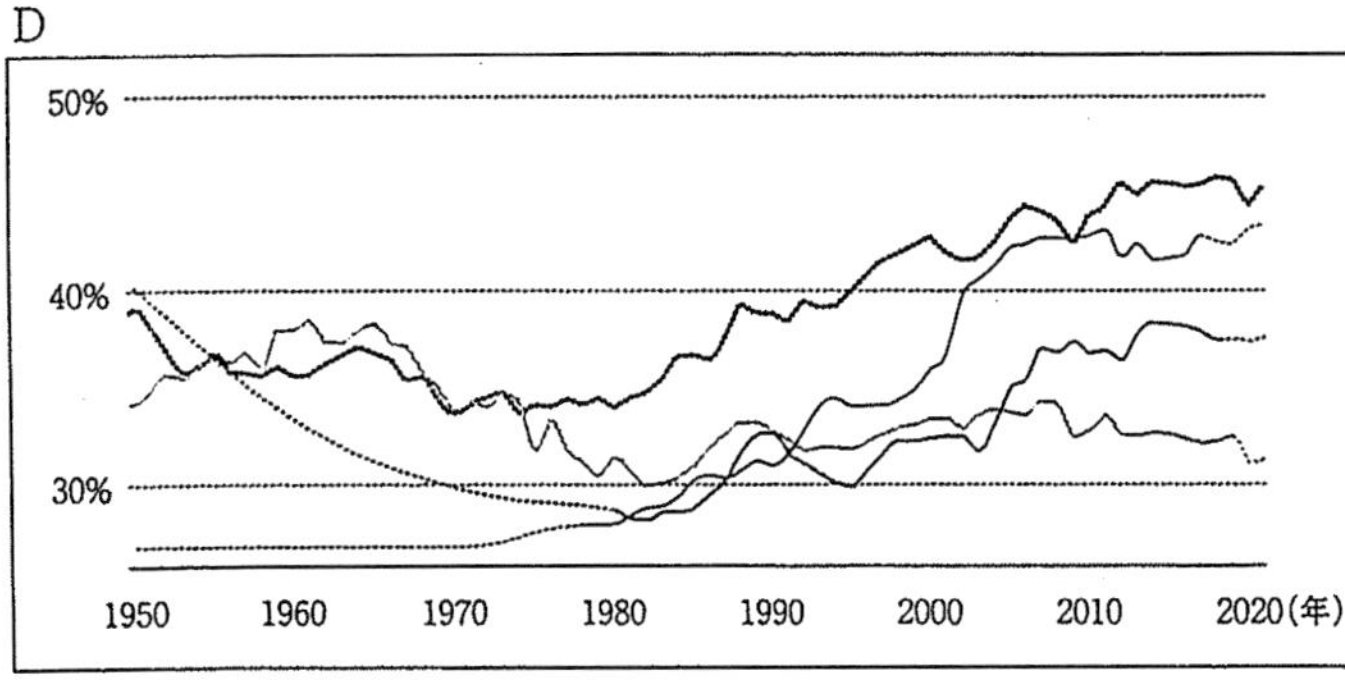
50%
40%
30%
1950
1960
1970
1980
1990
2000
2010
2020(年)

E

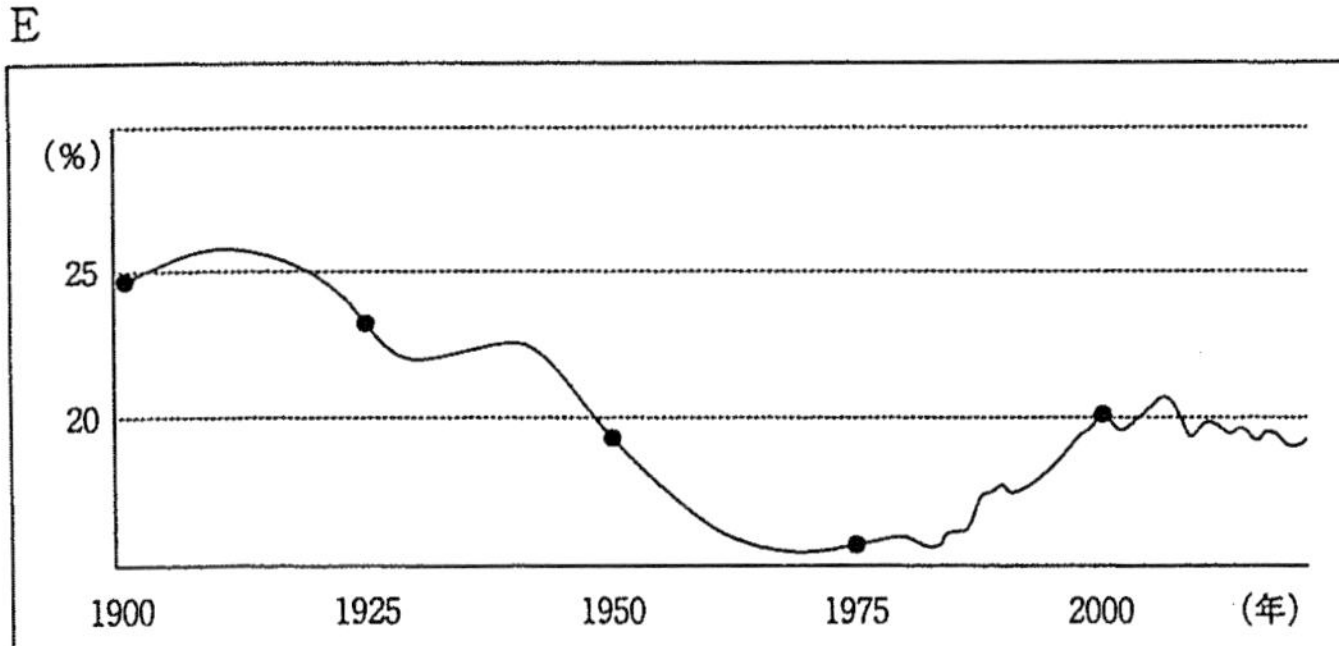
(%)
25
20
1900
1925
1950
1975
2000
(年)

(3) [ア]に入る接続語として最も適当なものをA～Eから選び、記号で答えよ。

A　なぜなら　B　つまり　C　例えば　D　さて　E　たしかに

(4) 文章[Ⅰ]、[Ⅱ]における、筆者の述べ方の工夫として、最も適当なものをA～Dから選び、記号で答えよ。

A　[Ⅰ]では大きな政府が小さい政府に置き換わって現代で広まるまでの歴史を述べることで、大きな政府がなぜ今重要なのか読者に伝わるようにしている。

B　[Ⅰ]では消費が人間に不可欠なものであることを述べた上で消費の問題点について述べることで、問題がより深刻であることを読者に伝わるようにしている。

C　[Ⅱ]では先に客観的な数値を全て示してから調査についての分析を最後に述べることで、調査の内容がより論理的に読者に伝わるようにしている。

D　[Ⅱ]ではグラフの下に年代別の表を載せることで、優先すべき対策の上位3項目が年代によって全く同じであることが読者に伝わるようにしている。

問2　次の【資料】を読み、以下の問に答えよ。

【資料】

[Ⅰ]～[Ⅲ]を読んだ生徒の会話

なおと　[Ⅰ]の文章では$_{c}$日本では全体として平等はかなり維持されてきたと書かれているね。

けんた　ぼくはタブレットで[Ⅱ]の記事を見つけたよ。$_{d}$日本全体の平均だけ見るのではなく、どのような格差が残っているのか見ていく必要があると思うよ。

ゆうき　タブレットを使って調べてみたら、Ⅲの資料が載っていたよ。単純に所得格差だけで考えるのは問題かもしれないね。

(1)　傍線部c「日本では全体として平等はかなり維持されてきた」とあるが、それはなぜか。Ⅰの文章を踏まえて説明した次の文の［　］に入る言葉を十字以上二十字以内で答えよ。

日本では、国家によって［　　　　］が行われたから。

(2)　傍線部d「日本全体の平均だけ見るのではなく、どのような格差が残っているのか見ていく必要がある」とあるが、そのように言えるのはなぜか。Ⅰ～Ⅲの文章を踏まえて八十字以上百字以内で説明せよ。

(3)　傍線部e「単純に所得格差だけで考えるのは問題かもしれないね」とあるが、どのような問題があるのか。Ⅲの文章を踏まえて説明した次の文の［　］に入る言葉を二十字以上三十字以内で答えよ。

都会では所得が高くても［　　　　］ということ。

（☆☆☆☆◎◎◎）

【三】 次の文章を読み、以下の問に答えよ。(出題の都合上、一部本文に修正を加えている。)

こういう愚劣な心境は、しかし或る程度、誰にでもある。とくに犬を飼うと、①われわれの内心の〝犬〟的な要素からも、それは起《おこ》ってくる。

よく犬の散歩に、竹竿《たけざお》か棒切れのようなものを持ち歩く人がいるが、あれを最初、自分の犬の途中でした糞《ふん》を片付けるためのものかと思い、うちのコンタがよくよその家の門柱の台石などに糞を山のように盛り上げ、それを私は一度も片付けたりせず、翌日は同じ道を慙愧《ざんき》の念で通りすぎることと考え合せて、大いに反省した。だが、だんだんたってみると、あの棒は何も大して②キトクな心掛をあらわすものではない、よその犬が喧嘩をしかけてきたとき、それを追い払うためのものに過ぎない、ということがわかってきた。

それ以来、あの棒で武装した人を見ると、何ともアサマシイものだと思いたくなるが、このアサマシさもまた犬を飼う以上、或る程度は避けられないものだ。マルチスだのシバ犬だの、小型の犬を散歩させながら、向《むこ》うの曲り角から大きな犬が顔を突き出したときのギョッとする気持は、ただの恐怖心ではなく、自分自身が小さな犬になって、相手の大きな犬に畏怖と尊敬の念を起しているのであり、そのことを後になって憶《おも》い出すと、まるで自分が人間としての誇りも尊厳も台ナシにされたような、鬱屈した気分になる……。これが散歩でなく、自分の犬が家の庭で、よそからやって来た犬に嚙みつかれたりするとなると、その腹立たしさは一層大きい。そのことは志賀直哉氏の③『朝の試写会』という短篇を読むと、よくわかる。

これは志賀氏が戦後しばらく熱海《あたみ》に住んでいたじぶんの、日常的な断片スケッチで、題名の試写会は、スタンダールの小説を映画化した『パルムの僧院』の試写を見に、無理矢理ひっぱられるようにして連れ出され、おかげで風邪をひいたということから取ってある。そういうこともあって志賀氏は、この試写会の間、不機嫌であるが、映画自体もあまり感心出来ない出来映えだったらしい。ジェラール・フィリップの扮するファブリス・デル・ドンゴオがやたら無性に暴れまわるばかりで、すくなくともスタンダールの小説を読んでおられない志賀氏には、ファブリスはただ不可解な乱暴者としか考えられず、その暴力ぶりが、まるで志賀氏の家の隣からやってくる黒いワイヤー・ヘヤードの犬にそっくりに思われる――。(中略)そこで志賀氏は隣の家の黒いワイヤー犬に、密かに「ファブリス」というアダ名をつけて、家の人たちにそう呼ばせる。

憎むべきファブリスは、近隣一帯を荒しまわり、あたりの犬を全部配下におさめて向うところ敵なき有様である。志賀家で飼っているシバ犬なども、無法にも垣根を破って侵入してくるファブリスのために、完全にいためつけられて何をされても手を足も出ない。ファブリスがやって来ると、シバ犬はそれだけでオジ気づき、自分の餌を横取りされて眼の前で食われるのを、じっと我慢して最後まで尻尾を垂れて眺めている……。そういうファブリスが交尾期で、遠征に出掛けた或る日、田ンぼの傍の野天の肥溜《こえだめ》に勢いあまって跳び落ちるという奇禍に遭い、無敵の勇将もあえない最期をとげるのであるが、私は志賀氏がそのファブリスが死んで行く場面を想像している描写力の凄絶さに、驚かされた。

牝犬のあとを追って、野原をわが物顔に駆けまわっていたファブリスは、眼の前に土色をした、乾いた表面にワラ屑《くず》などもちらばっている野天の肥溜があるのに、一見ほとんど普通の地面と変りないその向う側を、目当ての犬が逃げて行くのを見て、平気でまっしぐらに跳び掛る。いったん跳び上ったファブリスの体は、ちょうど肥溜の中心の、空中で真直ぐにのび切った前肢《まえあし》と後肢のどちらもが溜の縁にかからない位置に落下する。

溜の上側は厚い膜に覆われていて、着落した瞬間は地盤のゆるい土に乗ったと同じであるが、踏んばろうとすると四ッ肢《あし》ともヌカルミに吸いとられたようになり、やがて藻掻《もが》けば藻掻くほど、ファブリスの体は自身の重量で、四肢《しし》を前後にのばした姿勢のまま、肥溜の底の方へユックリと沈んで行く……。こうした場景が、志賀氏の実際の文章ではもっと[*1]雄渾《ゆうこん》な筆致で活写されているのだが、別の意味で私をさらに驚かせたのは、志賀氏がそのような場面を想像で描きながら、ファブリスの死に少しも同情せず、悪い奴がいなくなったことをシンから愉快そうに語って、この話をしめくくっている点だ。

　無論、犬のことであり、どこにも憐れみをかけて語る必要のない相手だということは、わかりきった話だが、相手が犬だからといって、その犬が悪ければ徹底的に憎み、それについて少しも手加減も容赦もしないという苛烈な態度に、私はやはり何か心のタジログようなものを覚えずにはいられない。

　犬が肥溜に落ちる話をかいたのは志賀氏だけではない。太宰治の『畜犬談《ちくけんだん》』、梅崎春生の『Sの背中』などにも、犬がオワイ溜に跳びこむことが出て来るが、いずれも志賀氏の場合とちがって、犬のあわれと滑稽とが主調になっており、そのオロカシさに犬を手放せなくなるといった[*2]ペーソスが語られているのである。私も『朝の試写会』を読みながら、ファブリスが肥溜に墜落するあたりでは、思わずこの黒い傍若無人の犬に同情していた。これは一つには、われわれ都会に暮している者が田園を[*3]ロマンチスムと考えるときに、肥溜というものが大きな障害になるからだろう。ベートーヴェンの「田園交響楽」は描写音楽の傑作と称せられているが、あれに肥溜が一つも描かれていないことを考えれば、④私の言わんとするところは理解していただけるだろう。あの時代のドイツでも化学肥料はそんなに普及も発達もしていなかったはずで、肥溜はベートーヴェンの散歩の道筋にも必ず存在していたと思われるのに、それを無視したのは何故か？　やはりベートーヴェンにとっても、あれは自然がわれわれの排泄物をもとに植物を育てているという原理的な理解を超えて、圧倒的に醜悪な、怖《おそ》るべき存在だったからに違いない。

これは断言してもいいが、太宰氏や梅崎氏が、犬がオワイ溜に落ちる話を書いたのは、彼等の恐怖心を犬に託して語っているのであり、その潜在意識があの場面に一種の厳粛な滑稽味を漂わせるのである。『朝の試写会』でファブリスが不本意な死をとげる場面にも、それは勿論ある。私はファブリスの体躯《たいく》が空中高く跳躍し、肥溜に落下するあたりから、次第に自分が犬の気持に傾き、乾いた肥料の表皮の上にイカダのように乗ったファブリスの顔が文章とは別箇に眼に浮ぶ。――おや、一体ここは何処なんだ？　そう思ううちにも、だぶだぶしたオワイの上のイカダは、カチカチ山の狸《たぬき》の泥舟となって、足もとからヒビ割れて崩れ、たちまち彼は体ごと溺れて行く。しばらくは犬掻き泳ぎで黄色い飛沫をハネ上げながら、何とか首だけでも浮んでいることが出来るだろう。しかし、まだファブリスには起った事態が何であるか、理解できていない。夢中になって四肢を動かしているうちに、藻掻けば藻掻くほど体が沈むこの液体が、彼にも無気味になってくる。

（中略）

――どうなるんだろう、おれはこれから……。まさかこのまま死ぬんじゃ、あるまいな？

そう思う一方で、彼の眼にふと自分の跳び掛ろうとした白い牝犬のからだがハッキリと浮ぶ。尻尾を振りながら、ひょいとこちらを振り向いた目つきや、白い毛に覆われた腰つきのやさしさ、など……。ああ、たしかに彼女はオレに気があったんだ。もうちょっとのところでオレはあいつを……。そんなウットリした想いがファブリスの頭を横切っている間、彼の手脚は動きをとめていた。そして、もう一度、白い牝犬のチラリと流し目にこちらを見た視線を憶い出し、ふとその眼の中に妙に意地悪い微笑が冷たく光ったのが突然不吉な予感でよみがえって来た。

（中略）

私は、⑤こんなふうに自分勝手の想像を交えて、あの場面を読みながら、志賀さんもいくら隣の犬の横暴さに腹が立ったといっても、何もこんなにムゴい死に方をさせなくたっていいじゃないか、いや死に方はどうでも、そのあとに何か一と言、ファブリスのために弁じる言葉があったってよさそうなものだろうに、などとひとしきり思い悩んでみたりした。しかし、そういう空想自体、志賀氏の文章から浮んだもので、もともと私のものではない。志賀氏は一匹の性悪な犬のことを述べて、その死に際のことまでを淡々と語ったまでで、読者がファブリスの死を憐れもうが、くたばって好い気味だと溜飲《りゅういん》を下げようが、そんなことは別に氏には関心がない……。ここで志賀氏の関心はただ犬そのものに向けられているだけだ。

太宰治も梅崎春生も、犬が肥溜に落ちてオワイまみれになることは書いたが、それはユーモアがあって面白いのだが、その描写はただ志賀氏ほどには明瞭でも適確でもないのである。志賀氏は隣家の犬が、あんなふうになって死ぬのを想像したということが述べられてあるだけで、また実際にあんな場面にぶつかって自分でその通りを目撃したら、とても黙って見ていられるはずはないし、要するに空想の地獄絵図に過ぎないのに、梅崎氏か太宰氏が散歩の途中で自分の家の犬が眼の前で肥溜に跳びこむ場面に較《くら》べて、跳びつく犬の姿勢、落ちて行く恰好や、沈んで行く有様など、跳躍の力動感一つだけをとっても、志賀氏のイメージは段違いに明確である。太宰、梅崎、両氏に限らず、こういう場面で志賀氏ほどハッキリと生きものの姿態を書ける作家は、おそらく誰もいないと言っていいだろう。

（安岡章太郎『犬をえらばば』より）

＊1　雄渾…文章などが張りが有り、見る人に勢いを感じさせる様子。
＊2　ペーソス…哀愁。

＊3　ロマンチスム…現実を離れて夢や空想にひたる傾向。

問1　傍線部①「われわれの内心の〝犬〟的な要素」について具体的に述べられた箇所を〔　　〕部から三十五字で抜き出し、初めと終わりの三字を答えよ。

問2　傍線部②「キトクな心掛」とあるが、ここでの「キトク」とはどのような意味か。最も適当なものをA～Dから選び、記号で答えよ。

A　愚かでばかばかしいさま
B　非常に珍しく奇妙なさま
C　優れて他と違って感心なさま
D　気の毒で見ていられないさま

問3　傍線部③「『朝の試写会』という短篇」において、志賀が「ファブリス」が肥溜に落ちて亡くなる場面を描いたことを、筆者はどのように思っているか。最も適当なものをA～Dから選び、記号で答えよ。

A　ファブリスの死に様を、私情を挟むことなく克明に描写しようとした志賀の作家としての使命感に共感しつつも、同じ作家として気後れしている。
B　たとえ相手が犬であろうと手加減も容赦もせず、悪を徹底的に憎み、描写を通して成敗しようとした志賀の正義感の強さに感服している。
C　憎き相手が壮絶な死に方をする場面を想像し、それを描写することをまるで愉しんでいるかのような志賀の本性を知り、困惑している。
D　まるで実際に見たかのようにその場面を描くことのできる志賀の描写力の高さを評価しつつも、ファブリスに対する苛烈な態度に圧倒されている。

問4　傍線部④「私の言わんとするところ」とあるが、筆者は何を言おうとしているか。最も適当なものをA～Dから選び、記号で答えよ。

A　ベートーヴェンの「田園交響楽」には肥溜が表現されておらず、描写音楽の傑作とは言えないということ。

B　都会に暮らす者にとって肥溜は、理想的な田舎のイメージとは相反する、醜悪な恐るべき存在であるということ。

C　田園から醜悪な恐るべき肥溜を排除し、ファブリスを見舞ったような悲劇が起きないようにすべきだということ。

D　肥溜は田舎の至る所に存在するが、都会に暮らす者が考える以上に、田舎の生活の障害になっているということ。

問5　傍線部⑤「こんなふうに自分勝手の想像を交えて」とあるが、筆者がこのように想像したのは、志賀が描いた「犬が肥溜に落ちる場面」から、何を感じ取ったからか。本文中より六字で抜き出して答えよ。

問6　二重傍線部「志賀氏の場合とちがって」とあるが、筆者は「犬が肥溜に落ちる場面」の太宰と梅崎が描いているものと、志賀が描いているものの違いをどのように述べているか。文章全体を踏まえて、八十字以上百字以内で説明せよ。

(☆☆☆◎◎◎)

【四】次の文章を読み、以下の問に答えよ。（設問の都合上、一部本文に修正を加えている。）

*1六条修理大夫《ろくでうすりのだいぶ》顕季《あきすゑ》卿《きやう》、東《あづま》のかたに*2知行《ちぎやう》のところありけり。*3館《たて》の三郎義光《さぶらうよしみつ》、妨げ争ひけり。大夫の理《り》ありければ、*4院に申し給ふ。「左右《さう》なく、①かれが妨げをとどめらるべし」と思はれけるに、とみに*5こときれざりければ、心もとなく思はれけり。

院に参《まゐ》り給へりけるに、閑《しづ》かなりける時、近く召し寄せて、「汝《なんぢ》が訴へ申す東国の*6庄《しやう》の事、今まで、ことき らねば、aくちをしとや思ふ」と仰《おほ》せられければ、かしこまり給へりけるに、たびたび問はせ給へば、わが理ある由《よし》をほのめかし申されけるを、聞こしめして、「申すところは、いはれたれども、わが思ふは、*7かれを去りて、かれに取らせよかし」と仰せられければ、②思はずにあやしと思ひて、bとばかりものも申さで候ひければ、「顕季が身には、かしこなしとても、（　ア　）まじ。国もあり、官《つかさ》もあり。いはば、この所、cいくばくならず。義光はかれに命をかけたる由、申す。かれがいとほしきにあらず。顕季がいとほしきなり。義光は*8えびすのやうなるもの、心もなきものなり。やすからず思はむままに、夜、夜中にもあれ、大路《おほち》通るにてもあれ、いかなるわざはひをせむとd思ひ立ちなば、おのれがため、ゆゆしき大事にはあらずや。身のともかくもならむも、さることにて、*9心憂きためしにいはるべきなり。（　イ　）にまかせていはむにも、思ふ、憎むのけぢめを分けて定めむにも、かたがた沙汰《さた》に及ばむほどのことなれども、これを思ふに、今までことをきらぬなり」と、仰せごとありければ、顕季、③かしこまり悦びて、涙を落して出《い》でにけり。

家に行き着くやおそき、義光を「聞ゆべきことあり」とて、呼び寄せければ、「人まどはさむとし給ふ殿の、なにごとに呼び給ふ」といひながら、参りたりければ、出で会ひて、「かの庄のこと申さむとて、案内《あない》いはせ侍りつるなり。このこと、理のいたるところは、申し侍りしかども、④よくよく思ひ給ふれば、わがためは、これなくとても、ことかくべきことなし。そこには、これを頼むとあれば、まこと不便《ふびん》なりと申さむとて、聞えつるなり」とて、*10去文《さりぶみ》を書きてとらせられければ、義光かしこまりて、*11侍《さぶらひ》に立ち寄りて、⑤畳紙《たたうがみ》に*12二字書きて、奉りて出でにけり。

そののち、つきづきしく昼など参り仕ふることはなかりけれども、よろづのありきには、なにと聞えけむ、思ひよらず、人も知らぬ時も、鎧《よろひ》着たるものの、五六人なきたびはなかりけり。「たれぞ」と問はすれば、「*13館刑部《たてのぎやうぶ》殿の随兵《ずいひやう》に侍《はべ》り」といひて、いづくにも身を離れざりけり。

（『十訓抄』より）

（注）
＊1　六条修理大夫顕季卿……藤原顕季。
＊2　知行のところ……領地。
＊3　館の三郎義光……源義光。平安後期の武将。
＊4　院……白河上皇。
＊5　こときれざりければ……「決着がつかなかったので」の意。
＊6　庄……荘園。
＊7　かれを去りて……「あの土地は手放して」の意。
＊8　えびす……荒くれた武士。
＊9　心憂きためしにいはるべきなり……「無念な話として噂になるだろう。」の意。
＊10　去文……土地などの所有権を譲る証文。
＊11　侍……侍所。顕季の家に置かれた、侍臣や従者の詰所。
＊12　二字……実名、本名。服属の際、実名を記した名簿を提出するのが習わしであった。

＊13　館刑部殿……………………源義光のこと。

問1　二重傍線部a～dの語句と表現に関する説明として最も適当なものをA～Dから選び、記号で答えよ。

A　a「くちをしとや思ふ」は、「や」が反語の助詞であり、院の無念を強調した表現になっている。

B　b「とばかりものも申さで候ひければ」は、「で」が打消の接続助詞であり、顕季が何も申し上げずにいたことをあらわす表現になっている。

C　c「いくばくならず」は、数量や程度がたいしたものでないことを表し、顕季が自らの立場を謙遜する表現になっている。

D　d「思ひ立ちなば」は、「な」が強意の助動詞であり、義光の驚きを強調した表現になっている。

問2　傍線部①「かれが妨げをとどめらるべし」を「かれ」が指す対象を明らかにして現代語訳せよ。

問3　傍線部②「思はずにあやしと思ひて」、傍線部③「かしこまり悦びて」とあるが、顕季の心情はどのように変化したか。変化の理由を明らかにして八十字以内で説明せよ。

問4　傍線部④「よくよく思ひ給ふれば」について、次の(1)、(2)に答えよ。

(1)　主語をA～Fから選び、記号で答えよ。

A　顕季　B　義光　C　院　D　鎧着たるものの、五六人　E　作者　F　読者

(2)　「給ふれ」の敬語の種類として最も適当なものをA～Cから選び、記号で答えよ。

A　尊敬　B　謙譲　C　丁寧

問5　次の(1)、(2)の問に答えよ。

(1)　空欄（　ア　）、（　イ　）にあてはまる語句を、本文中からそれぞれ抜き出して答えよ。ただし（　ア　）

は平仮名四字、（　イ　）は漢字一字で答えること。

(2)　傍線部⑤「畳紙に二字書きて、奉りて出でにけり」について、この行動は義光の、どのような意志をあらわすものか。三十字以内で説明せよ。

（☆☆☆☆◎◎◎）

・中学校受験者は、〔中学校〕を、・高等学校受験者は、〔高等学校〕を解答すること。
・特別支援学校受験者は、〔中学校〕または、〔高等学校〕のいずれかを選択して解答すること。

【中学校】

【一】次はある生徒が書いた電子メールと手紙である。これを読み、以下の問に答えよ。

宛先　customer@△△△△△.co.jp
CC
BCC
件名　職場体験をとても楽しみにしています。朝8時30分からでもよろしいでしょうか。

スーパー高橋店長
高橋一郎様

中央中学校2年1組の伊藤光と申します。来週、職場体験で3日間お世話になります。いつもおいしい野菜を販売しているスーパー高橋様では、どんなお仕事の工夫をさ①れているのか、職場体験を通して学べることをとても楽しみにしています。

そこで、一つお願いがあります。スーパー高橋様に②お伺いさせていただく時間を、開店時刻の10時から朝8時30分に変更できますでしょうか。せっかくの機会ですので、開店前の準備から体験してみたいと考えています。

急なお願いで申し訳ありませんが、どうぞよろしくお願いします。

伊藤光
2103@□□.chuoujhs.jp

拝啓
　秋の風がさわやか③に吹いてくる時期になりましたが、いかがお過ごしでしょうか。

　職場体験でお世話になりました、中央中学校二年一組の伊藤光です。その節はとてもあたたかく④迎えてくださり、ありがとうございました。⑤きれいなお店の前にある花だんに水をやれたのが楽しかったです。

　さて、中央中学校では、来る十月三十日⑥に、学習発表会を行います。私達二年生はタブレットを使ったプレゼンテーションで、職場体験の報告をします。ご都合がつきましたら皆様でお越しください。

　スーパー高橋の皆様にまたお目にかかれますことを、とても楽しみにしています。

　季節柄、長雨が続きますので、風邪などお召しになりませんようにお過ごしください。

敬具

記

●日時　令和五年十月三十日(月)　午後二時より
●場所　中央中学校　体育館

以上

令和五年十月一日

中央中学校二年一組
伊藤光

スーパー高橋の皆様

問1　傍線部①「れ」と同じ意味・用法で使われているものを、A～Eの‖部から選び、記号で答えよ。

A　いたずらをして叱られる。

B　田中先生はもう帰られる。

C　故郷が思い出される。

D　この商品はよく売れる。

E　雨がふらなくて木が枯れる。

問2　下線部②「お伺いさせていただく」を適切な敬語表現に書き換えて答えよ。

問3　下線部③「に」と傍線部⑥「に」の品詞の違いについて具体的に説明せよ。

問4　傍線部④「迎」の「⺂」は何画目に書くか、算用数字で答えよ。

問5　傍線部⑤「きれいなお店の前にある花だん」は誤解をまねきやすい表現である。生徒にどのような点に気をつけて書き直すよう指導するか、説明せよ。

問6　電子メールの件名が適切ではない。生徒にどのように指導するか、説明せよ。

問7　「光」の字を行書で書くとき、楷書の字との違いを一つ取り上げて行書の特徴を説明せよ。

（☆☆☆◎◎◎）

【高等学校】

【一】次の文章を読み、以下の問に答えよ。（出題の都合上、旧字体を改め、一部訓点を省略している。）

或《リ》二貪《リテ》レ生《ヲ》而反《ツテ》死《スルコト》一、或《リ》二軽《ンジテ》レ死《ヲ》而得《ルコト》レ生《ヲ》。或《リ》二徐《おもむろニ》行《キテ》而反《ツテ》疾《キコト》一。①何《ヲ》以《テ》知《ル》二其《ノ》然《ルヲ》一也。②魯[*1]人有為父報讐《あだ》於斉[*2]者。

刳《さキテ》其《ノ》腹《ヲ》而見其《ノ》心《ヲ》、坐《シテ》而正《シ》冠《ヲ》、起《チテ》而更《ヘ》衣《ヲ》、徐《ニ》行《キテ》而出《デ》門《ヲ》、上《リテ》車《ニ》而歩《マセ》馬《ヲ》、顔色不変《ゼ》。*3其《ノ》御欲《スルニ》駆《ラント》、撫《シテ》而止《メテ》之《ヲ》曰《ク》、「今日為父報讎、以《テ》*4出《スニシテ》死《ヲ》、非《ザル》為《ニスルニ》生《ノ》也。③今事已《ニ》成《ル》矣。又何《ゾ》去《ラント》之《ヲ》」。追《フ》者曰《ク》、「此《レ》有《ル》*5節行之人、不可《カラ》殺《ス》也《ト》」。④解《キテ》囲《ヲ》而去《ル》之《ヲ》。使《もシ》被《きテ》衣《ヲ》不暇《アラ》帯《スルニ》、冠不及《バ》正《スニ》、*6蒲伏《シテ》而走《リ》、上《リテ》車《ニ》而馳《スレバ》、必《ズ》不能《ハ》自《ラ》免《ルルコト》於千歩之中《ニ》矣。今坐《シテ》而正《シ》冠《ヲ》、起《チテ》而更《あらたメ》衣《ヲ》、徐《ニ》行《キテ》而出《デ》門《ヲ》、上《リテ》車《ニ》而歩《マセ》馬《ヲ》、顔色不変《ゼ》、此《レ》衆人《ノ》ⓐ所以為《ス》死《スト》也、而《ルニ》乃《チ》反《ツテ》以《テ》得活《クルヲ》。此《レ》所謂徐《ニ》行《クハ》反《ツテ》疾《クシテ》、⑤而馳遅於歩也。夫《レ》走《ル》者、人之所以為《ス》疾《シト》也。歩《ム》者、人之所以為《ス》遅《シト》也。今反《ツテ》乃《チ》以《テ》人之所《ノ》為《ス》遅《シト》者《ヲ》、反《ツテ》為《スハ》疾《シト》、⑥明《ラカナレバ》於分《ニ》也。

（『淮南子』より）

（注）＊1　魯…国名。
＊2　斉…………国名。
＊3　其御欲駆…御者が追手につかまるのを恐れて馬を走らせようとすると。

＊４　出死………死を覚悟すること。
＊５　節行………自分が正しいと信じる考えや姿勢を固く守り通すこと。節操。
＊６　蒲伏………力をつくして急ぐさま。

問１　二重傍線部ａ「所以」の読みを現代仮名遣いで答えよ。
問２　傍線部①の解釈として最も適当なものをＡ～Ｅから選び、記号で答えよ。
Ａ　そんなことを知ることができようか、いやできない。
Ｂ　何によってそうであることがわかるか。
Ｃ　何によって知ったらそうなるのか。
Ｄ　どのような知識が必要なのか。
Ｅ　どうしてそのままでいようとするのか。
問３　傍線部②が「魯人で父のための復讐を斉に果たした者がいた」という意味になるように、返り点を施せ。
魯人有為父報讐於斉者
問４　傍線部③とはどういうことか、十五字以内で説明せよ。
問５　傍線部④について、「追者」がこの行動を取ったのはなぜか。五十字以上六十字以内で説明せよ。
問６　傍線部⑤について、送り仮名を補って書き下し文に直せ。
問７　傍線部⑥が表す内容として最も適当なものをＡ～Ｅから選び、記号で答えよ。
Ａ　自分と他人との区別をはっきりと知っているからである。
Ｂ　身分秩序のことに通暁しているからである。

C　自身の職分をわきまえているからである。
D　遅速の本質的な区別を知り抜いているからである。
E　身分相応な振る舞いを理解しているからである。

（☆☆☆◎◎◎）

解答・解説

【中高共通】

【一】問1 (1) ア　ようや(く)　イ　ぞうけい　(2) ア　抱擁　イ　傾倒　(3) 夕(部)
問2 (1) C　(2) E

〈解説〉問1 (1) 漢字は、表意文字であるとともに字音がある。 (2) 内容を十分に理解したうえで、文脈に適合する漢字を楷書で書くこと。 (3) 部首は、漢字の辞典で、字を配列するときに分類の基準となる、いくつかの漢字に共通の構成要素。「夢」は、「外」「多」「夜」と同じく「夕」部。 問2 (1) 四字熟語は漢字の四字が結合した一つの単語。慣用句。故事成語も多いので、出典を確認しておく。Cの「杓子定規」は、「決まった一つの形式・基準で律しようとして応用や融通のきかないこと」をいう。Bの出典は『文選』賈誼(かぎ)・過秦論。Dは『淮南子』。 (2) A「肩を入れる」は、「ひいきにして応援すること」、B「泥を吐く」は、「取り調べで、隠してきた悪事や犯行などを白状すること」、C「水泡に帰す」は、「努力がむだになること」

（「水の泡となる」ともいう）。D「野(や)に下る」は、「官職についていた者が、辞職して民間人となること」（「下野する」ともいう）。

【二】問1 (1) 消費にかかわる自由の配分　(2) A　(3) E　(4) B　問2 (1) 税収や年金給付等による所得配分の調整(十八字)　(2) 正規雇用と非正規雇用、職業や職種、都市と地方の所得などの格差が依然として残り、国民の88％が格差は深刻だと考えている状況で、ジニ係数だけを見て全体としては平等だという考えには説得力が乏しいから。(九十六字)　(3) 生活費も高いので、都会の方が豊かとは言い切れない(二十四字)

〈解説〉問1 (1) 傍線部aの消費社会の「問題」とは、次の段落以下に示される所得の「格差」が拡大し、「消費の自由」を許されない人々が出てきて、「消費の自由」が社会のすみずみまで行き届かない「問題」だと考えられる。　(2) 図1の折れ線グラフは、文中の「一パーセントの豊かな者の収入が総所得に占める割合」について、①二十世紀中盤に減少、②アングロサクソン国家では一九八〇年代に再上昇し、一九三〇年代の水準まで回帰、③日本では、一九九〇年代に再上昇を踏まえて適切なものを選ぶ。一九三〇年代の記載があり、日本・アメリカ・イギリスなど複数の折れ線があることも条件となる。　(3) アは直前で「格差拡大」を指摘したものの、いったん「格差の拡大はすぐに消費の自由を台無し」にするわけではないと譲歩した上で、次の段落で「格差が消費のゲームに参加さえできない者を増やす〉という問題を強調していく文脈なので、「たしかに…だが、(ただし)～」という構文にするのが妥当である。　(4) Ⅰは、消費社会における格差拡大が消費の自由を阻害する問題と、それに対処するための「福祉国家」＝「大きな政府」から「小さな政府」へと変化する筋道を論じている。「大きな政府」が「今」重要だという主張をしてはいないので、Aは不適当。Bが

「消費の問題」の重大性を論じた[Ⅰ]の趣旨に合致している。[Ⅱ]は日本の経済格差についての世論調査結果を整理して数値を示したもの。「調査についての分析を最後に述べ」てはいないので、Cは的外れ。Dも「年代によって全く同じ」ではないので不適当。　問2　(1)　消費に必要な貨幣がなくモノを自由に手に入れることのできない者に対して、国家によって直接・間接に生活を保障する制度がわが国でも導入されている。労災保険、出産保険などの所得保険のみならず税収や年金給付等による所得分配の調整がこれである。　(2)　[Ⅰ]のジニ係数(相対的貧困率)で全体としての平等は、かなりの程度、維持されてきたことが述べてあるが、[Ⅱ]では、経済格差については全体の88％が「深刻」と答えている。その中でも、「職業や職種による格差」や「正規雇用と非正規雇用の格差」や「都市と地方の格差」が多い。都市と地方では所得の格差はあるものの、生活必需品や物価の違い、住宅環境の違いなどがあり、単純な所得格差の比較にとどまらない問題を抱えている。以上のことからジニ係数の安定による全体の平等に対して国民の生の声を聞き、経済格差についての実情を調査する必要性がある、というのである。　(3)　[Ⅲ]の文章には、「地域によって生活に必要な費用は異なり」と書いてある。

【三】問1　自分自〜ている　問2　C　問3　D　問4　B　問5　厳粛な滑稽味　問6　太宰や梅崎は、目の前で起きた犬のあわれと滑稽を主調に描き、自分たちの肥溜への恐怖心を語っているが、志賀は、想像でありながら雄渾な筆致で、生きものの死に際の姿態を淡々と明瞭で適確に描写している。(九十六字)

〈解説〉問1　①「われわれの内心の〝犬〟的要素」とは、人間の犬的心理状態であり、「犬」の立場で、ある状況の中での「心理」を推測することである。〔　〕の中で述べている「自分自身が小さな犬になって、〜尊敬の念を起こしている」の部分がこれである。　問2　②の「キトク(奇特)」とは、「(行い・心がけなどが)特にすぐれて感心なこと」をいう。　問3　筆者は、猛犬「ファブリス」の死について書いている志賀直哉の短篇『朝の試写会』についての書評で、ファブリスの死の場面の想像による描写力に驚かされた(第五段落)と述べ、さらに、ファブリスの死に同情せず、ファブリスへの憎悪の念で手加減も容赦もしない苛烈な態度で本格的に生きものの姿態をとらえている表現に圧倒されている(第六、七段落)。　問4　A「田園交響楽」に「肥溜」が描かれていないのは、ベートーヴェンにとって「圧倒的に醜悪な、怖るべき存在」のためである。C「肥溜」は、「自然がわれわれの排泄物をもとに植物を育てている」ものであり、田園に不可欠なもの。D「肥溜」の存在価値は、田舎の恩恵となっても障害にはならない。　問5　⑤「こんなふうに自分勝手の想像を交えて」の「こんなふうに」の内容は、志賀の作品で、ファブリスが「肥溜」に落下したあと、その死までを犬に託して語る心理描写の滑稽味であり、太宰や梅崎の作品にも見える描写である。第九段落で、太宰や梅崎の作品に見られる「厳粛な滑稽味」が、志賀のファブリスの死の場面にもあると述べている点に注目する。　問6　問3での選択肢が志賀の表現の特徴であるが、他に筆者は、「志賀氏の実際の文章ではもっと雄渾な筆致で活写されている(第六段落)」と述べ、また太宰治も梅崎春生も犬が肥溜に落ちたことを書いているが、志賀ほどに明瞭でも的確でもない、と述べている。一方、太宰治と梅崎春生は、犬のあわれと滑稽が主調になっており、ペーソスが語られていることを特徴とし、彼等は自分たちの肥溜への恐怖心を犬に託して語っている、と述べている。

【四】問1　B　問2　義光の妨害を差し止めなさるだろう。　問3　はじめは東国の荘園は義光に与えよという院の言葉を不審に思ったが、実は義光からの報復を危惧したものであることを知り、院の思いやりの気持ちに感激した。(七十三字)　問4　(1)　A　(2)　B　問5　(1)　ア　ことかく　イ　理　(2)　顕季の恩に報いるため家臣として仕えようという意志。(二十五字)

〈解説〉問1　A　「くちをしとや思ふ」の「や」は、反語ではなく疑問の助詞。　C　「いくばくならず」の「いくばく(幾許)」は、「いく」(不特定の数・程度を表す語)。「ばく」は接尾語。「(この荘園は)たいしたものではない」の意で、白河院の顕季への言葉。　D　「思ひ立ちなば」の「な」は、完了の助動詞「ぬ」の未然形で、仮定条件を表す接続助詞がついている。　問2　①「かれが妨げ」の「かれ」は、源義光。「妨げ」は、「乱暴。狼藉」。「とどめらるべし」の「とどめる」は、「差し止める」の意。「らる」は、尊敬の助動詞の終止形。「べし」は、「きっと〜だろう」の意の推量の助動詞。　問3　②「思はずにあやしと思ひて」とは、「おもいがけない院の言葉を不審に思うこと」の意で、院の真意をはかりかねている顕季の心情。　③「かしこまり悦びて」は、院の言葉に恐れ多さで心から恐縮している様子である。院の義光の人となりについて述べている「義光はかれに命をかけたる由、申す」以降、「おのれがため、ゆゆしき大事にはあらずや」という院の顕季への思いやりの言葉に深く感動したのである。　問4　(1)　「よくよく思ひ給ふれば」の「給ふれ」は下二段活用の謙譲の補助動詞「給ふ」の已然形で、順接の確定条件を表す「ば」に接続し「思案いたしますと」の意。主語は、義光への話し手の顕季。　(2)　(1)での説明を参照。会話文での「見る」「聞く」「思ふ」の補助動詞「給ふ」は謙譲語。　問5　(1)　アの前の文の「かしこなしとても」の「かしこ」は、「東国の庄」を指す。後の文は、「国もあり、官もあり。いはば、この所、いくばくならず」とある。東国の庄がなくても別に支障がないことが述べてある。アに接続する「まじ」は、打消推量。「支障」の意の「ことかく」を補充する。イの前の顕季の後々まで悔やまれるあらぬ噂話が立つこと、その後の院の裁きの苦労の内容から顕季の道理どおりには裁けないことを踏まえ、「理」を補充する。　(2)　「畳紙に二字書きて」は、(注)12の説明どおり、義光が荘園を譲り受けた恩のため、侍所に立ち寄り、実名を記入した名簿を差し出し、顕季への臣従を誓ったことをいう。

【中学校】

【二】問1　B　問2　伺う　問3　③の「に」は形容動詞の活用語尾だが、⑥の「に」は格助詞である。
問4　3　問5　「きれいな」が「お店」にかかるのか、「花だん」にかかるのかわかりにくいので、読点をつけたり語順を変えたりして修飾・被修飾の関係を明確にするように指導する。　問6　件名が長く用件がわかりにくいので、用件がひと目でわかる簡潔な件名にするよう指導する。　問7　楷書の四、五画目が、行書ではと変化するように、点画が連続したり点画の形や方向が変化したりする特徴がある。

〈解説〉問1　①「れ」は、尊敬の助動詞「る」の連用形。Aは受身、Bは尊敬、Cは自発。DとEは動詞の一部。　問2　②は、相手への謙譲表現として、「お～する」を用いて「おたずねする」、または「伺う」を用いる。　問3　③「さわやかだ」(形容動詞)の連用形「さわやかに」の活用語尾。⑥格助詞(動作・作用の行われる日時を表す)。　問4　「迎」の筆順。。「」は3画目。　問5　⑤「きれいな」(形容動詞「きれいだ」の連体形)は、名詞を修飾する。そのため、「お店」「前」「花だん」が被修飾の対象になるが、文意から「お店」か「花だん」のいずれかになる。「お店」ならば、「お店の」で読点を打ち、「花だん」であれば、「花だん」の前に「きれいな」を置く。　問6　職場体験のための職場への挨拶文である。件名は簡略に、「職場体験学習についてのお願い」とするように指導する。　問7　行書は、中学校で初めて指導する内容であり、小学校でも書く速さや点画のつながりの学習を踏まえて、中学一年の「書写」で行書の基礎的な書き方を指導する。その書き方とは、直線的な点画で構成されている漢字を、点や画の形が丸みを帯びていること、点や画の方向及び止め・はね・払いの形が変わること。点や画が連続したり省略されたりする場合、筆順が変わることもある。「光」の字では、楷書の4、5画目が、行書では変化し、点画が連続し、点画の形や方向が変化する特徴がある。

【高等学校】

【一】問1 ゆえん 問2 B 問3 魯人有下為レ父報二讐於斉一者上 問4 父の復讐を果たしたこと。(十二字) 問5 魯人が、復讐を果たした後も死への覚悟を固く守り通し、その場から逃げ出そうとしなかったことに感銘を受けたから。(五十四字) 問6 馳するは歩むより遅き(もの)なり 問7 D

〈解説〉問1 a「所以」は、「ゆえん」と読み、「故に」の転。 問2 ①「何以知其然也」の「何以」は疑問詞で、「何を以て」と読む。「何によって」の意。「知其然也」(其の然るを知るや)は、「そうであることがわかるか」と訳す。 問3 ②は、「魯人に父の為に讐(あだ)を斉に報ずる者有り」と書き下す。返読文字「有」「為」および動詞「報」に留意し、「為父報讐於斉」をレ点と一・二点で、「有～者」に上・下点をつける。 問4 「今事已成矣」(今事已に成る)は、「今、事を成し遂げた」と訳す。魯人が念願であった父の讐(仇)を討ったことをいう。 問5 父の仇を討った魯人はその後、「顔色不変。其御欲駆、撫而止之」とあり、逃走しようとする御者に「今日為父報讐、以出死、非為生也」と述べ、死を覚悟してその自分の行為であることを告白し、「又何去之」と言っている。この魯人の告白を聞いた「追者」は、心打たれて、「此有節行之人、不可殺也」と言って、囲みを解いて立ち去ったのである。 問6 ⑤「馳スルハ遅キモノ二於歩ムヨリ一也」の書き下し文。

問7 ⑥「明於分也」(分に明かなればなり)の「分」は、「分別」(ふんべつ)の意。「世間的な物事の道理をよくわきまえていること」。ここでは、「走ることは速く、歩くことは遅い」という一般人の考えに対し、「遅いと思うものをかえって速いと思うのは、〔遅速の本質的な〕違いを知りぬいている」ことをいう。以下の文で、このことを知りぬいた者を「則幾於道」(則ち道に幾(ちか)し)と述べている。

二〇二三年度　実施問題

【中高共通】

【一】各問に答えよ。

問1　次の漢字に関する問に答えよ。

(1)　次の傍線部の漢字の読みをひらがなで答えよ。

ア　産業は著しい発展を遂げた。

イ　生活が奢侈に流れる。

(2)　次の傍線部で示したカタカナを漢字で記せ。

ア　カンキの声をあげる。

イ　生活がキュウボウする。

問2　次の語句に関する問に答えよ。

(1)　次に示した意味を表す慣用句として最も適当なものを以下のA～Eから選び、記号で答えよ。

方法や手段がなくて、何もしないで見ているたとえ

A　手を尽くす　B　歯が立たない　C　頭を痛める　D　手をこまぬく　E　頭を抑える

(2)　四字熟語とその意味の組み合わせとして適当でないものをA～Eから選び、記号で答えよ。

A　一知半解…ちょっと知っている程度で、理解が十分でないこと。

B　明鏡止水…程度や分量が、はかり知れないほど広く大きいこと。
C　一日千秋…待ちこがれる気持ちが非常に強いこと。
D　羊頭狗肉…うわべだけは立派で、実際が伴わないこと。
E　画竜点睛…物事を完成させるため、最後に加える大切な仕上げのこと。

問3　次の漢字の筆順で、破線で囲んだ部分は何画目に書くか、数字で答えよ。

問4　次の古文に関する問に答えよ。

(1)「更級日記」の作者をA～Eから選び、記号で答えよ。

A　紫式部　B　藤原道綱母　C　清少納言　D　紀貫之　E　菅原孝標女

(2)次の文法に関する問に答えよ。

ア　次の和歌について、傍線部で示した助動詞の意味として最を適当なものを以下のA～Eから選び、記号で答えよ。

瀬をはやみ　岩にせかるる　滝川の　われてもすゑに　あはむとぞ思ふ　崇徳院

A　過去　B　打消　C　推量　D　意志　E　完了

イ「仰す」は何の動詞の敬語か、A～Eから選び、記号で答えよ。

A　思ふ　B　呼ぶ　C　聞く　D　言ふ　E　着る

(3) 次の和歌で用いられている表現技法として最も適当なものを以下のA～Eから選び、記号で答えよ。

足引きの　山鳥の尾の　しだり尾の　長々し夜を　ひとりかも寝む　柿本人麻呂

A 序詞　B 倒置法　C 掛詞　D 本歌取り　E 体言止め

問5 次の漢文に関する問に答えよ。

(1) 次に示す書き下し文に合わせて、返り点をつけよ。

(書き下し文)

学びて時に之を習ふ、亦説ばしからずや。

学而時習之、不亦説乎。

(2) 次の漢文で使われている句法で最も適当なものを以下のA～Eから選び、記号で答えよ。

己ノ所ハレ不ルレ欲セ、勿カレトレ施スコト二於人ニ一。

A 使役　B 禁止　C 受身　D 仮定　E 比較

(3) 次の漢詩について、以下の問に答えよ。

春暁　孟浩然

春眠不レ覚エレ暁ヲ

処処聞ク二啼鳥ヲ一

夜来風雨ノ声

花落ツルコト知ル多少

ア 「春暁」の詩の形式として最も適当なものをA～Dから選び、記号で答えよ。
A 五言絶句　B 七言絶句　C 五言律詩　D 七言律詩
イ 「花落知多少」の意味として最も適当なものをA～Eから選び、記号で答えよ。
A 花はどれくらい落ちてしまったのだろうか。
B 花が落ちるのは多かれ少なかれ悲しいことだ。
C 花が落ちるのを見ると、私の心も驚き、落ち着かない。
D 知識を失うことは、花が落ちることと多少似ている。
E 春はどれだけの花が咲き、散っていくのだろう。

(☆☆☆◎◎◎)

【二】次のⅠ、Ⅱの文章を読み、以下の問に答えよ。

Ⅰ

２０２０年１月１日から12月31日にかけて出された新聞記事を見てみよう。朝日新聞のデータベースである「聞蔵Ⅱ」を用い、「自分らしさ」「自分らしい」「自分らしく」がタイトル、及び本文に含まれる記事を検索すると、３９９件のヒットがあった。その上で、先の３つの言葉の中で最も頻度の多い「自分らしく」が含まれる２０５の記事を内容において類別すると、「ジェンダー」「老い」「病気・障害」「スポーツ(課外活動・囲碁、将棋含む)」「若者」「働き方」「ファッション」「共生社会」「カルチャー(イベント・書籍・映画などの紹介)」「その他」の９カテゴリが見出された。

それではこれらの記事において「自分らしさ」はどのような意味で使われているのか。まず明確なのは「自分らしさ」が、規範への抵抗を指していることである。例えば1月7日にはジェンダーに関する次のふたつの記事が掲載される。

ひとつは自分のことを「俺」と試しに呼ぶようにしたら、男子が自分を対等に扱うようになったという女子高校生の投稿。もうひとつは交通事故で瀕死の重傷を負ったことをきっかけに、女性として生きることを決めた赤坂マリアさんへのインタビューである。女子高校生、及び赤坂さんにとって、それぞれが選んだ生き方は「自分らしい」ものであり、ふたつの記事はともにそうあることの大切さを説く。

同時期発刊の「週刊朝日」(1／3―1／10新春合併号)では、考古学者の吉村作治氏が、「どうせ死ぬなら、自分らしく、悔いなく逝こうぜ！」という精神を体現するひとりとして紹介される。彼が特集された理由のひとつは、彼がエジプトにすでに墓を購入しており、死後はそこに土葬されることが決まっているからだ。火葬を見て、自分はあのように焼かれたくないと思ったことが土葬を選んだ理由である。[①]吉村氏は、火葬という日本の当たり前に逆らって土葬を決意したゆえに「自分らしい」。

「当然こうすべき」「ふつうはこうだろう」という考えに抗うことで自分らしさ、その人らしさが体現されるといった考え方は、老い、病気・障害関係の記事にも共通して見られる。㋐病院死が多い現代日本において在宅死を目指すことは「自分らしい」。ALS(筋萎縮性側索硬化症)や認知症、がんといった病気になっても、やりたいことを諦める必要はない。工夫次第で、やりたいことを実現させることは可能であり、そのような生き方をしている人は「自分らしい」。こういった論調の記事が1年にわたって続く。

規範あるいは世間の当たり前に逆らって自分の望みを実現する・表明するといった意味の「自分らしさ」は、結果興味深いところまで拡張される。㋑例えば1月22日には、弁護団を裏切って逃亡したカルロス・ゴーンの生き方が「自分らしい」と表現され、2月2日には、スイスの村で定期的に鳴る鐘の音を騒音であると訴えた女性が自身の行動を「自分らしい」と形容するコメントが掲載される。11月5日には形が丸ではない「規格外パール」と呼ばれるパールを選ぶことが自分らしさであるとの記事が掲載された。

これらの記事を踏まえると「自分らしく」あるためには次のふたつが必要であることが見えてくる。

①大勢がそのようなものとして疑わないことに対して抵抗すること。「抵抗」が大袈裟であれば、少なくとも大勢とは違う道を選択すること。

②①においてなされた選択は、他者からの強制ではなく、何者にも依存しない、純粋に内発的な動機からなされていること。つまり、「他ならぬ『私』がこれをしたい」という意思のもとにその選択がなされていること。

先のネットの定義に従えば、②の純粋に内発的な動機とそれに準じた行動さえ確保されていれば、①の抵抗はいらないとも言えるだろう。しかし記事を見る限り、歯を磨く、コンビニでパンを買う、お風呂に入るといったことを「自分らしい」と表現している記事はない。皆が行うありふれた行為が何者にも依存しない純粋に内発的な動機で仮になされていたとしても、それが「自分らしい」と形容されることはないのである。それを踏まえると何かが殊更に「自分らしさ」として取り上げられる時、そこには①と②の双方が含まれていることが少なくともこれら記事からは結論づけられる。

(ウ)例えば先に紹介した吉村氏は、火葬を見て、自分もああなるのは熱そうで嫌だと考えたという。その結果、彼はエジプトで土葬されることを選ぶのであるが、これは「自分らしい」というより「エジプトらしい」とも言えるのではないか。

それとも「自分らしさ」とは、自分とは異なる人々によって用意された複数の選択肢を前に、規範や世間の常識に惑わされることなく、自分の内側から生じる気持ちのにみに従って選択をすることなのだろうか？　それができた時、たとえそれが外側から見て「エジプトらしい」選択だったとしても、それら選択は、その動機の出どころに照らし合わせて「自分らしい」ということになるのだろうか。

しかし、自分のうちのみから純粋に立ち上がってくる気持ちがあったとしても、その気持ちが眼前に用意された選択肢とピッタリ合うことなど果たしてありうるのか。在宅死という選択肢や、俺という呼称、スカートのような衣装、このようなものが存在する以前に、このような死に方、呼称、衣装を望むことなどまず不可能であろう。

提示された選択肢とその中のひとつを選び出す決断というのは、「物言わずに選ばれることを待つ選択肢」(客体)と「内なる意思」(主体)といった形で、ふたつに分断することなどできない。これらふたつは、それぞれが混じり合って互いを作っているといったほうが適切だ。ただ、このように考えると「自分」の所在は当然ながら曖昧になってしまう。だとすれば、「自分らしさ」を可能にしているのは何なのか。

(エ)先の問いに答える前に、「自分らしさ」のもうひとつの奇妙さを押さえておこう。それは、ある選択や行動が「自分らしい」と認められるためには、その選択や行動に社会的承認が伴う必要があるという点である。これは奇妙なパラドックスだ。自分らしさには大勢の意見への抵抗が伴う一方で、それは同時に社会に認められなければならないというのだから。

しかしこのことは、犯罪を考えればすぐわかる。殺人事件を起こした人に、外界の影響を受けない純粋な意思なるものがあったとしよう。そしてその犯人の意思が「その殺人を完遂すること」であり、犯人がその行為を「自分らしい」と語ったとしても、社会は当然ながらそれを「自分らしさ」の実現としては認めないはずだ。

(オ)

同じように、安楽死を望む人がそれを決行して亡くなった場合、本人の意思表示が明確になされ、かつそれが合法的に行われたとしても、それが「自分らしい」(その人らしい)と呼ばれうるかは、議論の余地が残る。なぜなら社会の規範が安楽死を選択させたに過ぎないと、それを周りで容認した人々がまとめて糾弾されることもあるからだ。これは自殺に関しても同様で、自分にとって自殺は「自分らしい」といくら本人が訴えても、それを「自分らしい生き方・死に方」として社会が推奨することはありえない。

このように「自分らしさ」はその定義とは裏腹に、社会の承認を必要とする。しかし社会に認められて初めて「自分らしさ」が成立するのであれば、それはそもそも「自分らしさ」なのだろうか。周囲の人間の納得も踏まえた上での自己実現であれば、それは「自分らしさ」ではなく合意であろう。実は「自分らしさ」とは、その響きとは裏腹に、ある種の合意の形式そのものを指しているのではないだろうか。

(磯野真穂「他者と生きる　リスク・病い・死をめぐる人類学」より)

Ⅱ

利他についてこのように考えていくと、ひとつのイメージがうかびます。それは、利他とは「うつわ」(a)のようなものではないか、ということです。相手のために何かをしているときであっても、自分で立てた計画に固執せず、常に相手が入り込めるような余白を持っていること。それは同時に、自分が変わる可能性としての余白でもあるでしょう。この何もない余白が利他であるとするならば、それはまさにさまざまな料理や品物をうけとめ、その可能性を引き出すうつわのようです。

哲学者の鷲田清一は、患者の話をただ聞くだけで、解釈を行わない治療法を例にあげて、ケアというのは、「なんのために?」という問いが失効するところでなされるものだ、と主張しています。他者を意味の外につれだして、目的も必要もないところで、ただ相手を「享《う》ける」ことがケアなのだ、と言うのです。

（中略）

つくり手の思いが過剰にあらわれているうつわほど、まずいものはありません。特定の目的や必要があらかじめ決められているケアが「押しつけの利他」でしかないように、条件にあったものしか「享け」ないものは、うつわではない。「いる」が肯定されるためには、その条件から外れるものを否定しない、意味から自由な余白が、スペースが必要です。

こうした余白、スペースは、とくに複数の人の「いる」、つまり「ともにいる」を叶える場面で、重要な意味を持つでしょう。

たとえば、会議の場面。もしそこで、事前に決められた役割とアジェンダにそった発言しか許されないとしたら、その組織は想定外の可能性を受け付けない、硬直した組織ということになるでしょう。管理はされているかもしれませんが、人は活きてきません。

一方、私が先日ある方から聞いた組織のあり方は違っていました。その方は、農場と宿泊施設とレストランが一体となった施設を運営されているのですが、その施設をつくる際、内装のデザインをお願いしていた人が、たまたま料理についても非常によいアイディアを持っていることに気がつきました。そこで、その内装デザイナーも、レストランのメニュー開発のチームに加えたのだそうです。

内装デザイナーが料理についてのよいアイディアを持っていることが分かったのは、おそらく厳格な会議の議事進行のなかではなく、ふいの雑談のような場であったでしょう。当初の計画とは違っていても、よい芽があれば、その可能性をきちんとケアする。こうしたことは、この組織に、計画外を受け入れる[b]「余白」があったからこそできたことでしょう。ここは人に対する確かな信頼があります。

[*1]ブルシット・ジョブについて指摘したグレーバーは、あらゆる人間的な仕事は本質的にはケアリングである

と指摘しています。川に橋をかけるのは、そこを渡りたいと思う人をケアするためでしょう。改札が自動化しても駅員が待機しているのは、重い荷物を持った人やその土地に不案内な観光客をケアするためでしょう。ところが、人々が数字のために働き、組織が複雑化して余白を失っていくにつれて、仕事からケアが失われていきます。「仕事のケアリング的な価値が、労働のなかでも数量化しえない要素であるようにみえる」（『ブルシット・ジョブ』）からです。その先にあるのは、自分がなんのために働いているのか、利他の宛先のない、虚しい労働でしょう。仕事は、ただ生活の糧を得るためだけの手段になってしまうでしょう。

（伊藤亜紗他「『利他』とは何か」より）

（注）＊1　ブルシット・ジョブ…無意味でむだな仕事。文化人類学者のグレーバーが提唱した語。

問1　次の問に答えよ。

(1)　①に入る接続語として最も適当なものをA～Eから選び、記号で答えよ。

A　なぜなら　B　しかし　C　一方で　D　つまり　E　例えば

(2)　次の文が入る箇所として最も適当なものを、文章中の㋐～㋔から選び、記号で答えよ。

しかし、ある動機が自分の内面のみから生じ、それに即する選択が外的要因の影響なくしてなされることなどあるのだろうか。

(3)　文章Ⅰにおける、筆者の述べ方の工夫として、最も適当なものをA～Eから選び、記号で答えよ。

A　「自分らしさ」について、事例に共通するキーワードとして「選択」を導き出しながら比喩を効果的に用いて論を展開している。

B　「自分らしさ」について、筆者の見方を示しつつ、「—だろうか」と問いを読み手に投げかけることで、考えを深めることができるように論を展開している。
C　導入部分で筆者の「自分らしさ」に対する独自の考えを述べ、その後、推論を用いつつ、反証を挙げながら論を展開することで、文章に説得力を持たせるようにしている。
D　「自分らしさ」について、これまでの研究結果を示しつつ、さらに「死」についての具体例を挙げながら論を展開することで、文章に説得力を持たせるようにしている。
E　筆者の考えを読み手に分かりやすく伝えるために敬体を用い、筆者の実体験と新聞記事を絡み合わせながら論を展開している。

(4)　傍線部a「うつわ」、傍線部b「余白」の「　」(かぎ)をつけた表記の効果として最も適当なものをA～Eから選び、記号で答えよ。
A　会話文で使用されていることを示している。
B　書物から引用した語であることを示している。
C　未だ定義されておらず、一般化されていない言葉であることを示している。
D　筆者が独自につくり出した新語であることを示している。
E　筆者が語に特定のニュアンスを込めていることを示している。

問2 次の【資料】を読み、以下の問に答えよ。

【資料】

Ⅰ・Ⅱを読んだ生徒の会話

ゆうり Ⅰの文章は「自分らしさ」について書かれているね。

あおい Ⅱの文章の話題は「利他」。ケア、ケアリングについて、学者の考えを引用しながら書かれているよ。

ゆうり Ⅰは、前半で新聞や雑誌の記事を取り上げ、具体例を示しながら①「自分らしさ」に必要な要素を定義づけているね。

あおい そう考えると、Ⅱの具体例はそこまで詳しくはないかな。その点、Ⅰの後半で示される②パラドックスの事例には納得させられたよ。

ゆうり そうだね。そのパラドックスを踏まえて二つの文章を読むと、③「自分らしさ」と「利他」の関係性についても考えることができるから面白いね。

(1) 波線部①「『自分らしさ』に必要な要素」について、二十字～二十五字で説明せよ。

(2) 波線部②「パラドックス」とはどういうことか。それを具体的に説明した箇所を「～こと。」に続くようにⅠの文章より四十五字以内で抜き出し、最初と最後の五字を答えよ。

(3) 波線部③「『自分らしさ』と『利他』の関係性」について、筆者の論をふまえて、八十字～百字で説明せよ。

(☆☆☆◎◎◎)

【三】摂政藤原基経に仕える五位《ごい》は民部卿時長の子である藤原利仁《としひと》に芋粥《いもがゆ》を飽くまで馳走してやると誘われ、利仁の敦賀《つるが》の館へ京から出向いている。次のⅠ、Ⅱの文章を読み、以下の問に答えよ。

Ⅰ

その日の夜のことである。①五位は、利仁《としひと》のやかたの一間に、切灯台《きりとうだい》の灯《ひ》をながめるともなく、ながめながら、寝つかれない長の夜をまじまじして、明かしていた。すると、夕方、ここへ着くまでに、利仁や利仁の従者と、談笑しながら、越えて来た松山、小川、枯野、あるいは、草、木の葉、石、野火の煙のにおい、――そういうものが、一つずつ、五位の心に、浮んできた。ことに、雀色時《すずめいろどき》の靄《もや》の中を、やっと、このやかたへたどりついて、長櫃《ながびつ》に起してある、炭火の赤いほのおを見た時の、ほっとした心もち、――それも、今こうして、寝ていると、遠い昔にあったこととしか、思われない。五位は綿の四、五寸もはいった、黄いろい直垂《ひたたれ》の下に、楽々と、足をのばしながら、ぼんやり、われとわが寝姿を見まわした。

直垂の下に利仁が貸してくれた、練色《ねりいろ》の衣《きぬ》の綿厚《わたあつ》なのを、二枚まで重ねて、着こんでいる。それだけでも、どうかすると、汗が出かねないほど、暖かい。そこへ、夕飯の時に一杯やった、酒の酔いが手伝っている。まくらもとの蔀《しとみ》一つ隔てた向こうは、霜のさえた広庭だが、それも、こう陶然としていれば、少しも苦にならない。万事が、京都の自分の曹司《ぞうし》にいた時と比べれば、雲泥の相違である。が、それにもかかわらず、我が五位の心には、なんとなくつりあいのとれない不安があった。第一、時間のたっていくのが、待遠い。しかもそれと同時に、夜の明けるということが、――芋粥を食う時になるということが、②そう早く、来てはならないような心もちがする。そうしてまた、この矛盾した二つの感情が、互いに剋し合う後ろには、境遇の急激な変化から来る、落着かない気分が、今日の天気のように、うすら寒く控えている。それが、皆、じゃまになって、せっかくの暖かさも、容易に、眠りを誘いそうもない。

すると、外の広庭で、誰か大きな声を出しているのが、耳にはいった。声がらでは、どうも、今日、途中まで迎えに出た、白髪の郎等《ろうどう》が何か告《ふ》れているらしい。そのひからびた声が、霜に響くせいか、凜々として凩《こがらし》のように、一語ずつ五位の骨に、こたえるような気さえする。

「このあたりの下人《げにん》、承われ。殿の御意《ぎょい》あそばさるるには、明朝、卯時《うのとき》までに、切口三寸、長さ五尺の山の芋を、老若各《おのおの》、一筋ずつ、持って参るようにとある。忘れまいぞ、卯時までにじゃ」

それが、二、三度、くり返されたかと思うと、やがて、人のけはいがやんで、あたりはたちまちもとのように、静かな冬の夜になった。その静かな中に、切灯台の油が鳴る。赤い真綿のような火が、ゆらゆらする。五位はあくびを一つ、かみつぶして、また、とりとめのない、思量にふけりだした。――山の芋というからには、もちろん芋粥にする気で、持って来させるのに相違ない。そう思うと、一時、外に注意を集中したおかげで忘れていた、さっきの不安が、いつの間にか、心に帰って来る。ことに、前よりも、いっそう強くなったのは、あまり早く芋粥にありつきたくないという心もちで、それがいじわるく、思量の中心を離れない。どうもこう容易に「芋粥に飽かん」ことが、事実となって現れては、せっかく今まで、何年となく、しんぼうして待っていたのが、いかにも、むだなほねおりのように、みえてしまう。できることなら、何か突然故障が起っていったん、芋粥が飲めなくなってから、また、その故障がなくなって、今度は、やっとこれにありつけるというような、そんな手続きに、万事を運ばせたい。――こんな考えが、[*1]「こまつぶり」のように、ぐるぐる一つ所をまわっているうちに、いつか、五位は、旅の疲れで、ぐっすり、熟睡してしまった。

あくる朝、眼がさめると、すぐに、昨夜の山の芋の一件が、気になるので、五位は、何よりも先に部屋の蔀をあげてみた。すると、知らないうちに、寝すごして、もう卯時をすぎていたのであろう。広庭へ敷いた、四、五枚の長筵《ながむしろ》の上には、丸太のような物が、およそ、二、三千本、斜につき出した、檜皮葺《ひわだぶき》の軒先へつかえるほど、山のように、積んである。見るとそれが、ことごとく、切口三寸、長さ五尺の途方もなく大きい、山の芋であった。

五位は、寝起きの眼をこすりながら、ほとんど周章《しゅうしょう》[*2]に近い驚愕に襲われて、呆然と、周囲を見まわした。広庭の所々には、新しく打ったらしい杭の上に五斛納釜《ごくのうがま》を五つ六つ、かけ連ねて、白い布の襖《あお》を着た若い下司女《げすおんな》が、何十人となく、そのまわりに動いている。火をたきつけるもの、灰をかくもの、あるいは、新しい白木《しらき》のおけに、「あまずらみせん」[*3]をくんで釜の中へ入れるもの、皆芋粥をつくる準備で、眼のまわるほど忙しい。釜の下から上る煙と、釜の中からわく湯げとが、まだ消え残っている明け方の靄と一つになって、広庭一面、はっきり物も見定められないほど、灰色のものがこめた中で、赤いのは、烈々と燃え上がる釜の下のほのおばかり、眼に見るもの、耳に聞くものことごとく、戦場か火事場へでも行ったような騒ぎである。五位は、いまさらのように、この巨大な山の芋《いも》が、この巨大な五斛納釜の中で、芋粥になる事を考えた。そうして、自分が、その芋粥を食うために京都から、わざわざ、越前の敦賀まで旅をして来たことを考えた。考えれば考えるほど、何一つ、情なくならないものはない。我が五位の同情すべき食欲は、実に、この時もう、一半を減却してしまったのである。

それから、一時間ののち、五位は利仁や舅《しゅうと》の有仁《ありひと》とともに、朝飯の膳に向かった。前にあるのは、銀《しろがね》[*4]の提《ひさげ》[*5]の一斗《と》ばかりはいるのに、なみなみと海のごとくたたえた、③恐るべき芋粥である。五位はさっき、あの軒まで積上げた山の芋を、何十人かの若い男が、薄刃《うすば》を器用に動かしながら、片端からけずるように、勢いよく切るのを見た。それからそれを、あの下司女たちが、右往左往に馳せちがって、一つのこらず、五斛納釜へすくっては入れ、すくっては入れするのを見た。最後に、その山の芋が、一つも長筵の上に見えなくなった時に、芋のにおいと、甘葛《あまずら》のにおいとを含んだ、幾道かの湯げの柱が、蓬々然《ほうほうぜん》として、釜の中から、晴れた朝の空へ、舞上って行くのを見た。これを、まのあたりに見た彼が、今、提に入れた芋粥に対した時、まだ、口をつけないうちから、すでに、満腹を感じたのは、おそらく、無理もない次第であろう。――五位は、提を前にして、間の悪そうに、額の汗をふいた。

「芋粥に飽かれたことが、ござらぬげな。どうぞ、遠慮なく召上がってくだされ。」

舅の有仁は、童児たちに言いつけて、さらに幾つかの銀の提を膳の上に並べさせた。中にはどれも芋粥が、あふれんばかりにはいっている。五位は眼をつぶって、ただでさえ赤い鼻を、いっそう赤くしながら、提に半分ばかりの芋粥を大きな土器《かわらけ》にすくって、いやいやながら飲み干した。

「父も、そう申すじゃて。平《ひら》に、遠慮はご無用じゃ」

利仁もそばから、新たな提をすすめて、いじわるく笑いながらこんなことを言う。弱ったのは五位である。遠慮のないところを言えば、始めから芋粥は、一椀も吸いたくない。それを今、我慢して、やっと、提に半分だけ平らげた。これ以上、飲めば、喉を越さないうちにもどしてしまう。そうかといって、飲まなければ、利仁や有仁の厚意を無にするのも、同じである。そこで、彼はまた眼をつぶって、残りの半分を三分の一ほど飲み干した。もうあとは一口も吸いようがない。

「なんとも、かたじけのうござった。もう十分ちょうだいいたしたて。――いやはや、なんともかたじけのうござった。」

五位は、しどろもどろになって、こう言った。よほど弱ったとみえて、口髭《くちひげ》にも、鼻の先にも、冬とは思われないほど、汗が玉になって、たれている。

「これはまた、ご少食なことじゃ。客人は、遠慮をされるとみえたぞ。それそれその方ども、何をいたしておる」

童児たちは、有仁の語につれて、新たな提の中から、芋粥を、土器にくもうとする。五位は、両手を蝿でもおうように動かして、平に、辞退の意を示した。

「いや、もう、十分でござる。……失礼ながら、十分でござる」

もし、この時、利仁が、突然、向こうの家の軒を指さして、「あれをご覧じろ」と言わなかったなら、有仁はなお、五位に、芋粥をすすめて、やまなかったかもしれない。が、幸いにして、利仁の声は、一同の注意を、その軒の方へ持って行った。檜皮葺《ひわだぶき》の軒には、ちょうど、朝日がさしている。そうして、そのまばゆい光に、光沢《つや》のいい毛皮を洗わせながら、一疋《ぴき》の獣《けもの》が、おとなしく、すわっている。見るとそれは一昨日、利仁が枯野の路《みち》で手どりにした、あの阪本《さかもと》の野狐《のぎつね》であった。

「狐も、芋粥がほしさに、見参したそうな。男ども、しゃつにも、物を食わせてつかわせ」

利仁の命令は、言下《ごんか》に行われた。軒からとびおりた狐は、ただちに広庭で芋粥の馳走に、あずかったのである。

五位は、芋粥を飲んでいる狐をながめながら、ここへ来ない前の彼自身を、なつかしく、心の中でふり返った。それは、多くの侍《さむらい》たちに愚弄《ぐろう》されている彼である。京童にさえ「なんじゃ。この赤鼻めが」と、ののしられている彼である。色のさめた水干《すいかん》に、指貫《さしぬき》をつけて、飼主のないむく犬のように、朱雀大路《すざくおおじ》をうろついて歩く、あわれむべき、孤独な彼である。しかし、同時にまた、芋粥に飽きたいという欲望を、ただ一人大事に守っていた、幸福な彼である。――彼は、この上芋粥を飲まずにすむという安心とともに、満面の汗がしだいに、鼻の先から、かわいてゆくのを感じた。晴れてはいても、敦賀の朝は、身にしみるように、風が寒い。五位はあわてて、鼻をおさえると同時に銀の提に向かって④大きなくさめをした。

（芥川龍之介『芋粥』より）

(注) ＊1 こまつぶり……………こま。回して遊ぶ玩具のこと。
＊2 周章…………あわてふためくこと。
＊3 あまずらみせん………甘葛《あまずら》(ツル草)を煎じた汁。甘味料として使用。
＊4 提…………酒や水を注ぐのに用いる口付きの器。
＊5 一斗……………約十八リットル。

Ⅱ

「何ぞの湯涌《わか》すぞ」と見れば、この水と見しは、＊1味煎《みせん》なりけり。また若き男《をのこ》ども十余人ばかり出で来て、袂《たもと》より手を出して、薄き刀の長やかなるをもつて、この暑預《いも》を削りつつ、撫切《なでぎり》に切る。早ふ暑預粥《いもがゆ》を煮るなりけり。見るに、食ふべき心地せず、返りては疎ましく成りぬ。さら〳〵と＊2煮返して、「暑預粥出で来にたり」と云へば、「参らせよ」とて、大きなる土器《かはらけ》して、銀《しろがね》の提《ひさげ》の斗納《となは》ばかりなる三つ四つばかりに汲み入れて持て来たりたるに、一盛《ひともり》だにえ食はで、「飽きにたり」と云へば、いみじく咲《わら》て集まり居て、「客人《まらうど》の御得《おほむとく》に、暑預粥食ふ」など云ひ嘲《あざけ》り合へり。しかる間、向かひなる屋の軒《のき》に狐さしのぞき居たるを、利仁《としひと》見つけて、「御覧ぜよ、昨日の狐の見参《けんざん》するを」とて、「彼に物食はせよ」と云へば、食はするを、うち食ひて去にけり。

かくて、五位一月ばかりあるに、よろづ楽しきこと限りなし。さて上りけるに、＊3仮《け》納《をさめ》の装束あまた下り調へて渡しけり。また、綾、絹、綿など＊4皮子あまたに入れて取らせたりけり。(中略)またよき馬に鞍置きて、物など加へて取らせければ、皆得富みて上りにけり。

まことに、＊5所に付きて年ごろになりて赦《ゆる》されたる者はかかることなむ、おのづから有りける、となむ語り伝へたるとや。

（『今昔物語集』より）

（注）＊1　味煎……甘葛を煎じた汁。甘味料として使用。
＊2　煮返して……煮えたぎらせて。
＊3　仮納の装束……普段着や晴れ着。
＊4　皮子……衣服などを入れるかご。
＊5　所に付きて～敕されたる者……長年勤め上げ、人々から認められている者。

問1　傍線部①「五位は、～明かしていた」とあるが、この時の五位の心情を端的に説明した表現を十一字で抜き出せ。

問2　傍線部②「そう早く、来てはならないような心もち」とあるが、五位がこのような心もちになるのはなぜか。その理由を説明した次の文の空欄に、適当な表現を二十字～三十字で入れよ。

あまりに早くその時が来てしまうと、□に思えてくるから。

問3　傍線部③「恐るべき芋粥」とあるが、五位がそのように感じたのはなぜか。その理由として最も適当なものをA～Eから選び、記号で答えよ。

A　芋粥を飽くほど食べてみたいという願いが今まさに叶うのだと思うと、その非現実的な状況が疑わしく思えてきたから。

B　芋粥を作る様子のがさつさに腹立たしさを感じ、もはや一口も食べたくないと思うほど芋粥に嫌悪感を抱いているから。

C　芋粥を飽くほど食べたいという願いをいとも簡単に叶えることのできる利仁の強大な権力を突きつけられ、怖くなってきたから。

D　芋粥を飽くほど食べるという幸福を手にしたがゆえに、この後どんな不幸が待ち受けているのか急に不安になってきたから。

E　芋粥を食べるため敦賀まで来てしまった自分を情けなく思っていたところに大量の芋粥が差し出され、怯んでしまったから。

問4　傍線部④「大きなくさめをした」とあるが、このことから読み取れる事柄として最も適当なものをA～Eから選び、記号で答えよ。

A　芋粥をもう食べなくてもよいという安心感が生じたことで、五位の元来の粗野な性格があらわになったことが読み取れる。

B　芋粥を食べなければならないという追いつめられた状況から解放されたことにより、五位が体の感覚を取り戻したことが読み取れる。

C　敦賀は満面の汗が引くほど寒く、風邪を引いたにもかかわらず、そのことさえも気付かないほど五位が緊張していたことが読み取れる。

D　五位は芋粥に向かってくさめをすることによって、芋粥を拒絶する気持ちを暗に周囲に示そうとしたことが読み取れる。

E　五位は芋粥をこれ以上食べずにすむという安心感を抱いたものの、周囲の不穏な空気を感じて、身構えていることが読み取れる。

問5　Ⅰを生徒に黙読させた後、意見交流を行わせた。Ⅰの読解として適当なものをA～Fから二つ選び、記号で答えよ。

A　文章の書き方についてだけれど、文章に読点が多いのが特徴的ね。区切ることでテンポ良く読み進めていくことができるから、読者はより作品の中に入り込むことができるわ。

B　この文章は回想を多用したり、登場人物それぞれの視点で重層的に話を展開したりと、構成もとても特徴的だと思うな。

C　表現といえば、僕は比喩表現が面白いなと思ったよ。例えば、「赤い真綿のような火」は、小さい柔らかな火の様子が見事に表現されているよ。

D　白髪の郎等の甲高い声を「凜々として凩のよう」と表現しているところや、あれこれ考えて揺らいでいる様子をこまが回る様子に例えているのも面白いよね。

E　五位が周囲に馬鹿にされ、同情を寄せる人もいなかったことが、「飼主のないむく犬のよう」という表現から想像がつくね。

F　五位が敦賀に来なければよかったと後悔する様子を、「ぼんやり、われとわが寝姿を見まわした」、「狐をながめながら、ここへ来ない前の彼自身を、なつかしく、心の中でふり返った」と、彼の視線の先にあるもので印象的に示しているのも、巧みな表現だよ。

問6　Ⅰは Ⅱを基として作られた小説である。Ⅰと Ⅱとを比較しつつ、Ⅰが描こうとした主題について九十字～百字で述べよ。

（☆☆☆◎◎◎）

【四】学習指導要領について、次の問に答えよ。

○　問1、問2は、次に指示するとおり、どちらかを選択して解答すること。
・中学校受験者は、Ⅰ〔中学校学習指導要領に関する問題〕を解答すること。
・高等学校受験者は、Ⅱ〔高等学校学習指導要領に関する問題〕を解答すること。
・特別支援学校受験者は、Ⅰ〔中学校学習指導要領に関する問題〕またはⅡ〔高等学校学習指導要領に関する問題〕のいずれかを選択して解答すること。選択した区分について、○で囲んで示すこと。
○　問3は全員解答すること。

Ⅰ〔中学校学習指導要領に関する問題〕

問1　次の文章は中学校学習指導要領(平成二十九年告示)「第2章　各教科　第1節　国語」の「第3　指導計画の作成と内容の取扱い」の一部である。[ア]～[ウ]にあてはまる語句を以下のA～Lから選び、記号で答えよ。

(2)　教材は、次のような観点に配慮して取り上げること。
ア　国語に対する認識を深め、国語を尊重する態度を育てるのに役立つこと。
イ　[ア]、思考力や想像力を養い言語感覚を豊かにするのに役立つこと。
ウ　公正かつ適切に判断する能力や創造的精神を養うのに役立つこと。
エ　科学的、論理的に物事を捉え考察し、視野を広げるのに役立つこと。
オ　人生について考えを深め、[イ]を養い、たくましく生きる意志を育てるのに役立つこと。

カ　人間、社会、自然などについての考えを深めるのに役立つこと。
キ　我が国の［ウ］に対する関心や理解を深め、それらを尊重する態度を育てるのに役立つこと。
ク　広い視野から国際理解を深め、日本人としての自覚をもち、国際協調の精神を養うのに役立つこと。

A　主体性　B　客観的　C　豊かな人間性　D　伝え合う力　E　協調性
F　伝統と文化　G　伝統と歴史　H　言語文化　I　文学的　J　論理的
K　言語活動　L　抽象的

問2　次の表は、中学校学習指導要領(平成二十九年告示)解説「第2章　国語科の目標及び内容」の「第1節　国語科の目標」に示されたものである。［エ］、［オ］にあてはまる語句を以下のA～Lから選び、記号で答えよ。

	第1学年	第2学年	第3学年
知識及び技能	(1) 社会生活に必要な国語の知識や技能を身に付けるとともに、我が国の［ エ ］に親しんだり理解したりすることができるようにする。	(1) 社会生活に必要な国語の知識や技能を身に付けるとともに、我が国の［ エ ］に親しんだり理解したりすることができるようにする。	(1) 社会生活に必要な国語の知識や技能を身に付けるとともに、我が国の［ エ ］に親しんだり理解したりすることができるようにする。
思考力、判断力、表現力等	(2) 筋道立てて考える力や豊かに感じたり想像したりする力を養い、日常生活における人との関わりの中で伝え合う力を高め、自分の思いや考えを確かなものにすることができるようにする。	(2) ［ オ ］に考える力や共感したり想像したりする力を養い、社会生活における人との関わりの中で伝え合う力を高め、自分の思いや考えを広げたり深めたりすることができるようにする。	(2) ［ オ ］に考える力や深く共感したり豊かに想像したりする力を養い、社会生活における人との関わりの中で伝え合う力を高め、自分の思いや考えを広げたり深めたりすることができるようにする。
学びに向かう力、人間性等	(3) 言葉がもつ価値に気付くとともに、進んで読書をし、我が国の［ エ ］を大切にして、思いや考えを伝え合おうとする態度を養う。	(3) 言葉がもつ価値を認識するとともに、読書を生活に役立て、我が国の［ エ ］を大切にして、思いや考えを伝え合おうとする態度を養う。	(3) 言葉がもつ価値を認識するとともに、読書を通して自己を向上させ、我が国の［ エ ］に関わり、思いや考えを伝え合おうとする態度を養う。

A　主体的
B　客観的
C　豊かな人間性
D　伝え合う力
E　協調性
F　伝統と文化
G　伝統と歴史
H　言語文化
I　文学的
J　論理的
K　言語活動
L　抽象的

Ⅱ〔高等学校学習指導要領に関する問題〕

問1　次の文章は高等学校学習指導要領(平成三十年告示)「第2章　第1節　国語」の「第2款　各教科」、「第6　古典探究　1目標」の一部である。［ア］、［イ］にあてはまる語句を以下のA～Hから選び、記号で答えよ。

(1)　生涯にわたる社会生活に必要な国語の知識や技能を身に付けるとともに、我が国の伝統的な［ア］に対する理解を深めることができるようにする。

(2)　論理的に考える力や深く共感したり豊かに想像したりする力を伸ばし、古典などを通した先人のものの見方、感じ方、考え方との関わりの中で［イ］を高め、自分の思いや考えを広げたり深めたりすることができるようにする。

(3)　言葉がもつ価値への認識を深めるとともに、生涯にわたって古典に親しみ自己を向上させ、我が国の［ア］の担い手としての自覚を深め、言葉を通して他者や社会に関わろうとする態度を養う。

A　主体性　　B　豊かな人間性　　C　伝え合う力　　D　協調性　　E　文学
F　伝統と文化　　G　言語活動　　H　言語文化

問2　次の表は、高等学校学習指導要領(平成三十年告示)解説「第1章　総説」の「第4節　国語科の内容」においてまとめられた、『B　書くこと』領域の構成」の中の言語活動例である。［ウ］～［オ］にあてはまるものを以下のA～Gから選び、記号で答えよ。

言語活動例				
現代の国語	言語文化	論理国語	文学国語	国語表現
（ウ）（エ）	（オ）	（ウ）（エ）	（オ）	（ウ）（エ）

A　文学的な文章を書く活動
B　情報を活用して書く活動
C　感受性豊かな文章を書く活動
D　客観的な文章や構造的な文章を書く活動
E　論理的な文章や実用的な文章を書く活動
F　的確に表やグラフを分析した文章を書く活動
G　適切に表やグラフを説明した文章を書く活動

問3　「話すこと・聞くこと」の指導のために「説得力のあるスピーチを行おう」という単元を設定し、「環境問題について考え、その解決策について自身の考えを同級生に発信しよう」というテーマで、個人でスピーチを行うことにした。後の問に答えよ。

〔本単元の重点指導事項〕

中学校第3学年…

(1)　ア　目的や場面に応じて、社会生活の中から話題を決め、多様な考えを想定しながら材料を整理し、伝え合う内容を検討すること。

イ　自分の立場や考えを明確にし、相手を説得できるように論理の展開などを考えて、話の構成を工夫すること。

高等学校第1学年…

「現代の国語」

(1)　ア　目的や場に応じて、実社会の中から適切な話題を決め、様々な観点から情報を収集、整理して、伝え合う内容を検討すること。

イ　自分の考えが的確に伝わるよう、自分の立場や考えを明確にするとともに、相手の反応を予想して論理の展開を考えるなど、話の構成や展開を工夫すること。

〔学習の流れ〕

①　身近にある環境問題を出し合い、グループで取り上げる環境問題を決める。
②　その環境問題について分担して調べ、グループ内で共有する。
③　共有された情報をもとに、各自がスピーチ原稿を作成する。

④　各自が他のグループに対して、スピーチを行う。

〔スピーチ原稿〕　※〔学習の流れ〕③で、ある生徒が作成したもの。

この間テレビで、世界の海のプラスチックごみについて報道していました。そのテレビでは、プラスチックごみを飲み込んでしまったり、体に巻き付いてしまったりしている動物を紹介していました。また、人間が食べる魚の体内にもプラスチックが溜まっているそうです。プラスチックごみは今、深刻な環境問題になっています。

私は海が好きで、家族とよく行きます。思い起こしてみると、私が行く海にもプラスチックごみが沢山落ちています。友達がネットで調べたことによると、こうしたごみの3分の2は、発泡スチロールやペットボトルが漂着したものだそうです。プラスチックが海を汚染し、動物を傷つけていることは問題であり、早急に解決していかなければならない問題だと思います。今後、私が海に行ったときは、ごみ拾いを率先して行いたいです。

(1)　〔学習の流れ〕②において、「グループ内で共有する」ときにはどのようなことに留意させるべきか記せ。

(2)　スピーチを評価する際に重要なこととしてあてはまらないものをA～Eから選び、記号で答えよ。

A　論理的な展開となっている。

B　主張したい意見が明確である。

C　適切な題材が提示されている。

D　スピーチにふさわしい言葉遣いをしている。

E　聞き手を意識し、積極的に身振りを用いている。

(3)　この〔スピーチ原稿〕を書いた生徒に次の【資料】を提示し、指導を行いたい。この〔スピーチ原稿〕の課題を指摘し、【資料】を用いてどのような助言ができるか具体的に記せ。

【資料】

レジ袋チャレンジとは

レジ袋有料化をきっかけに、プラスチックごみ問題について考えて頂き、日々の買い物でマイバッグを持参して、“レジ袋はいりません”、“レジ袋は結構です”と辞退することが当たり前になる、そういった一人一人のライフスタイルの変革を目指す環境省のキャンペーンです。

(☆☆☆◎◎◎)

解答・解説

【中高共通】

【一】問1 (1) ア いちじる(しい) イ しゃし (2) ア 歓喜 イ 窮乏 問2 (1) D (2) B 問3 6 問4 (1) E (2) ア D イ D (3) A 問5 (1) 学而時習レ之不二亦説一乎。 (2) B (3) ア A イ A

〈解説〉問1 「奢侈」の「奢」「侈」は、ともにおごるの意。「歓」は、形の似た「観」「勧」など同音異義語があるので字形に注意する。 問2 (1) 慣用句は、二つ以上の話がひとまとまりになった形で習慣的に使われ、あるきまった特殊な意味を持つもの。「こまぬく(拱く)」は、「両手を胸の前で組み合わせる。うで組みをする。」という意味。例示された意味は、四字熟語の「拱手傍観」をさす。 (2) 四字熟語は、四字の漢字が結合した複合語で、これもイディオムと呼ばれる。「明鏡止水」は、「(曇りのない鏡と静かにたたえた水の意から)心に何のわだかまりもなく、安らかに落ち着いていること」をいう。 問3 「潟」は、まず「さんずい」から旁(つくり)への順で書く。 問4 (1) 「更級日記」(一〇六〇ごろ成立)は、菅原孝標女の作。 (2) ア 「む」は助動詞で、一人称では意志、二人称では適当勧誘、三人称では推量の意味に用いられる場合が多い。アの「む」は、一人称の「む」で「意志」を表す。 イ 「仰す」(おほす)は、サ行下二段活用の動詞で、敬語では「言ふ」の尊敬語。他に、「命じる」「課す」の意がある。 (3) A 「序詞」は、意味や音で類縁のある一定の語を修飾し、句調を整えるのに用いられる。五音以上で二句以上にわたる。 B 「倒置法」は、叙述の順序を逆にして、表現を強く印象づけようとする方法。 C 「掛詞」は、同音の一つのことばで、二つ以上の意味を表す技法。 D 「本歌取り」は、古歌の特徴的な語句をもとにして一首を作る方法。 E 「体言止め」は、第五句(結句)に体言(名詞)を用いて余韻・余情を表す。「名詞止め」ともいう。この和歌の「足引きの　山鳥の尾の　しだり尾の」は、「長々し」にかかる序詞である。　問5　(1)　置き字「而」と句法「不亦～乎」に注意する。(2)　例示の漢文は、訓点に従い「己の欲せざる所は、人に施すこと勿(な)かれと」と書き下す。「勿」は「莫、毋」と同じ禁止の助辞。　(3)　ア　初唐に入り、絶句・律詩の形式の近体詩が確立した。一首四句で一句五字を「五言絶句」、一句七字を「七言絶句」という。一首八句は「律詩」で、一句五字は「五言律詩」、一句七字は「七言律詩」。絶句と律詩の押韻については確認しておこう。　イ　「花落つること知る多少」(「春暁」の結句部分)は、「いったいどれほどの花がちったことでしょうか」の意。

【二】問1　(1)　D　(2)　ウ　(3)　B　(4)　E　問2　(1)　純粋に内発的な動機から大勢の意見に抵抗すること。(二十四字)　(2)　自分らしさ～ばならないこと。　(3)　「自分らしさ」は社会の承認を必要とする合意の形式であり、「利他」は他者を無条件に受け入れともにいることだから、「自分らしさ」の成立には他者を受け入れる「利他」の精神が不可欠だという関係性がある。(九十七字)

〈解説〉問1　(1)　空欄①の前の文は、考古学者の吉村作治氏の「自分らしく」の精神を体現する自分の死後について述べられている。これを要約する接続詞が入る。　(2)　欠文は「しかし」で始まっており、前文とは逆の立場を示そうとしている。次に「ある動機」とあり、「動機」についての記述を探すとウの前の部分に「内発的な動機」とある。「自分らしく」あるための条件①②を挙げて、この二者が必要なことを論証したあと、この考えに対する疑問として、この欠文をウの前で挙げる形が適切である。　(3)　Iの文章は、「自分らしさ」について、マスメディアの新聞のデータベースの検索から始まり、週刊誌の記事では、考古学者の葬儀や死に関しての記事を踏まえ、「自分らしさ」の必要条件①②を挙げ定義付けている。これは、記事の収集と分析による要約である。また随所に疑問を呈し、自問と他者(読み手)への問いで、論述内容を深めている。Aは、「事例に共通するキーワードとして」以下の部分、Cは、「独自の考えを述べ」を含めたそれ以降の部分、Dは、「これまでの研究結果を示しつつ」以下の部分、Eは、「敬体を用い」がそれぞれ不適切。(4) aとbは、「利他」を説明するために特定のニュアンスを込めた比喩として用いられている。問2 (1) 文中に、「自分らしさ」について述べているのは、「規範への抵抗」(第二段落)、『当然こうすべき』『ふつうはこうだろう』という考えに抗うこと」(第五段落)、「世間の当たり前に逆らって自分の望みを実現する」(第七段落)ことなどである。言い換えれば、純粋に内発的な動機から規範(慣習)に抗うことである。(2) 「パラドックス」は、「逆説」のことをいう。「一見真理でないことを述べているようで、よく考えると真理を述べている説」である。「世間のあたりまえ」は、世間の人々の規範(慣習)、あるいは、常識を意味するが、これに抵抗して行動することが「自分らしさ」の体現であるのに、この自由で主体的な行動に対し、社会の合意が必要だというのは、真理に反しているように見える。しかし、社会の秩序を維持するためには、「自分らしさ」のための選択や行動も社会的承認(合意)を必要とする。このことを述べている、㊁で始まる段落の末文から抜き出す。(3) 「自分らしさ」は、自由な常識外れの主体的な生き方であるが、社会の承認を必要として成り立つ合意の形式である。一方、「利他」は、他者尊重の理念による他者受容の精神を本質とする。この「うつわ」のような「利他」は、「ともにいる」ために、社会の承認を得た「自分らしさ」を求めて生きる他者を、条件なしで受け入れる。この点で両者は関係性があると述べている。

【三】問1 つりあいのとれない不安　問2 今まで何年もしんぼうして待っていたのが、むだなほねおりのよう(三十字)　問3 E　問4 B　問5 C、E　問6 Ⅱは、長年勤め上げれば報われるという教訓譚となっているが、Ⅰは Ⅱでは描かれなかった五位の内面の変化に焦点を当てることで、夢は夢のまま抱き続けている方が幸福だという人間心理を描き出している。(九十四字)

〈解説〉問1　①は、「寝つかれない長の夜をまじまじして」の表現から、五位が何かに心を奪われた不安な気持を描写している。この理由を述べているのが、次の第二段落の中頃の「が、それにもかかわらず～うすら寒く控えている」の部分である。ここに五位の心情を端的に説明した表現として「つりあいのとれない不安」「急激な変化から来る、落着かない気分」などがある。　問2　②の後の段落に、外の広庭で白髪の郎等の声を聞き、改めて「あまり早く芋粥にありつきたくないという心もち」が強くなったとある。この心情は、②の表現と重なり、以下に、「どうもこう容易に『芋粥に飽かん』ことが～いかにも、むだなほねおりのように、見えてしまう。」とある。　問3　五位は、利仁に芋粥を飽くまで馳走してやると誘われて敦賀まで来た。しかし、途方もない量の山の芋を目にし、しかも巨大な釜が五つ六つも用意されて、五位のために芋粥が作られいたのを見て、その量に圧倒され、芋粥を食べることが嫌になってしまったのである。「すでに満腹」を感じ、その結果「おそるべき芋粥」と感じたのである。　問4　④の五位の「大きなくさめ」は、五位の心理の身体表現である。一椀も吸いたくない芋粥を、接待した利仁たちの厚意を無にしないために止むを得ず、その半分ほどを飲み、朝飯を終えたときの五位の心情を忖度する。　問5　Aは、Ⅰの文章では、読点により情景や作中人物の心理を知的に分析し表現するための工夫が凝らされていること。Bは、五位の視点で話が展開され、五位の繊細な心情の変化を巧みに描いていること。Dの「凛々として凩のよう」は、白髪の郎等の声調でなく、五位の心が受け止めた比喩。Fは、五位の後悔する様子についての引用が不適切。　問6　Ⅰの主題は、五位が利仁の接待(芋粥の馳走)のため、敦賀まで来たものの、芋粥を食べる気がしない、その拒食の心理状態と芋粥に飽きたい意志(欲望)を大事に守り続けることに幸福を感じる人間の心理である。Ⅱの主題は、「まことに

～となむ語り伝へたるとや」における長年職務を勤め上げた者への功労の報酬である。この[I][II]の主題をまとめる。

【四】Ⅰ 問1 ア D イ C ウ F 問2 エ H オ J Ⅱ 問1 ア H イ C 問2 ウ B エ E オ A 問3 (1) 調べた情報の信頼性や客観性を吟味し、より説得力のあるスピーチを目指して様々な角度から意見を出し合うこと。 (2) E (3) プラスチックごみの問題の解決策について、自らごみ拾いを行いたいと述べるだけで、他の生徒への発信が不十分な点が課題である。この資料によって、日常生活の中で誰もが具体的に取り組める解決策の提示が可能になり、発信力や説得力を増すことができる、という助言が想定される。

〈解説〉Ⅰ 問1 教材は、「生きる力」の基盤となる「確かな学力」育成のために不可欠である。そのために、教材についての配慮事項では、各学年の目標及び内容に示す資質・能力を偏りなく養うことや読書に親しむ態度を育成することをねらいとし、生徒の発達の段階に即して適切な話題や題材を精選して調和的に取り上げることを示している。これを受けて教材選定に当たっては、内容の面でも教材の話題、題材を偏りなく選定するよう、八項目の観点を示している。空欄アは、国語科の目標や内容に関わる。空欄イは、生徒の内面的な生き方に関わる。空欄ウは、我が国の伝統と文化に関わる。 問2 中教審の答申では「教育基本法、学校教育法などを踏まえ、これまでの我が国の学校教育の実践や蓄積を生かし、子供たちが未来社会を切り拓くための資質・能力を一層確実に育成することを目指す」とし、次に「知識及び技能の習得と思考力、判断力、表現力等の育成のバランスを重視する平成20年改訂の学習指導要領の枠組みや教育内容を維持した上で、知識の理解の質を更に高め、確かな学力を育成すること」を基本方針としている。この方針に従い、国語科の目標も改善され国語科で育成を目指す資質・能力を「国語で正確に理解し適切に表現する資質・能力」と規定するとともに、「知識及び技能」「思考力、判断力、表現力等」「学びに向かう力、人間性等」の三つの柱で整理された。また、子供たちの資質・能力の育成を社会と連携して行うために、「社会に開かれた教育課程」であることをのべている。学年の目標についても、従前、「話すこと・聞くこと」「書くこと」「読むこと」の三領域で示していた目標を教科の目標と同様に「知識及び技能」「思考力、判断力、表現力等」「学びに向かう力、人間性等」の三つの柱で構成し直された。　Ⅱ　問1　「古典探究」は、共通必履修科目「言語文化」で育成された資質・能力のうち「伝統的な言語文化に関する理解」をより深めるために、ジャンルとしての古典を学習対象とする選択科目である。また、目標は、教科の目標と同様の三つの柱で整理されている。　問2　「B　書くこと」は、「A　話すこと・聞くこと」、「C　読むこと」の領域とともに、科目の目標「思考力、判断力、表現力等」を構成する内容である。「B　書くこと」の「言語活動例」は、指導事項と言語活動との密接な関連を図り、指導内容を確実に身につけさせることをねらいとしている。例示された科目の「現代国語」は、「実社会における国語による諸活動に必要な資質・能力を育成する科目」、「言語文化」は、「上代から近現代に受け継がれてきた我が国の言語文化への理解を深める科目」、「論理国語」は、「実社会において必要となる、論理的に書いたり批判的に読んだりする力の育成を重視した科目」、「文学国語」は、「深く共感したり豊かに想像したりして、書いたり読んだりする力の育成を重視した科目」、「国語表現」は、「実社会において必要となる、他者との多様な関わりの中で伝え合う力の育成を重視した科目」である。選択肢A「文学的な文章を書く活動」と「文学国語」、選択肢E「論理的な文章や実用的な文章を書く活動」は、「論理国語」と深く関わる。また、書くための「題材の設定」では、実社会の情報の収集を必要とする。情報を活用した記述(表現)の活動が「現代の国語」「論理国語」および「国語表現」に入る。　問3　(1)　「話すこと・聞くこと」の指導では、高校の

「現代の国語」は、話題の設定を「実社会」の中からとし、中学校第3学年の課題の設定「社会生活」の中からと接続して、系統的指導を図っている。設問は今日の環境汚染を踏まえ「環境問題の解決策と自分の考えを同級生に発言しよう」である。〔学習の流れ〕では、グループでの情報収集、整理の分担作業が設定され、その情報をグループで共有することに関しての指示が設問(1)で問われている。②については第一に、情報の信頼性や妥当性に十分留意すること。第二に、情報を整理する際には、分類、比較、関係付けを行い、それぞれの共通点を見出して組み合わせたりまとめたり、必要に応じてＩＣＴなどの機器を活用したりして、情報の重要度や位置づけについてグループ全員で検討の過程を共有すること。この自由なグループによる意見交換が深い学びとなり、説得力あるスピーチにつながる。　(2)「論理の展開」や「主張したい意見」「適切な題材の提示」「話し言葉の特徴を踏まえて分かりやすく話すこと」は、スピーチに不可欠であるが、「積極的な身振り」は、あえて必要としない。　(3)「環境問題について」この生徒は、プラスチックによる環境汚染について、その具体例を示し、解決策として、「ごみ拾い」を挙げているが、自分一人による主体的な「ごみ拾い」を述べているだけである。テーマは、「環境汚染の解決策を同級生に発信しよう」であるから、このスピーチでは不十分。資料は一般大衆を対象に、レジ袋辞退を呼びかけている。そこでテーマの環境問題の解決策として、同級生と一緒になって、プラスチックごみ解消に取り組もうというスローガンにして、発信力や説得力を増進するように、この資料を提示し助言する。

二〇二二年度　実施問題

【中高共通】

【一】次の文章を読み、以下の問に答えよ。

Ⅰ

トクヴィルは①「デモクラシー」を単に政治制度としてみるだけでなく、政治とは直接かかわらない、人々の日常レベルでの習慣や思考法において見出します。トクヴィルによれば、むしろこのような生活様式としての「デモクラシー」の方が、長期的にみれば、より重大な影響を人間社会に与えるのです。

一例を挙げると、「デモクラシー」の社会において、人々は、すべてを自分自身で判断したいと思うようになります。かつて人々にとって、それぞれの家や職業による習慣や伝統が大きな意味をもちました。自分で考えるまでもなく、過去から[a]チクセキされた価値観や常識こそが、良きにつけ悪しきにつけ、日々の指針となったのです。ところが、伝統的な社会のつながりや[b]ソクバクが希薄化するにつれ、そのような伝統的な思考の権威や拘束力が弱まっていきます。結果として人々は、否応なく、自分で考えるしかなくなります。

かつて周りには、その言葉が特別の重みをもつ人が必ずいました。家長や長老、高い身分をもつ人や、宗教的権威をもつ人など、誰もが一目置かざるをえない人物が存在したのです。これに対し、平等化の進んだ社会においては、②そのような特別の人物は見当たらなくなります。誰もが自分と同じ人間にみえてくるのです。そうだとすれば、社会のなかの特定の人物の意見を、ことさらに尊重する意味はなくなります。

「デモクラシー」の社会に生きる人間は、歴史や伝統、権威や形式主義といったものを嫌います。人々はより直接的、効率的な思考や行動を好み、自分の頭で考えることを目指すのです。トクヴィルはこれを、基本的に良いことと考えます。人がcジリツ的に思考しようとすることは、たしかに前向きに捉えるべきでしょう。

しかし、トクヴィルは、つねに物事の両面をみます。たしかに、人々に一定の思考や価値を強いるような権威は存在しなくなりました。しかし、そのことは、人々にとって思考の基準がなくなったことも意味します。とはいえ、思考の基準がないままに、すべてを自分で判断することは不可能ですから、結局、人々は新たな「権威」を求めるのではないでしょうか。トクヴィルは、それを「多数者の声」だと考えました。

一人ひとりの個人は、自分と同じ人間です。特別な個人はいません。が、そのことは逆にいえば、自分もまた特別な人間ではないことも意味します。そうだとすれば、社会の多数者の声に対して、どうして抵抗することができるでしょうか。「デモクラシー」の時代には、「多数者の声」が特別の権威をもつのです。場合によっては、多数者は少数者を抑圧し、個人を圧倒してしまうでしょう。これをトクヴィルは「［ア］」と呼びました。

［a］人々が互いを自分の同等者とみなし、自分のことは自分で判断したいと思うことは重要です。その上で、自分ではできないことを他者と対等の立場で協力・解決していくことを、トクヴィルは民主主義の可能性として重視しました。しかしながら、もし人々が、互いに協力し合わなかったらどうなるでしょうか。伝統的なつながりはもはや希薄化しています。しがらみもなくなりましたが、逆にいえば、人は孤立に陥りやすいということです。トクヴィルはこれを「デモクラシー」の社会に固有な「個人主義」の傾向として分析しています。

この場合の「個人主義」とは利己主義と区別されます。他人のことをおいても自分の利益を考えてしまうのは、時代にかかわらず、人間につねにつきまとう性質です。しかしながら、「個人主義」はそれとは異なります。人々は伝統社会から遠ざかるにつれ、他者との結びつきが弱まっていきます。他者との関係をあらためて再構築しない限り、人々は孤独に陥りがちなのです。やがて多くの個人は、自分と自分の身の回りの狭い世界に閉じこもるでしょう。トクヴィルはこれを「個人主義」と呼びました。

人々には、自分の頭で考えるジリツ的な思考の可能性と、「［ア］」に抑圧されてしまう危険性とがあります。独立した個人が対等の立場で他者と協力するかもしれませんが、一人ひとりが孤立してしまう「個人主義」もありえるのです。トクヴィルはつねにその両義性において、「デモクラシー」社会に生きる人々の生き方や考え方に注目しました。

トクヴィルはさらに、「デモクラシー」の社会において、③人々の関心が、「いま・ここ」に集中しがちであることについても指摘しています。かつて人々にとって、家の伝統が重い意味をもった時代がありました。そのような時代において、人々は、自ずと長い時間軸で自分を捉えました。これに対し、家の伝統と切り離されるようになると、人々は自分の人生をより短期的に捉えるようになります。やがて、人々の関心は「いま・ここ」に集中するのです。これは社会全体についてもいえることで、「デモクラシー」の視野はどうしても短期的になります。

（宇野重規の文章より）

（注）トクヴィル……十九世紀のフランス貴族。アメリカを訪問し、『アメリカのデモクラシー』を執筆した。

問1　二重傍線部a「チクセキ」、b「ソクバク」、c「ジリツ」を漢字に直せ。

問2　a にあてはまる接続詞として、最も適当なものをA～Eから選び、記号で答えよ。
A　なぜなら　B　たとえば　C　もちろん　D　しかし　E　ところで
問3　傍線部①「デモクラシー」について次の問いに答えよ。
(1)　「デモクラシー」は一般的にどのような意味で使われているか。漢字四字で答えよ。
(2)　本文において、デモクラシーは「　」をつけて表記されている。その理由を説明したものとして、最も適当なものをA～Eから選び、記号で答えよ。
A　筆者の主張を伝えるキーワードとして印象づけるため。
B　トクヴィルの著書からの引用であることを強調するため。
C　筆者の考えとは異なるものであることを伝えるため。
D　トクヴィルの考えた意味で使用していることを示すため。
E　トクヴィルの書いた本の題名であることを示唆するため。
問4　傍線部②「そのような特別の人物は見当たらなくなります」とあるが、このことによって人々は何を失うのか。傍線部②以降の文章から、五字程度で抜き出して答えよ。
問5　ア にあてはまる言葉として、最も適当なものをA～Dから選び、記号で答えよ。
A　多数の暴政　B　少数の苛政　C　多数の善政　D　少数の徳政
問6　傍線部③についてトクヴィルはなぜ『人々の関心が、「いま・ここ」に集中しがち』と考えるのか。三十字以上四十字以内で説明せよ。
問7　この文章を授業で学んだAさんは「個人主義」という言葉に興味を持った。個人主義に関する他の文章を探したところ、夏目漱石『私の個人主義』を見つけたので、【ノート】を作成して理解を深めることにした。

Ⅱ

御存じの通りイギリスという国は大変自由を尊ぶ国であります。それほど自由を愛する国でありながら、またイギリスほど秩序の調った国はありません。実をいうと私はイギリスを好かないのです。嫌いではあるが事実だから仕方なしに申し上げます。あれほど自由でそうしてあれほど秩序の行き届いた国は恐らく世界中にないでしょう。日本などは到底比較にもなりません。しかし彼らはただ自由なのではありません。自分の自由を愛するとともに他の自由を尊敬するように、小供の時分から社会的教育をちゃんと受けているのです。だから彼らの自由の背後にはきっと義務という観念が伴っています。England expects every man to do his dutyといった有名なネルソンの言葉は決して当座限りの意味のものではないのです。彼らの自由と表裏して発達して来た深い根柢をもった思想に違ないのです。

〈中略〉

それで私は何も英国を手本にするという意味ではないのですけれども、要するに義務心を持っていない自由は本当の自由ではないと考えます。というものは、そうした我儘な自由は決して社会に存在し得ないからであります。よし存在してもすぐ他から排斥され踏み潰されるに極っているからです。私は貴方がたが自由にあらん事を切望するものであります。同時に貴方がたが義務というものを納得せられん事を願って已まないのであります。こういう意味において、私は個人主義だと公言して憚らない積です。

この個人主義という意味に誤解があっては不可せん。ことに貴方がたのようなお若い人に対して誤解を吹き込んでは私が済みませんから、その辺はよく御注意を願っておきます。時間が逼っているから成るべく単簡に説明致しますが、個人の自由は先刻お話した個性の発展上極めて必要なものであって、その個性の発展がまた貴方がたの幸福に非常な関係を及ぼすのだから、どうしても他に影響のない限り、僕は左を向く、君は右を向いても差支ないくらいの自由は、自分でも把時し、他人にも附与しなくてはなるまいかと考えられます。それが取も直さず私のいう個人主義なのです。

（夏目漱石『私の個人主義』より）

〔ノート〕

「個人主義」について考える

Ⅰ トクヴィルの「個人主義」
【 ① 】

Ⅱ 夏目漱石の「個人主義」
【 ② 】

⇐ 二人の違い（キーワード「社会」）
【 ③ 】

次の(1)、(2)について答えよ。

(1) 【 ① 】【 ② 】には、トクヴィルと夏目漱石が考える「個人主義」の説明が入る。それぞれ二十字以上三十字以内で答えよ。

(2)　【　③　】にはトクヴィルと夏目漱石の「個人主義」の違いが入る。二人の「個人主義」の違いを、「社会」という語を用いて七十字以上八十字以内で説明せよ

(☆☆☆◎◎◎)

【二】次の文章は太宰治「猿ヶ島」の一節である。海を越えて島にたどり着いた「私」は、木に登ろうとしてその枝を折ってしまった。次はそれに続く場面である。この文章を読み、以下の問に答えよ。(設問の都合上、一部本文に修正を加えている。)

「折つたな。」

その声を、つい頭の上で、はつきり聞いた。私は幹にすがつて立ちあがり、うつろな眼で声のありかを捜したのである。ああ。戦慄が私の背を走る。朝日を受けて金色にかがやく[a]ダンガイを一匹の猿がのそのそと降りて来るのだ。私のからだの中でそれまで眠らされてゐたものが、いちどにきらつと光り出した。

「降りて来い。枝を折つたのはおれだ。」

「それは、おれの木だ。」

崖を降りつくした彼は、さう答へて滝口のはうへ歩いて来た。私は身構へた。彼はまぶしさうに額へたくさんの皺《しわ》をよせて、私の姿をじろじろ眺め、やがて、白い[b]歯をむきだして笑つた。笑ひは私をいらだたせた。

「をかしいか。」

「をかしい。」彼は言つた。「海を渡つて来たらう。」

「うん。」私は滝口からもくもく湧いて出る波の模様を眺めながらうなづいた。せま苦しい箱の中で過したながい旅路を回想したのである。

「なんだか知らぬが、おほきい海を。」

「うん。」また、うなづいてやつた。

「やつぱり、おれと同じだ。」

彼はさう呟《つぶや》き、滝口の水を掬《すく》つて飲んだ。いつの間にか、私たちは並んで坐《すわ》つてゐたのである。

「ふるさとが同じなのさ。一目、見ると判る。おれたちの国のものは、みんな耳が光つてゐるのだよ。」

彼は私の耳を強くつまみあげた。私は怒つて、彼のそのいたづらした右手をひつ掻《か》いてやつた。それから私たちは顔を見合せて笑つた。私は、なにやらくつろいだ気分になつてゐたのだ。

けたたましい叫び声がすぐ身ぢかで起つた。おどろいて振りむくと、ひとむれの尾の太い毛むくじやらな猿が、丘のてつぺんに陣どつて私たちへ吠えかけてゐるのである。私は立ちあがつた。

「よせ、よせ。こつちへ手むかつてゐるのぢやないよ。ほえざるといふ奴さ。毎朝あんなにして太陽に向つて吠《ほ》えたてるのだ。」

私は呆然《ぼうぜん》と立ちつくした。どの山の峰にも、猿がいつぱいにむらがり、背をまるくして朝日を浴びてゐるのである。

「これは、みんな猿か。」

私は夢みるやうであつた。

「さうだよ。しかし、おれたちとちがふ猿だ。ふるさとがちがふのさ。」

私は彼等を一匹一匹たんねんに眺め渡した。ふさふさした白い毛を朝風に吹かせながら児猿に乳を飲ませてゐる者。赤い大きな鼻を空にむけてなにかしら歌つてゐる者。縞《しま》の美事な尾を振りながら日光のなかでつるんでゐる者。しかめつらをして、せはしげにあちこちと散歩してゐる者。

私は彼に囁《ささや》いた。

「ここは、どこだらう。」

彼は慈悲ふかげな眼ざしで答へた。

「おれも知らないのだよ。しかし、日本ではないやうだ。」

「さうか。」私は①溜息《ためいき》をついた。「でも、この木は木曾樫《きそがし》のやうだが。」

彼は振りかえつて枯木の幹をぴたぴたと叩《たた》き、ずつと梢《こずえ》を見上げたのである。

「さうでないよ。枝の生えかたがちがふし、それに、木肌の日の反射のしかただつて鈍いぢやないか。もつとも、芽が出てみないと判らぬけれど。」

私は立つたまま、枯木へ寄りかかつて彼に尋ねた。

「どうして芽が出ないのだ。」

「春から枯れてゐるのさ。おれがここへ来たときにも枯れてゐた。あれから、四月、五月、六月、と三つきも経つてゐるが、しなびて行くだけぢやないか。これは、ことに依つたら挿木でないかな。根がないのだよ、きつと。あつちの木は、もつとひどいよ。奴等のくそだらけだ。」

さう言つて彼は、ほえざるの一群を指さした。ほえざるは、もう啼《な》きやんでゐて、島は割合に平静であつた。

「坐らないか。話をしよう。」

私は彼にぴつたりくつついて坐つた。

「ここは、いいところだらう。この島のうちでは、ここがいちばんいいのだよ。日が当るし、木があるし、おまけに、水の音が聞えるし。」彼は脚下の小さい滝を満足げに見おろしたのである。「おれは、日本の北方のcカイキョウちかくに生れたのだ。夜になると波の音が幽《かす》かにどぶんどぶんと聞えたよ。波の音つて、いいものだな。なんだかじわじわ胸をそそるよ。」

私もふるさとのことを語りたくなつた。

「おれには、水の音よりも木がなつかしいな。日本の中部の山の奥の奥で生まれたものだから。青葉の香はいいぞ。」

「それあ、いいさ。みんな木をなつかしがつてゐるよ。だから、この島にゐる奴は誰にしたつて、一本でも木のあるところに坐りたいのだよ。」言ひながら彼は股の毛をわけて、深い赤黒い傷跡をいくつも私に見せた。「ここをおれの場所にするのに、こんな苦労をしたのさ。」
②私は、この場所から立ち去らうと思つた。「おれは、知らなかつたものだから。」
「いいのだよ。構はないのだよ。おれは、ひとりぼつちなのだ。いまから、ここをふたりの場所にしてもいい。だが、もう枝を折らないやうにしろよ。」

霧はまつたく晴れ渡つて、私たちのすぐ眼のまへに、異様な風景が現出したのである。青葉。それがまづ私の眼にしみた。私には、いまの季節がはつきり判つた。ふるさとでは、椎の若葉が美しい頃なのだ。私は首をふりふりこの並木の青葉を眺めた。しかし、さういふ③陶酔も瞬時に破れた。私はふたたび驚愕《きょうがく》の［　　］のである。青葉の下には、水を打つた砂利道が涼しげに敷かれてゐて、白いよそほひをした瞳の青い人間たちが、流れるやうにぞろぞろ歩いてゐる。まばゆい鳥の羽を頭につけた女もゐた。蛇の皮のふとい杖《つえ》をゆるやかに振つて右左に微笑を送る男もゐた。

彼は私のわななく胴体をつよく抱き、口早に囁いた。

「おどろくなよ。毎日かうなのだ。」

「どうなるのだ。みんなおれたちを狙つてゐる。」山で捕らはれ、この島につくまでの私のむざんな経歴が思ひ出され、私は下唇を噛《か》みしめた。

「見せ物だよ。おれたちの見せ物だよ。だまつてゐろ。面白いこともあるよ。」

彼はせはしげにさう教へて、片手ではなほも私のからだを抱きかかへ、もう一方の手であちこちの人間を指さしつつ、ひそひそ物語つて聞かせたのである。あれは人妻と言つて、亭主のおもちやになるか、亭主の支配者になるか、ふたとほりの生きかたしか知らぬ女で、もしかしたら人間の臍《へそ》といふものが、あんな形であるかも知れぬ。あれは学者と言つて、死んだ天才にめいわくな註釈《ちゆうしやく》をつけ、生れる天才をたしなめながらめしを食つてゐるをかしな奴だが、おれはあれを見るたびに、なんとも知れず眠たくなるのだ。あれは女優と言つて、舞台にゐるときよりも素面でゐるときのほうが芝居の上手な婆で、おおお、またおれの奥の虫歯がいたんで来た。あれは地主と言つて、自分もまた労働してゐるとしじゆう弁明ばかりしてゐる小胆者だが、おれはあのお姿を見ると、鼻筋づたひに虱《しらみ》が這《は》つて歩いてゐるやうなもどかしさを覚える。また、あそこのベンチに腰かけてゐる白手袋の男は、おれのいちばんいやな奴で、見ろ、あいつがここへ現はれたら、もはや中天に、臭く黄色い糞《くそ》の竜巻が現はれてゐるぢやないか。

私は彼の饒舌《じようぜつ》をうつつに聞いてゐた。私は別なものを見つめてゐたのである。燃えるやうな四つの眼を。青く澄んだ人間の子供の眼を、先刻よりこの二人の子供は、島の外廓に築かれた胡麻《ごま》石の塀《へい》からやつと顔だけを覗《のぞ》きこませ、むさぼるやうに島を眺めまはしてゐるのだ。二人ながら男の子であらう。短い金髪が、朝風にぱさぱさ踊つてゐる。ひとりは、そばかすで鼻がまつくろである。もうひとりの子は、桃の花のやうな頬をしてゐる。

やがて二人は、同時に首をかしげて思案した。それから鼻のくろい子供が唇をむつと尖《とが》らせ、烈しい口調で相手に何か耳うちした。私は彼のからだを両手でゆすぶつて叫んだ。

「何を言つてゐるのだ。教へて呉れ。あの子供たちは何を言つてゐるのだ。」

　彼はぎよつとしたらしく、ふつとおしやべりを止し、私の顔と向うの子供たちとを見較べた。さうして、口をもぐもぐ動かしつつ暫く思ひに沈んだのだ。私は彼のさういふ困却にただならぬ気配を見てとつたのである。子供たちが訳のわからぬ言葉をするどく島へ吐きつけて、そろつて石塀の上から影を消してしまつてからも、彼は額に片手をあてたり尻を掻きむしつたりしながら、ひどく躊躇《ちゆうちよ》をしてゐたが、やがて、口角に意地わるげな笑ひをさへ含めてのろのろと言ひだした。

「いつ来て見ても変らない、とほざいたのだよ。」

　変らない。私には一切がわかつた。私の疑惑が、まんまと的中してゐたのだ。変らない。これは批評の言葉である。見せ物は私たちなのだ。

「さうか。すると、君は嘘《うそ》をついてゐたのだね。」ぶち殺さうと思つた。

　彼は私のからだに巻きつけてゐた片手へぎゆつと力をこめて答へた。

「④ふびんだつたから。」

　私は彼の幅のひろい胸にむしやぶりついたのである。彼のいやらしい親切に対する憤怒よりも、おのれの無智《むち》に対する羞恥の念がたまらなかつた。

「泣くのはやめろよ。どうにもならぬ。」彼は私の背をかるくたたきながら、ものうげに呟《つぶや》いた。「あの石塀の上に細長い木の札が立てられてゐるだらう？　おれたちには裏の薄汚く赤ちやけた木目だけを見せてゐるが、あのおもてには、なんと書かれてあるか。人間たちはそれを読むのだよ。耳の光るのが日本の猿だ、と書かれてあるのさ。いや、もしかしたら、もつとひどい侮辱が書かれてあるのかも知れないよ。」

　私は聞きたくもなかつた。彼の腕からのがれ、枯木のもとへ飛んで行つた。のぼつた。梢にしがみつき、島の全貌を見渡したのである。日はすでに高く上つて、島のここかしこから白い靄《もや》がほやほやと立つてゐた。百匹もの猿は、青空の下でのどかに日向ぼつこして遊んでゐた。私は、滝口の d傍らでじつとうづくまつてゐる彼に声をかけた。

「みんな知らないのか。」

彼は私の顔を見ずに下から答へてよこした。

「知るものか。知つてゐるのは、おそらく、おれと君とだけだよ。」

「なぜ逃げないのだ。」

「君は逃げるつもりか。」

「逃げる。」

青葉。砂利道。人の流れ。

「こはくないか。」

私はぐつと眼をつぶつた。言つていけない言葉を彼は言つたのだ。

はたはたと耳をかすめて通る風の音にまじつて、低い歌声が響いて来た。彼が歌つてゐるのであらうか。眼が熱い。さつき私を木から落したのは、この歌だ。私は眼をつぶつたまま耳傾けたのである。

「よせ、よせ。降りて来いよ。ここはいいところだよ。日が当るし、木があるし、水の音が聞えるし、それにだいいち、めしの心配がいらないのだよ。」

彼のさう呼ぶ声を遠くからのやうに聞いた。それからひくい笑ひ声も。

ああ。この誘惑は真実に似てゐる。あるひは真実かも知れぬ。私は心のなかで大きくよろめくものを覚えたのである。けれども、けれども血は、山で育つた私の馬鹿な血は、やはり執拗《しつよう》に叫ぶのだ。

―否！

⑤一八九六年、六月のなかば、ロンドン博物館附属動物園の事務所に、日本猿の遁走が報ぜられた。行方が知れぬのである。しかも、一匹でなかつた。二匹である。

問1　次の(1)、(2)に答えよ。

(1)　二重傍線部a「ダンガイ」、c「カイキョウ」を漢字に直せ。また、d「傍」の読みをひらがなで書け。

(2)　二重傍線部b「歯」について、太く書かれた部分は何画目に書くか、数字で答えよ。

歯

問2　傍線部①「溜息をついた」とあるが、なぜ溜息をついたのか。十五字程度で答えよ。

問3　傍線部②「私は、この場所から立ち去らうと思つた」の理由として最も適当なものをA～Eから選び、記号で答えよ。

A　「彼」がふるさとの自然を懐かしく語っていることで自分自身もふるさとが懐かしくなり、「彼」のように落ち着ける場所を確保したいと考えたから。

B　居場所として木を確保するために仲間同士で争わなければならない状況にあることを憂慮し、一刻も早くこの島から脱出しなければならないと考えたから。

C　「彼」は自分の故郷にできるだけ近い場所を苦労してようやく確保したようなので、そのような心地よい場所を奪い取ることはできないと考えたから。

D　この場所は誰のものでもないはずなのに、争いをしながらようやくこの場所を得たと言っている「彼」の態度にあきれ果て、一緒にいたくないと考えたから。

E　「彼」がこの場所を自分のものにするのにどれだけ苦労したかを知り、そのようなことを知らない自分が気軽にこの木にいるべきではないと考えたから。

問4　傍線部③「陶酔」の意味として最も適当なものをA～Eから選び、記号で答えよ。

A　感動のあまりに取り乱して落ち着かなくなること。

B　美しさに心が落ち着かずにそわそわすること。

C　心を奪われてうっとりとした気持ちになること。

D　気持ちが高ぶってそのことにしか目がいかなくなること。

E　心地よさのあまりに安らかな気持ちになること。

問5　[　　]にあてはまる言葉として最も適当なものをA～Eから選び、記号で答えよ。

A　耳を明かした　B　目を見はつた　C　眉をひそめた　D　鼻についた　E　舌を巻いた

問6　傍線部④「ふびんだつた」について、「ふびん」の意味をふまえながらここに示されている心情について四十字以上五十字以内で説明せよ。

問7　傍線部⑤では、これまでの語り手「私」とは異なる語り手が設定され、逃げた猿が二匹であることを語っている。その効果に関する説明として最も適当なものをA～Eから選び、記号で答えよ。

A　物語の時間軸とは異なる語り手を設定することで、伝聞的に物語を捉え教訓を考えさせる効果が生まれている。

B　客観的に物語をとらえる語り手を設定することで、二匹の猿の愚かさをより際立たせる効果が生まれている。

C　心情を語らない語り手を設定することで、二匹の猿の思いや行動を読み手に想像させる効果が生まれている。

D　登場人物に寄り添わない語り手を設定することで、「彼」の心変わりの軽率さを印象づける効果が生まれている。

E　人間社会に生きる語り手を設定することで、物語世界が猿の世界に過ぎないことを示す効果が生まれている。

問8　この文章の表現的特徴の説明として最も適当なものをA～Eから選び、記号で答えよ。

A　語り手は自分のことを「私」と表現しているが、「折ったな。」の声が聞こえる場面では声の対象を「二匹の猿」と表現しており、あたかも「私」が人間であるかのように読ませる工夫がなされている。

B　「滝口からもくもく湧いて」「ふさふさした白い毛」「波の音が幽かにどぶんどぶんと」などのオノマトペが序盤には多く用いられており、何も知らない「私」の幼さを読み手に印象づけている。

C　「私」が見た風景や状況について語る際、比較的短い文を段落を変えずに書き連ねることによって、風景や状況が入れ替わり立ち替わり「私」の目の前に現れていることを幻想的に表現している。

D　「彼」が「私」に人間を「おれたちの見せ物」だとして語っている場面では、それぞれの人間の様子が詳細にかつ次々に語られており、「私」と同様に読み手にも予断を許さないような工夫がなされている。

E　真実を知った「私」の「みんな知らないのか。」から始まる「彼」とのやりとりの場面では、「私」と「彼」とのやりとりがテンポ良く連続しており、二人の良好な関係が暗転していくことを示している。

(☆☆☆◎◎◎)

【三】次のA・B二つの文章を読み、以下の問に答えよ。（設問の都合上、一部本文に修正を加えている。）

A

今昔、丹波の国に住む者あり。田舎人なれども、心に情ある者なりけり。それが妻《め》を二人持ちて、家を並べてなむ住みける。本《もと》の妻はその国の人にてなむありける。それをば[*1]静かに思ひ、今の妻は京より迎へたる者にてなむありける、それをば、思ひ増《まさ》りたる様なりければ、本の妻、a心憂しと思ひてぞ過しける。

しかる間、秋、北方に山里にてありければ、後《うしろ》の山の方に、いとあはれげなる音《こゑ》にて[*2]鹿の鳴きければ、男、今の妻の家に居たりける時にて、妻に、「①こはいかが聞きたまふか」といひければ、今の妻、「煎物《いりもの》にても甘《うま》し、焼物《やきもの》にても美《うま》き奴《やつ》ぞかし」といひければ、男、心に違《たが》ひて、「京の者なれば、かやうのことをば興ずらむ」とこそ思ひけるに、「b少し心づきなし」と思ひて、ただ本の妻の家に行きて、男、「この鳴つる鹿の音は聞きたまひつるか」といひければ、本の妻、かくなむいひける。

Ⅰ われもしかなきてぞ君に恋ひられし今こそこゑをよそにのみきけ

と。

男、これを聞きて、いみじくあはれと思ひて、今の妻のいひつること、思ひあはされて、②今の妻の志《こころざし》、失せにければ、京に送りcてけり。さて、本の妻となむすみける。

思ふに、田舎人なれども、男も女の心を思ひ知りて、かくなむありける。また、女も心ばへをかしかりければ、かくなむ和歌をもよみけるとなむ語り伝へたるとや。

（『今昔物語集』より）

B

やまとうたは、人の心を種として、よろづの言の葉とぞなれりける。世の中にある人、ことわざ繁きものな[*3]れば、心に思ふことを、見るもの、聞くものにつけて、言ひ出せるなり。花に鳴く鶯《うぐひす》、水にすむ蛙《かはづ》の声《こゑ》を聞けば、生きとし生けるもの、③いづれか歌をよまざりける。力をも入れずして天地《あめつち》を動かし、目に見えぬ鬼神《おにがみ》をも、あはれと思はせ、男女のなかをも和らげ、猛き武士の心をも、慰むるは歌なり。

（『古今和歌集』より）

（注）＊1　静か……………………つまらなく

＊2　鹿…………………………秋の風物を代表する一つとして、雄鹿が妻恋いする鳴き声などが和歌に取り上げられる。

＊3　ことわざ繁きものなれば……さまざまな出来事に関わっているので

問1　二重傍線部a～cについて、次の(1)、(2)に答えよ。

(1)　a「心憂し」、b「心づきなし」の意味を答えよ。

(2)　c「て」の文法的説明として最も適当なものをA～Eから選び、記号で答えよ。

A　格助詞「て」

B　接続助詞「て」

C　完了の助動詞「つ」の未然形

D　完了の助動詞「つ」の連用形

E　強意の助動詞「つ」の未然形

問2　傍線部①「こはいかが聞きたまふか」、傍線部③「いづれか歌をよまざりける」を現代語訳せよ。ただし、①については、「こ」が指す内容を明らかにすること。

問3　Ⅰの歌の説明として適切なものを、A～Eから全て選び、記号で答えよ。

A　「われ」は本の妻である。過去の助動詞「き」が使われており、夫の愛が過去のものになってしまったことに対する悲しみが表現されている。

B　「しか」は「然か」と「鹿」の掛詞である。「しかなきて」は「鹿が妻を恋しく思って鳴く、そのように」という意味になる。

C　「君に恋られし」は、「男が今の妻に恋をなさってしまった」という意味で、尊敬の助動詞を使って男への尊敬の念を示そうとしている。

D　「よそ」は「他所」と「四十」の掛詞である。「よそにのみ」は「他の場所にばかり、何度も」という意味で、男に対する強い憤りを表している。

E　係助詞「こそ」を受けて、末尾の「聞く」が連体形に変化している。この部分には、「私の悲しみの声を聞いてほしい」という願望が表れている。

問4　傍線部②「今の妻の志、失せにければ」とあるが、なぜか。最も適当なものをA～Eから選び、記号で答えよ。

A　今の妻は田舎人の男を疎ましく思っており、風流なやりとりをしようとしても応えてくれないから。

B　今の妻は京の都から迎えた者なので、情趣を解する女性だろうと思っていたが、期待外れだったから。

C　今の妻は京の都の感覚で生活するので、最初は目新しかったが、徐々に面倒に思うようになったから。

D　今の妻は食事のことばかりを考えているので、このまま夫婦として生活していけるか不安だったから。

E　今の妻は本の妻よりも自分を愛してくれるはずだと思っていたが、冷たい態度をとり続けていたから。

問5　A、Bの文章に共通して示されているのはどのようなことか。二十字以上三十字以内で答えよ。

問6 [A]にある[I]の和歌は、一部表現を変えて『新古今和歌集』にも収められている。また、[B]は『古今和歌集』の序文である。この二つの和歌集に関する説明のうち、間違っているものをA～Eから選び、記号で答えよ。

A 『古今和歌集』、『新古今和歌集』は、『万葉集』とともに三大歌集と呼ばれる。
B 『古今和歌集』、『新古今和歌集』はともに、天皇の命令で編集された和歌集である。
C 『古今和歌集』は平安時代に成立した和歌集で、紀貫之が仮名で序文を書いている。
D 『古今和歌集』の力強くおおらかな読みぶりは「ますらをぶり」と言われている。
E 『新古今和歌集』は鎌倉時代に成立した和歌集で、美しく幻想的な歌が多い。

(☆☆☆◎◎◎)

【四】次の文章を読んで、以下の問に答えよ。(出題の都合上、旧字体を改め、一部訓点を省略している。)

子*1路為ル二*2蒲《ほ》ノ宰ト一。為ニ二水ノ備ヘノ一与ニ二其ノ民一修ム二*3溝《こう》洫《きよく》ヲ一。以テ二民之労シテ煩《はん》苦《く》スルヲ一也、人ゴトニ与フ二之ニ*4一《いつ》箪《たん》ノ食《し》・*5一《いつ》壺《こ》ノ漿《しやう》ヲ一。孔子聞キレ之ヲ、①使*6子《し》貢《こう》止之。②子路*7忿《ふん》然《ぜん》トシテ不レ説《よろこ》バ、往キテ見エテ二孔子ニ一曰ク、「由《いう》也《や》③以二暴《ばう》雨《う》将レ至、恐ルレ有ランコトヲ二水《すい》災《さい》一。故ニ与レ民修メテ二溝洫ヲ一、以テ備フレ之ニ。

而民多乏《ばふ》餓《が》者。ａ是以箪《たん》食《し》・壺《こ》漿《しやう》而与之。夫《ふう》子《し》使賜止之、是夫《ふう》子《し》止由之行仁也。夫《ふう》子《し》以仁教、而禁其行、由不受也。」孔子曰、「汝以民為餓也、何不白《まう》於君、＊8発倉《さう》＊9廩《りん》以賑《すく》④之。而私以ｂ爾食饋《おく》之、是汝明君之無恵、而見己之徳美。汝速已、則可。不、則⑤汝之見罪必矣。」

（『孔子家語』より）

（注）
＊1　子路……孔子の門人・仲由の字。
＊2　蒲宰……蒲（地名）の長官。
＊3　溝洫……田畑の間に掘った溝、水路。
＊4　一箪食……竹で編んだ器に入れた飯。
＊5　一壺漿……壺に入れた漿（飲み物）。
＊6　子貢……孔子の門人・端木賜の字。
＊7　忿然……怒って不快となる。

＊8　君……主君。
＊9　倉廩……政府の管理する米倉。

問1　二重傍線部a「是以」、b「爾」の読みを現代仮名遣いで答えよ。ただし、aは送り仮名を補って答えること。
問2　傍線部①には訓点(返り点・送り仮名)を施し、傍線部③は書き下し文にせよ。
問3　傍線部②の理由として最も適当なものをA～Eから選び、記号で答えよ。
A　子路が豪雨に備えて民に溝の修理を命じたところ、それを聞いた孔子がやめさせたから。
B　子路が水害を防止するために民と溝を修理したところ、子貢にやめるよう言われたから。
C　子路が疲れた民に食べ物や飲み物を与えたところ、それを聞いた孔子がやめさせたから。
D　子路が孔子に民の訴えを聞き入れるよう頼んだところ、子貢にやめるよう言われたから。
E　子路が主君に飢えた民を救うよう進言したところ、それを聞いた孔子がやめさせたから。
問4　傍線部④「之」が指す内容を十字以内で答えよ。
問5　傍線部⑤について、なぜ孔子は子路が処罰されると考えたのか。四十字以上五十字以内で説明せよ。
問6　本文を学習した後、Bさんのクラスでは更に孔子について調べ、「孔子新聞」を作成して発表することになった。
(1)　本文の内容を記事にした。記事の「小見出し」として適当でないものを、A～Eから一つ選び、記号で答えよ。
A　師である孔子に反論した子路
B　仁を実行することの難しさ

C　民を救おうとした子路への忠告
D　民衆を励ます孔子の言葉
E　先生と弟子の激論

(2)　「孔子新聞」の中で、孔子を知るための本を紹介することになった。弟子たちが書いた孔子の言行録で、四書の一つでもある書物の名前を答えよ。

(☆☆☆◎◎◎)

【五】学習指導要領について、以下の問に答えよ。

○　問1は、次に指示するとおり、どちらかを選択して解答すること。
・中学校受験者は、Ⅰ〔中学校学習指導要領に関する問題〕を解答すること。
・高等学校受験者は、Ⅱ〔高等学校学習指導要領に関する問題〕を解答すること。
・特別支援学校受験者は、Ⅰ〔中学校学習指導要領に関する問題〕またはⅡ〔高等学校学習指導要領に関する問題〕のいずれかを選択して解答すること。選択した区分について、○で囲んで示すこと。
○　問2は全員解答すること。

Ⅰ〔中学校学習指導要領に関する問題〕
問1　次の文章は中学校学習指導要領(平成二十九年告示)「第2章各教科第1節国語」の「第2各学年の目標及び内容」の一部である。[ア]～[オ]にあてはまる語句を以下のA～Pより選び、記号で答えよ。

〔第1学年〕 2内容〔知識及び技能〕

(3) 我が国の言語文化に関する次の事項を身に付けることができるよう指導する。

ア 音読に必要な文語のきまりや［ア］を知り、古文や漢文を音読し、古典特有の［イ］を通して、古典の世界に親しむこと。

イ 古典には様々な種類の作品があることを知ること。

ウ ［ウ］の果たす役割について理解すること。

エ 書写に関する次の事項を理解し使うこと。

(ア) 字形を整え、文字の大きさ、配列などについて理解して、楷書で書くこと。

(イ) 漢字の［エ］の基礎的な書き方を理解して、身近な文字を［エ］で書くこと。

オ ［オ］が、知識や情報を得たり、自分の考えを広げたりすることに役立つことを理解すること。

A リズム　B 読書　C 共通語と方言　D 話し言葉と書き言葉
E 訓読の仕方　F 草書　G 訓点の付け方　H 表現の特色
I 本や新聞　J 行書　K 言葉の響き　L 古語と現代語
M 隷書　N 文体　O 漢文の句法　P 学校図書館

Ⅱ〔高等学校学習指導要領に関する問題〕

問1 次の(1)、(2)に答えよ。

(1) 次の文章は高等学校学習指導要領(平成三十年告示)「第2章各教科第1節国語」の「第1款目標」であ

る。［ア］・［イ］にあてはまる語句を以下のA～Hより選び、記号で答えよ。

> 言葉による見方・考え方を働かせ、言語活動を通して、国語で的確に理解し効果的に表現する資質・能力を次のとおり育成することを目指す。
>
> (1) 生涯にわたる社会生活に必要な国語について、その特質を理解し適切に使うことができるようにする。
>
> (2) 生涯にわたる社会生活における他者との関わりの中で伝え合う力を高め、［ア］や想像力を伸ばす。
>
> (3) 言葉のもつ価値への認識を深めるとともに、［イ］を磨き、我が国の言語文化の担い手としての自覚をもち、生涯にわたり国語を尊重してその能力の向上を図る態度を養う。

A　認識力　　B　言語感覚　　C　表現力　　D　人間性　　E　思考力　　F　論理性
G　語感　　H　感性

(2) 次の文章は高等学校学習指導要領(平成三十年告示)「第2章各教科第1節国語」に示された各科目の教材の取り扱いに関する留意事項の一部をまとめたものである。次の①、②に答えよ。

① ［ウ］・［エ］にあてはまる語句を以下のA～Hより選び、記号で答えよ。

② ［オ］には同じ語が入る。漢字二字で答えよ。

論理国語	【読むこと】 ○近代以降の論理的な文章及び現代の社会生活に必要とされる［ ウ ］な文章 ○必要に応じて、翻訳の文章や［ オ ］における論理的な文章などを用いることができる
文学国語	【読むこと】 ○近代以降の文学的な文章 ○必要に応じて、翻訳の文章、［ オ ］における文学的な文章、近代以降の文語文、演劇や映画の作品及び文学などについての［ エ ］などを用いることができる

A　説明的　　B　創造的　　C　文化的　　D　評論文　　E　批評文　　F　紹介文
G　実用的　　H　鑑賞文

問2　「読むこと」の指導のために「詩の表現とその効果について評価しよう」という単元を設定した。以下の(1)～(4)に答えよ。

〔単元の目標〕

> 対象となる学年の校種別に、この単元の重点指導事項を次の通り設定することとする。
> 中学校第三学年……………Cウ　文章の構成や論理の展開、表現の仕方について評価すること。
> 高等学校第一学年…言語文化Cウ　文章の構成や展開、表現の仕方、表現の特色について評価すること。

〔学習の流れ〕

1　「レモン哀歌」を音読する
2　作者・高村光太郎やその妻である「智恵子」について知る。
3　この詩の表現の中で心に残ったものを挙げ、どのような表現効果を上げているか各自で評価し、鑑賞文を書く。
4　グループで意見交換し、もう一度鑑賞文をまとめる。

〔教材〕※設問の都合上、①〜⑱の行番号を付けている。

「レモン哀歌」　高村光太郎

①そんなにもあなたはレモンを待つてゐた
②かなしく白くあかるい死の床で
③わたしの手からとつた一つのレモンを
④あなたのきれいな歯がかりりと噛んだ
⑤トパァズいろの香気が立つ
⑥その数滴の天のものなるレモンの汁は
⑦ぱつとあなたの意識を正常にした
⑧あなたの青く澄んだ眼がかすかに笑ふ

⑨わたしの手を握るあなたの力の健康さよ
⑩あなたの咽喉に嵐はあるが
⑪かういふ命の瀬戸ぎはに
⑫智恵子はもとの智恵子となり
⑬生涯の愛を一瞬にかたむけた
⑭それからひと時
⑮昔山巓でしたやうな深呼吸を一つして
⑯あなたの機関はそれなり止まつた
⑰写真の前に挿した桜の花かげに
⑱すずしく光るレモンを今日も置かう

(1) 〔学習の流れ1〕この詩を音読させる際、行番号⑪や⑮では漢字の読み方以外にどのようなことに留意させるべきか記せ。

(2) 〔学習の流れ3〕行番号⑩の表現が心に残ったという生徒がいた。「咽喉に嵐はある」という部分に用いられている比喩の種類とこの部分が表現しようとしていることを答えよ。

(3) 〔学習の流れ3〕「表現の仕方」や「表現の特色」について評価させる際に重要なこととして当てはまらないものをA～Eから選び、記号で答えよ。

A　なぜそのような判断をしたかについて、根拠を明らかにすること。
B　感心した点だけでなく違和感を覚えた点についても指摘すること。

C　評価することを自分が文章を書く際にも役立てるようにすること。
D　文章を完成されたものとして受け止め、その巧みな表現に学ぶこと。
E　自分にとってどのような価値をもっているか説明できるようにすること。

(4)　〔学習の流れ3〕においてこの詩の表現について百五十字程度の鑑賞文を書かせたところ、Aさんは次のようにまとめた。

Aさんのノートより

> 私はレモン哀歌を読んで、少し悲しい気持ちになりました。作者の妻である智恵子が息を引きとっていく様子が伝わってきたからです。また、看病する作者とその妻の智恵子はお互いに深い愛情で結ばれていたんだなと感じることもできました。私も将来、そんな人と出会えたらいいなと思いました。

Aさんの鑑賞文にはどのような課題があるか。また、その課題に対してどのような指導をするか。注目させるところを行番号を用いて挙げ、具体的に説明せよ。

(☆☆☆◎◎◎)

解答・解説

【中高共通】

【一】問1　a　蓄積　b　束縛　c　自律　問2　C　問3　(1)　民主主義　(2)　D　問4　思考の基準　問5　A　問6　家の伝統と切り離された現代では、人々は自分の生活をより短期的に捉えるから。(三十七字)　問7　(1)　①　他者との関係が希薄化して、自分の世界に閉じこもること。(二十七字)　②　他者を尊重するという義務の下、個人の自由を求めること。(二十七字)　(2)　トクヴィルは伝統社会から離れた狭い世界で人が孤独に生きることを言っているが、漱石は互いを尊重する義務のある社会の中で各自が自由に生きることだと述べている。(七十七字)

〈解説〉問1　a　「蓄」には「畜」、「積」には「績」「蹟」など似た漢字がある。　b　「束」の訓読みは「たば」。　c　同音異義語に「自立」「而立」がある。　問2　直後の「人々が互いを自分の同等者とみなし、～重要です」は当然のことであり、それを踏まえて論を展開している「もちろん」は「むろん、言うまでもなく」という意味の副詞。　問3　(1)　[a]で始まる第七段落の二文目に「トクヴィルは民主主義の可能性として重視しました」とある。　(2)　「　」は引用文や会話、特別に区別したい語句に対して用いる。第六段落の末文の「これをトクヴィルは[ア]と呼びました」という部分に着目する。トクヴィルの用法の説明であることがわかる。　問4　「そのような特別な人物」とは「誰もが一目置かざるをえない人物」である。そういった社会の中の特定の人物がいなくなったら、それらの人物の意見を尊重する意味はなくなるのではないかと筆者は投げかけ、第五段落でトクヴィルの考え方を述べている。　問5　一つ目の[ア]が含まれる第六段落で、多数者が少数者を抑圧する現象について触れている。　問6　傍線部③はトクヴィルの指摘で、それについて、傍線部③のあとで、筆者の説明が施されている。　問7　(1)　①　a で始まる第七段落、および次の第八段落の内容をまとめるとよい。　②　漱石の文章は「義務」「自由」の側面から「個人主義」について論じている。　(2)　トクヴィルと漱石の考える「個人主義」と「社会」の関係を中心にまとめるとよい。

【二】問1　(1)　a　断崖　c　海峡　d　かたわ(ら)　(2)　5　問2　ここが日本ではないと知ったから。(十六字)　問3　E　問4　C　問5　B　問6　彼は、どこに連れて来られたのかも知らず、見せ物であることにも気づいていない私をかわいそうだと思った。(五十字)　問7　C　問8　A

〈解説〉問1　(1)　a 「崖」の訓読みは「がけ」。　c 「峡」と形の似た漢字には「狭」「挟」がある。　d 「傍ら」は送り仮名に注意。　(2)　上の「止」を書いてから「米」を書くことに注意。　問2　「ここは、どこだらう。」という問いに、「日本ではないやうだ」と答えている。それを聞いての溜息である。　問3　直前に「ここをおれの場所にするのに、こんな苦労をしたのさ。」とある。　問4　「陶酔」は、心を奪われてうっとりすること。　問5　直前に「驚愕」とあるので、驚いた様子を表す言葉を選ぶ。　問6　「ふびん」とはかわいそうなこと、あわれむべきであること。「見せ物は私たちなのだ」と気づいた「私」に対する「彼」の心情である。　問7　新たな語り手を登場させ、それまでの主人公であった猿の内面描写を省くことで、読者に想像の余地を持たせている。　問8　猿同士の会話を、猿と人間の会話であるように見せるレトリックである。

【三】問1　(1)　a　つらい　b　気にくわない　(2)　D　問2　①　鹿の鳴き声をどのようにお聞きになるか　②　だれが歌をよまないであろうか(いや、皆歌をよむのだ)　問3　A、B　問4　B　問5　和歌には、人の心を動かす大きな力があるということ。(二十五字)　問6　D

〈解説〉問1　(1)　辞書的な意味が分からなくても、前後の文章から意味を類推してみる。aは、「男」が本の妻よりも今の妻を愛していることが前に書かれており、本の妻は「つらい(情けない)」と思っているのである。bは、鹿の鳴き声をどう思うか、という男の問いに対する今の妻の風情のない答えを、男は「気にくわない」と思ったのである。　(2)　「て」の直前は四段活用の動詞「送る」の連用形である。また、直後に助動詞「けり」がある。「けり」は連用形接続なので、「て」は完了の助動詞「つ」の連用形とわかる。　問2　①　「こ」は直前の「鹿の鳴きければ」を指す。「いかが」は「どのように」、「聞きたまふ」は「お聞きになる」の意味。③　「誰が歌をよまないであろうか(いや、歌をよむのだ)」という反語表現。　問3　「私(本の妻)もかつて鹿のように鳴いてあなた(男)に慕われた。今は声だけをよそ(今の妻のもと)に聞くばかりです」が大意。「恋ひられし」の「恋ひ」はハ行上二段活用動詞「恋ふ」の未然形、「られ」は受身の助動詞「らる」の連用形、「し」は過去の助動詞「き」の連体形。この和歌の文末の「きけ」はカ行四段活用動詞の已然形である。
問4　「鹿の鳴き声をどのようにお聞きになるか」と今の妻に聞くと「煮ても焼いてもおいしい」という答えが返ってきたので、「京の都の出身だからこんなことにも風流を感じるだろう」と思っていた男はがっかりしたのである。　問5　[A]は、本の妻が和歌によって男の心を取り戻す物語である。[B]の文章の「男女のなかをも和らげ、～慰むるは歌なり」と対応している。　問6　「ますらをぶり」は『万葉集』の特徴。『古今和歌集』の優美・繊細な歌風は「たをやめぶり」と呼ばれる。

【四】問1　a　ここをもって　b　なんじ　問2　①　使ム二子貢ヲシテ止メレ之ヲ　③　暴雨の将に至らんとするを以て　問3　C　問4　飢えに苦しむ民(七字)　問5　主君に慈しみの心がないことを民に明らかにするとともに、自分が立派であることを示すことになるから。(四十八字)　問6　(1)　D

(2)　論語

〈解説〉問1　a　「是以」は「この故に」「こういうわけで」という意味。　b　ここでの「爾」は二人称「汝」と同じ意味。「以爾食饋之」で「お前の食べ物を民にほどこす」という意味である。問2　①　「使」は使役形で「～ヲシテ～しム」と読む。　③　「将」は再読文字で「まさニ～す」と読む。問3　水路の修復で疲れた民衆に、子貢が「一簞食・一壺漿」を配ったのを孔子が止めたのである。問4　「之」を含む一文の冒頭に「汝以民為餓也」（お前は民を餓えているとしているが）とある。　問5　孔子の言葉の後半に「私以爾食饋之、是汝明君之無恵、而見己之徳美。」（自分勝手に自分の食べ物を民にほどこすのは、主君にいつくしみの心が無いことを民に知らせることであり、自分の徳が立派であることを民に示すことになるからだ）とある。主君から民への恵みが少ないことを明らかにし、主君の面目をつぶすことになるというのである。問6　(1)　「民衆を励ます孔子の言葉」という要素は本文にない。　(2)　『論語』『大学』『中庸』『孟子』を四書という。

【五】Ⅰ　問1　ア　E　イ　A　ウ　C　エ　J　オ　B　Ⅱ　問1　ア　E　イ　B

(2)　①　ウ　G　エ　D　②　オ　古典　問2　(1)　歴史的仮名遣いの読み　(2)　比喩の種類…隠喩（暗喩・メタファー）　表現しようとしていること…智恵子が苦しそうな荒い呼吸をしていること。　(3)　D

(4)　課題…感想を述べているだけであり、この詩の表現で心に残った点を挙げていない。また、鑑賞文のテーマである「表現効果」について書かれていない。　指導…具体的に心に残った表現を挙げさせ、なぜそう感じたのか、根拠を示すように指導する。例えば、⑥⑦に注目すると、「レモン」には智恵子の意識をとりもどす不思議な力があると受け取れる。その様な、表現の工夫や効果に注目するよう助言する。

〈解説〉Ⅰ　問1　中央教育審議会答申で「我が国の言語文化に親しみ、愛情を持って享受し、その担い手として言語文化を継承・発展させる態度を小・中・高等学校を通じて育成するため、伝統文化に関する学習を重視することが必要」とされ、これを踏まえ、新学習指導要領では、「伝統的な言語文化」、「言葉の由来や変化」、「書写」、「読書」に関する指導事項を「我が国の言語文化に関する事項」として整理し、その内容の改善が図られた。　Ⅱ　問1　(1)　目標の(2)は「思考力、判断力、表現力等」に関する目標である。空欄アを含む部分は、小学校・中学校では、「思考力や想像力を養う」と示されている。空欄イを含む部分は、小学校では、「言語感覚を養い」、中学校では、「言語感覚を豊かにし」と示されている。　(2)　論理国語では、明治時代以降に書かれた、説明文、論説文や解説文、評論文、意見文や批評文、学術論文などの論理的な文章を扱う。文学国語では、明治時代以降に書かれた、小説、詩歌、随筆、戯曲などの文学的な文章を扱う。　問2　この単元の目標は、中学校第3学年のウを受けて、高等学校の言語文化では、文章の構成や展開、表現の仕方、表現の特色について評価することを示している。　(1)　「かうぃふ」「やうな」など歴史的仮名遣いで書かれた言葉の読み方に注意させる。　(2)　隠喩と直喩の違いを整理する。　(3)　高等学校学習指導要領解説国語編に「評価するとは、読み手が価値判断することであり、例えば、文章の構成や展開、表現の巧みさなどについて、優れている点だけでなく課題とされる点も含めて指摘することを指している。読み手は、文章を完成されたものとして受け止めるのではなく、自分にとってどのような価値をもっているかを判断し、説明できるようになることが求められる」とある。　(4)　〔学習の流れ〕の3に「表現効果」とあるが、Aさんの鑑賞文がそこに触れていない点に注目すると、課題をまとめやすい。

二〇二一年度　実施問題

【中高共通】

【二】次の【評論文】を読んで、後の問に答えよ。（設問の都合上、一部省略するなど本文に修正を加えている。）

【評論文】

一般的にインターネット上の情報に対する信頼性は現状ではまだ高いとは言えない。東京大学大学院情報学環の「日本人の情報行動」調査には、テレビや新聞、雑誌といった既存のマスメディアと、インターネットの信頼性や重要性を尋ねた項目がある（橋元良明編『日本人の情報行動２０１０』）。それによると、情報を得るための手段としての重要性はテレビがもっとも高く、新聞、インターネットと続く。一方、情報源としての信頼性は新聞がもっとも高く、テレビ、インターネットの順となる【表1】【表2】。インターネットの信頼性は［　ア　］を選んでおり、信頼できると信頼できないが拮抗している。

なお、この二〇一〇年の結果を〇五年と比較すると、インターネットの重要性も信頼性も増しており、とくに情報入手手段としての重要性は新聞に近くなっているが（「非常に重要」を選んだ人は、新聞は三六・九％、インターネットは三二・四％）、信頼性にはまだかなり差が見られる。

インターネット上に事実関係の定かではない情報が数多く存在しているとしても、それだけでは①「インターネットではうわさやデマが広まりやすい」という結論を導くことは難しいのである。

利用者それぞれが情報を探し出すのが、インターネット利用の基本である。インターネット上にある多種多様な大量の情報のなかから、自分の見たいもの、聞きたいものを選んで接触する。人間関係も同じであり、日常生活のなかでは同じ興味関心を持つ人を見つけることができなくても、インターネット上では容易に見つけることができる。

趣味でもいいし、政治的な争点でもいい。同じ興味関心を持つ人とインターネット上でコミュニケーションを重ねることで、知り合いとなる。その後、直接会っても会わなくても、インターネット上でコミュニケーションを重ねた相手は、不特定の見知らぬ相手から「友だち」となることがある。そうなれば、インターネットにより生まれた新たな関係性＝〃つながり〃は、当然、うわさを伝える新たな経路になるのであり、その意味では、インターネットはうわさの広がる経路を拡張する。

②インターネットを中心とした情報通信技術の発インターネット上のコミュニケーションは時間や空間の制約を受けないために、情報伝達を迅速化し、広範囲にするが、新たな〃つながり〃＝関係性を作ることも重要である。

ところで、アメリカの法学者キャス・サンスティーンは、インターネットを中心とした情報通信技術の発達が民主主義の基盤を危うくする可能性について[a]ケイショウを鳴らしている。

民主主義とは単に多数決で物事を決定することではなく、共通の知識や問題関心の上に立って討議することにより合意を生み出していくことである。そのためには、人びとは時には特別に興味を持っていない話題や視点にも触れる必要があるのだが、インターネット上では自分が興味を持つ情報だけを選別し、接触するフィルタリングの技術が発達してきている。

もちろん、インターネット自体は多くの人にとって視野を広げる機会となり、新しい話題や考えとの出会いを可能とする面も持つ。しかし、それでもインターネットは考えの似た者同士の交流を容易にすることによって、集団分極化へのリスクを高めているというのだ。集団分極化とは集団で議論することにより、メンバーがもとも

と持っている主張より極端な立場へシフトすることを指すのだが、インターネットは同じような考え方の人間を集めやすいため、そのなかでの議論を通じて、人びとはより過激な立場をとるようになる。なぜなら、同じような考え方をする人たち同士が気軽に頻繁に話し合い、反対意見を聞く機会があまりなくなるためである。

また、その過程には、カスケード(小さな滝、わかれ滝)という現象も関わる。ほとんどの人は重大な事柄について直接的なあるいは確かな情報を持ち合わせていないがゆえに、他人からの情報に頼らざるをえない。よく知らないことであれば、何人がある意見を支持していると聞かされると、支持するようになる。支持者が増えれば、そのことが信頼性を b タンポするものとなり、ますます多くの人に受け入れられるようになる。このように情報——正確なものでもよいし、虚偽でもよい——が一斉に広まっていく過程を、サンスティーンはカスケードとして捉えている(『インターネットは民主主義の敵か』)。

人びとが知らないところで巨大な権力が世界を動かしているといった陰謀論は、このようなインターネット・コミュニケーションの特徴によって流行しているものの一つであろう。陰謀論をもっともらしく思う人にとっては ③ インターネットでは「事実」に接触でき、同じ「事実」を共有する多くの仲間に出会うことができる。このような状況は日常生活のなかではあまりない。そして、インターネット上の仲間内の議論は、より極端な方向へと展開する。一方、陰謀論を信じない人にとっては、虚偽やうわさ、デマを広める陰謀論のサイトが増殖し、極端になっていくように見える。インターネット上は c 荒唐無稽な話が多いという印象を持つ。

インターネットがうわさの巣窟とされるのは、単に情報が多いからというわけではなく、また事実関係のあやふやな情報が多いからというわけでもない。それだけでなく、むしろ、特定の立場からの「情報」が集まることで増殖するところにある。

ただし、サンスティーンが述べる集団分極化やカスケードはインターネット上だけで起こる現象ではない。

集団分極化は「リスキーシフト」、あるいはその逆の「コーシャスシフト」として、社会心理学で取り上げられてきたトピックスの一つである。リスキーシフトは一人ひとりの個人より集団による意志決定がより過激なものとなることを指すものであり、たとえば「赤信号みんなで渡れば怖くない」といった言動がこれにあたる。コーシャスシフトはその逆で、集団での意志決定が安全志向になることである。

しかし、集団分極化やカスケードがインターネット上で起こりやすいとするならば、それはやりとりが保存され、公開されているためであろう。

日常生活のなかでは知り合うことができる人が限られているだけでなく、対面での会話は基本的にその場限りで消えていく。あるテーマについて話をする場合、その場に居合わせる必要がある。

これに対してインターネット上には、多種多様な情報と多種多様な人とコミュニケーションする場が常に開かれている。このため、日常生活では接する機会の少ない意見や立場にも接触でき、自分の都合に合わせて議論に参加することができる。ゆえに時空間を超えて考えが似た者同士が集まりやすく、そのなかで議論が繰り返されることによって、集団分極化が促進される可能性がある。

また、インターネットでは周囲の状況も見えやすい。正確には、個人が見たいと望む「周囲の状況」を見ることが可能である。日常生活のなかでは、周囲の人たちがあるテーマについてどのような考えを持っているのか、把握することは容易ではない。友だちと一対一で、あるいは集団で話をするなかで、周囲の人たちのあいだでどんな情報や考え方が当たり前とされているのか、あるいは、自分が持っている考えは少数派とみなされているかなどの推測はできるのだが、実際に多くの人に考えを聞く機会はなかなかない。

一方、インターネット上では個人が望む立場を支持する情報に数多く接することができる。検索をして、あるいはリンクをたどって特定の立場からの情報に接するうちに、それが多数派であるとdゴニンする。インターネット上の多数の情報のなかで、自分がもっともらしいと思う情報を支持する人を見つけることのほうが、反対派を見つけるよりはるかに容易である。

このように考えるならば、④インターネットの公開性は集団分極化やカスケードを促進することで、立場を同じくしない人からは「うわさにみえるもの」を増殖させることとなる。もっとも、サンスティーンの議論には批判も多く、インターネット利用者は選択的に自分の見たい情報だけに接触するのではないという実証的な研究結果もある。インターネット利用がより日常化するなかで、インターネットの持つ技術的な可能性ではなく、人びとが実際にどのように情報に接触するようになるのか引き続き検討が必要であろう。

【表1】メディアに対する情報入手手段としての重要性評価

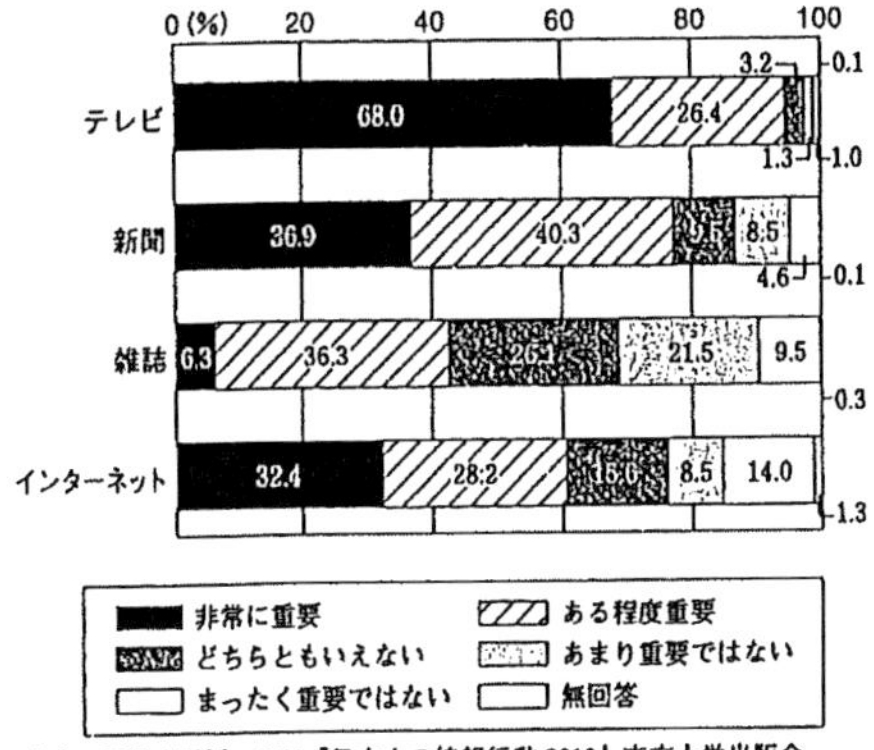

出典：橋元良明編　2011『日本人の情報行動2010』東京大学出版会

【表2】メディアに対する信頼性評価

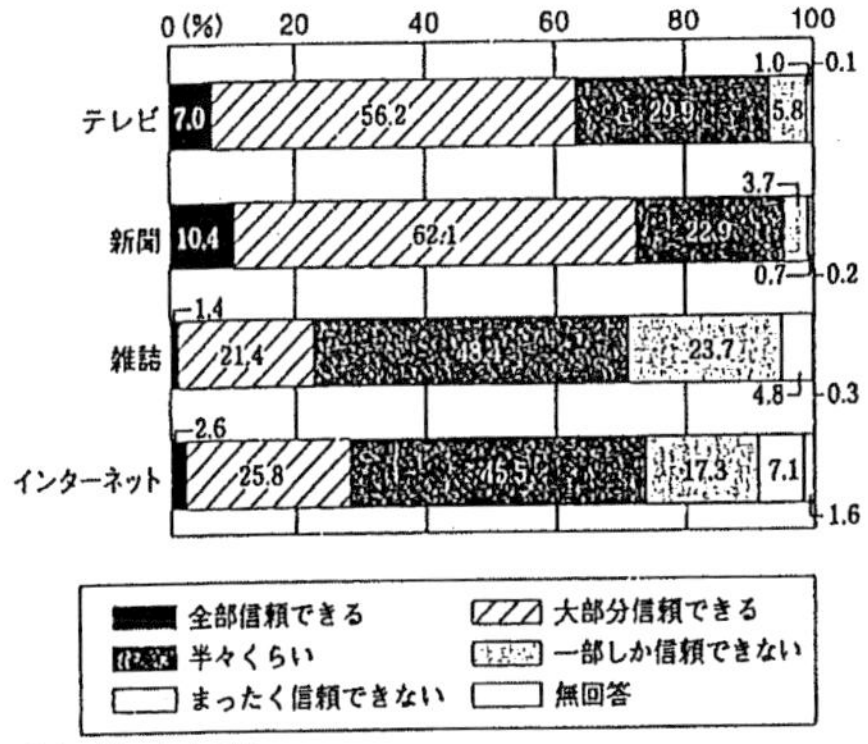

出典：【表1】と同じ

（松田美佐『うわさとは何か』より）

問1　次の(1)、(2)に答えよ。
(1)　二重傍線部a「ケイショウ」、b「タンポ」、d「ゴニン」を漢字に直せ。
(2)　二重傍線部c「荒唐無稽」の意味として、最も適当なものをA～Dから選び、記号で答えよ。
A　見かけは立派だが内容が伴わないこと。
B　何の面白みも味わいもないこと。
C　とりとめがなく根拠がないこと。
D　ぼんやりしてはっきりしないこと。

問2　[ア]にはどのような文が入るか。【表1】【表2】から必要な情報を探して二十字以内で説明せよ。ただし、具体的な数値を示して答えること。

問3　傍線部①について、筆者はその原因がインターネットのどのようなところにあると考えているか。本文から二十字以上三十字以内で抜き出して答えよ。

問4　傍線部②について、このように言う理由を八十字以上九十字以内で説明せよ。

問5　傍線部③について、「事実」という語にかぎ括弧(「　」)を付けて表記する効果の説明として、最も適当なものをA～Eから選び、記号で答えよ。
A　サンスティーンの書物から引用した語であることを明示している。
B　特定の考え方を持つ人たちにとっての事実であることを示している。
C　すべての人々にとって重要な事実であることを強調している。
D　他の語と区別しやすいようにして、内容を理解しやすくしている。

E　インターネット上に事実はほとんどないということを示唆している。

問6　傍線部④はどのようなことを指しているか。四十字以上五十字以内で説明せよ。

問7　本文の内容と合致するものとして最も適当なものをA～Eから選び、記号で答えよ。

A　インターネット上は様々な価値観が混在する場所なので、社会心理学に基づく新たな技術開発によって衝突を予め回避することが望まれる。

B　インターネット上では情報技術の向上により、自分が興味を持つ話題に関する賛成反対を含めた多種多様な意見が自然と集まるようになっている。

C　インターネット上のコミュニケーションは時間や空間の制限を受けないので、対面での会話よりも正確な情報を受け取ることが可能である。

D　インターネット上では新しい考えに触れて視野を広げることができる一方、個人が望む立場を支持する情報だけを多く集めることもできる。

E　インターネット上ではうわさやデマが広まりやすいという問題も、人間が行う知的活動を代わりに行うAI(人工知能)が開発されれば解決する。

問8　本文の内容に関係する次の【漢文】を読んで、後の(1)～(6)に答えよ。(設問の都合上、一部訓点を省略している。)

【漢文】

*1龐葱與ニ二太子ト一質タラントス二於*2邯鄲ニ一。謂ヒテ二魏王ニ一曰ハク、「今一人言ハバ二市ニ有リト一レ虎、①王信之乎。」王曰ハク、「否ト。」「二人言ハバ二市ニ有リト一レ

虎、王信之乎。」王曰《ハク》、「寡人疑《ハント》レ之《ヲ》矣。」「三人言《ハバ》二市《ニ》有《リト》レ虎、王信之乎。」王曰《ハク》、「寡人信《ゼント》レ②之《ヲ》矣。」龐葱曰《ハク》、「夫a市之無《キコト》レ虎明《ラカナリ》矣。然《レドモ》而三人言《ヒテ》而成《ス》レ虎《ヲ》。今邯鄲《ノ》去《ル》二*3大梁《ヲ》一也遠《ク》二於市《ヨリ》一、而《モ》議《スル》*4レ臣《ヲ》者《ハ》過《グ》二於三人《ニ》一矣。願《ハクハ》王察《セヨト》レ之《ヲ》矣。」王曰《ハク》、「③寡人自《ラ》為《サント》レ知《ルヲ》。」b於是辞《シテ》行《ク》。而《ルニ》*5讒言先《ツ》至《ル》。後、太子罷《ム》レ質《ヲ》。④果《タシテ》不レ得レ見《ユルヲ》。

(『戦国策』より)

(注) ＊1 龐葱……人名。魏王に仕えていたが、太子とともに人質として趙に行くことになった。
＊2 邯鄲……趙の都。
＊3 大梁……魏の都。
＊4 議……(ここでは)とやかく批判する。
＊5 讒言……人を陥れるために悪く言うこと。またその言葉。

(1) 二重傍線部a「夫」、b「於是」の読みを、送り仮名を補って答えよ。
(2) 傍線部①について、送り仮名を補って書き下し文に直せ。
(3) 傍線部②「之」が指すものを、十字程度で説明せよ。
(4) 傍線部③の解釈として最も適当なものをA～Eから選び、記号で答えよ。

A　あなたにも真実は自然と分かる。
B　私は自分自身で考えるとしよう。
C　賢人は自ら知識を求めるものだ。
D　私は人を信じることが大切だと思う。
E　あなたは自分で判断するべきだ。

(5) 傍線部④「果不得見」を、意味が分かるように適語を補って現代語訳せよ。
(6) 波線部「龐葱」が具体例を挙げて説明しているのは最初の【評論文】に示されたどの現象か。最も適当なものをA～Eから選び、記号で答えよ。

A　フィルタリング
B　コーシャスシフト
C　リスキーシフト
D　カスケード
E　陰謀論

問9　次にあるのは、【評論文】と【漢文】を読んだ生徒の会話である。本文の内容と合致しないものをA～Eから一つ選び、記号で答えよ。

A　今も昔も同じ現象が起きているんだね。【評論文】で「社会心理学」という言葉が使われていたけど、うわさやデマに振り回されてしまうのは、国や時代に関係なく、人間社会に共通する現象なんだね。

B　人間社会の普遍的な現象だと思うよ。【漢文】では、そのことを龐葱が例え話を使って上手に魏王に説明して、注意を促しているね。それを聞いた魏王も納得しているよ。

C　うわさに関する問題は色々あるけど、集団分極化は現代限定の問題だよ。インターネットは同じ考えの人が集まりやすいから、反対意見が少なくて主張が過激化しやすいんだよね。

D　【漢文】でも、最終的に魏王は周囲の讒言を受け入れてしまったからなぁ。うわさは人に大きな影響を与えるよ。インターネットはその経路を爆発的に拡張してしまったんだね。

E　技術革新ばかりに目が向いてしまうけど、技術を利用して情報をやりとりするのは私たち人間だもんね。人間と情報の関係についてきちんと考えていく必要があるね。

（☆☆☆◎◎◎）

【二】次の文章を読んで、後の問に答えよ。（設問の都合上、一部省略するなど本文に修正を加えている。また、現在とは文字遣いが異なる部分がある。）

画を好かぬ小供は先ず少ないとして其中にも自分は小供の時、何よりも画が好きであった。（と岡本某が語りだした）。

好きこそ物の上手とやらで、自分も他の学課の中《うち》画では同級生の中自分に及ぶものがない。画と数学となら、憚《はばか》りながら誰でも来いなんて、自分も大《おおい》に得意がって居たのである。しかし得意ということは多少競争を意味する。自分の画の好きなことは全く天性といっても可かろう、自分を独《ひとり》で置けば画ばかり書いて居たものだ。独《ひとり》で画をいて居るといえば至極温順《おとな》しく聞えるが、其癖自分ほど腕白者は同級生の中にないばかりか、校長が持て余して数々退校を以て嚇《おど》したのでも全校第一ということが分る。

全校第一腕白でも数学でも。しかるに天性好きな画では全校第一の名誉を志村という少年に奪われて居た。この少年は数学は勿論、其他の学力も全校生徒中、第二流以下であるが、画の天才に至っては全く並ぶものがないので、僅《わずか》に塁を摩《ま》そうかとも言われる者は自分一人、其他はa悉く志村の天才を崇め奉って居るばかりであった。ところが自分は志村を崇拝しない、今に見ろという意気込で頻りと励げんで居た。

元来志村は自分よりか歳も兄、級も一年上であったが、自分は学力優等というので自分の居る級《クラス》と志村の居る級とを同時にやるべく校長から特別の処置をせられるので自然志村は自分の競争者となって居た。

然るに全校の人気、校長教員を始め何百の生徒の人気は、温順《おとな》しい志村に傾いて居る、志村は色の白いb柔和な、女にして見たいような少年、自分は美少年ではあったが、乱暴な傲慢、喧嘩好きの少年、おまけに何時も級《クラス》の一番を占めて居て、試験の時は必らず最優等の成績を得る処から教員は自分の高慢が癪《しゃく》に触り、生徒は自分の圧制が癪《しゃく》に触り、自分にはどうしても人気が薄い。そこで衆人の心持は、せめて画でなりと志村を第一として、岡本の鼻柱を挫《くだ》いてやれという積であった。自分はよく此消息を解して居た。そして心中ひそかに不平でならぬのは志村の画①必ずしも能く出来て居ない時でも校長をはじめ衆人がこれを激賞し、自分の画は確かに上出来であっても、さまで賞《ほ》めて呉れ手のないことである。少年ながらも自分は人気というものを悪んで居た。

或日学校で生徒の製作物の展覧会が開かれた。其出品は重に習字、図画、女子は仕立物等で、生徒の父兄姉妹は朝からぞろぞろと押かける。取りどりの評判。製作物を出した生徒は気が気でない、皆なそわそわして展覧室を出たり入ったりして居る。自分も此展覧会に出品する積りで画紙一枚に大きく馬の頭を書いた。馬の顔を斜に見た処で、無論少年の手には余る画題であるのを、自分は此一挙に由て是非志村に打勝うという意気込だから一生懸命、学校から宅に帰ると一室に龍って書く、手本を本にして生意気にも実物の写生を試み、幸い自宅の宅から一丁ばかり離れた桑園の中に借馬屋があるので、幾度となく其処の厩《うまや》に通った。輪廓といい、陰影と云い、運筆といい、自分は確にこれまで自分の書いたものは勿論、志村が書いたものの中でこれに比ぶべき出来はないと自信して、これならば必ず志村に勝つ、いかに不公平な教員や生徒でも、今度こそ自分の実力に圧倒さるるだろうと、大勝利を予期して出品した。

　出品の製作は皆な自宅で書くのだから、何人も誰が何を書くのか知らない、又互に秘密にして居た。殊に志村と自分は互の画題を最も秘密にして知らさないようにして居た。であるから自分は馬を書きながらも志村は何を書いて居るかという問を常に懐いて居たのである。

　さて、展覧会の当日、②恐らく全校数百の生徒中尤《もっと》も胸を轟かして、展覧室に入った者は自分であろう。図画室は既に生徒及び生徒の父兄姉妹で充満になって居る。そして二枚の大画(今日の所謂る大作)が並べて掲げてある前は最も見物人が集って居る。二枚の大画は言わずとも志村の作と自分の作。

　一見自分は先ず荒胆を抜かれてしまった。志村の画題はコロンブスの肖像ならんとは！　而もチョークで書いてある。元来学校では鉛筆画ばかりで、チョーク画は教えない。自分もチョークで画くなど思いもつかんことであるから、画の善悪は兎も角、先ず此一事で自分は驚いてしまった。その上ならず、馬の頭と髭髯*1面を被う堂々たるコロンブスの肖像とは、一見まるで比べ者にならんのである。且つ鉛筆の色はどんなに巧みに書いても到底チョークの色には及ばない。画題といい色彩といい、自分のは要するに少年が書いた画、志村のは本物である。技術のc巧拙は問う処でない、掲げて以て衆人の展覧に供すべき製作としては、いかに我慢強い自分も自分の方が佳いとは言えなかった。③さなきだに志村崇拝の連中は、これを見て歓呼して居る。「馬も佳いがコロンブスは如何《どう》だ！」などいう声が彼処でも此処でもする。

　自分は学校の門を走り出た。そして家には帰らず、直ぐ田甫《たんぼ》へ出た。止めようと思うても涙が止まらない。口惜しいやら情けないやら、前後夢中で川の岸まで走って、川原の草の中に打倒れてしまった。

　足をばたばたやって大声を上げて泣いて、それで飽き足らず起上って其処らの石を拾い、四方八方に投げ付けて居た。

　こう暴れて居るうちにも自分は、彼奴何時の間にチョーク画を習ったろう、何人が彼奴に教えたろうと其ればかり思い続けた。

　泣いたのと暴れたので幾干《いくら》か胸がすくと共に、次第に疲れて来たので、いつか其処に臥てしまい、自分は蒼々たる大空を見上げて居ると、川瀬の音が淙々[*2]として聞える、若草を薙いで来る風が、得ならぬ春の香を送って面を掠《かす》める。佳い心持になって、暫時くじっとして居たが、突然、そうだ自分もチョークで画いて見よう、そうだという一念に打たれたので、そのまま飛び起き急いで、宅に帰えり、父の許しを得て、直ぐチョークを買い整え画板を提げて直ぐ又外に飛び出した。

　この時まで自分はチョークを持ったことが無い。どういう風に書くものやら全然《まるで》不案内であったがチョークで書いた画を見たことは度々あり、ただこれまで自分で書かないのは到底未だ自分どもの力に及ばぬものとあきらめて居たからなので、志村があの位い書けるなら自分も幾干《いくら》か出来るだろうと思ったのである。

　再び先の川辺へ出た。そして先ず自分の思いついた画題は水車、この水車は其以前鉛筆で書いたことがあるので、チョークの手始めに今一度これを写生してやろうと、堤を辿って上流の方へと、足を向けた。

　水車は川向にあって其古めかしい処、木立の繁みに半ば被われて居る案排《あんばい》、蔦葛が這い纏うて居る具合、少年心にも面白い画題と心得て居たのである。これを対岸から写すので、自分は堤を下りて川原の草原に出ると、今まで川柳の蔭で見えなかったが、一人の少年が草の中に坐って頻りに水車を写生して居るのを見つけた。自分と少年とは四五十間隔たって居たが自分は一見して志村であることを知った。彼は一心になって居るので自分の近《ちかづ》いたのに気もつかぬらしかった。

おやおや、彼奴が来て居る、どうして彼奴は自分の先へ先へと廻わるだろう、いまいましい奴だと④大いに癪《しゃく》に触ったが、さりとて引返えすのは猶お嫌だし、如何して呉れようと、そのまま突立って志村の方を見て居た。

彼は熱心に書いて居る。草の上に腰から上が出て、其立てた膝に画板が寄掛けてある、そして川柳の影が後から彼の全身を被い、ただ其白い顔の辺から肩先へかけて楊《やなぎ》を洩れた薄い光が穏やかに落ちて居る。これは面白ろい、彼奴を写してやろうと、自分はそのまま其処に腰を下して、志村其人の写生に取りかかった。それでも感心なことには、画板に向うと最早《もはや》志村もいまいましい奴など思う心は消えて書く方に全く心を奪《と》られてしまった。

彼は頭を上げては水車を見、又画板に向う、そして折り折り左も愉快らしい微笑を頬に浮べて居た。彼が微笑する毎に、自分も我知らず微笑せざるを得なかった。

そうする中に、志村は突然起ち上がって、其拍子に自分の方を向いた、そして何にも言い難き柔和な顔をして［ア］笑った。自分も思わず笑った。

「君は何を書いて居るのだ、」と聞くから、

「君を写生して居たのだ。」

「僕は最早水車を書いてしまったよ。」

「そうか、僕は未だ出来ないのだ。」

「そうか、」と言って志村はそのまま再び腰を下ろし、もとの姿勢になって、

「書き給え、僕は其間にこれを直すから。」

自分は画き初めたが、画いて居るうち、⑤彼をいまいましいと思った心は全く消えてしまい、却《かえっ》て彼が可愛くなって来た。其うちに書き終わったので、

「出来た、出来た！」と叫ぶと、志村は自分の傍に来り、

「おや君はチョークで書いたね。」

「初めてだから全然《まるで》画にならん、君はチョーク画を誰に習った。

「そら先達東京から帰って来た奥野さんに習った。」然し未だ習いたてだから何にも書けない。」

「コロンブスは佳く出来て居たね、僕は驚いちゃった。」

それから二人は連立って学校へ行った。此以後自分と志村は全く仲が善くなり、自分は心から志村の天才に服し、志村もまた元来が温順《おとな》しい少年であるから、自分を又無き朋友として親しんで呉れた。二人で画板を携え野山を写生して歩いたことも幾度か知れない。

間もなく自分も志村も中学校に入ることとなり、故郷の村落を離れて、県の中央なる某町に寄留することとなった。中学に入っても二人は画を書くことを何よりの楽にして、以前と同じく相伴うて写生に出掛けて居た。

此某町から我村落まで七里、若し車道をゆけば十三里の大迂廻になるので我々は中学校の寄宿舎から村落に帰る時、決して車に乗らず、夏と冬と定期作業毎に必ず、此七里の途を草鞋《わらじ》がけで歩いたものである。

七里の途はただ山ばかり、坂あり、谷あり、渓流あり、淵あり、滝あり、村落あり、児童あり、林あり、森あり、寄宿舎の門を朝早く出て日の暮に家に着くまでの間、自分は此等の形、色、光、趣きを如何《どう》いう風に画

いたら、自分の心を夢のように鎖ざして居る謎を解くことが出来るかと、それのみに心を奪られて歩いた。志村も同じ心、後になり先になり、二人で歩いて居ると、時々は路傍に腰を下ろして鉛筆の写生を試み、彼が起《た》たずば我も起たず、我筆をやめずんば彼も止めないと云う風で、思わず時が経ち、驚ろいて二人とも、次の一里を駆足で飛んだこともあった。

爾来《じらい》数年、志村は故ありて中学校を退いて村落に帰り、自分は国を去って東京に遊学することとなり、いつしか二人の間には音信もなくなって、忽ち又四五年経ってしまった。東京に出てから、自分は画を思いつつも画を自ら書かなくなり、ただ都会の大家の名作を見て、僅《わずか》に自分の画心を満足さして居たのである。

処が自分の二十の時であった、久しぶりで故郷の村落に帰った。宅の物置に曾《かつ》て自分が持あるいた画板が有ったのを見つけ、同時に志村のことを思いだしたので、早速人に聞いて見ると、驚くまいことか、彼は十七の歳病死したとのことである。

自分は久しぶりで画板と鉛筆を提げて家を出た。故郷の風景は旧の通りである、然し自分は最早以前の少年ではない、自分はただ幾歳かの年を増したばかりでなく、幸か不幸か、人生の問題になやまされ、生死の問題に深入りし、等しく自然に対しても以前の心には全く趣を変えて居たのである。言い難き暗愁は暫時も自分を安めない。

時は夏の最中自分はただ画板を提げたというばかり、何を書いて見る気にもならん、独《ひと》ぶらぶらと野末に出た。曾て志村と共に能く写生に出た野末に。

闇にも歓びあり、光にも悲《かなしみ》あり麦藁帽の廂《ひさし》を傾けて、彼方の丘、此方の林を望めば、まじまじと照る日に輝いて眩《まば》ゆきばかりの景色。自分は、⑤思わず泣いた。

（国木田独歩『画の悲み』より）

（注）＊1　髭髯……あごひげ。ほおひげ。
＊2　淙々《そうそう》……水の流れそそぐ音。さらさら。

問1　次の(1)、(2)に答えよ。
(1)　二重傍線部a「悉く」、b「柔和」、c「巧拙」の読みをひらがなで書け。
(2)　傍線部①「必」について、太く書かれた部分は何画目に書くか、数字で答えよ。

問2　傍線部②について、展覧室に入る岡本の様子の説明として最も適当なものをA～Eから選び、記号で答えよ。
A　自分の作品の出来に満足しており、自信にあふれ気持ちが高ぶっている様子。
B　志村に勝つという強い気持ちのもと、大勝利に酔いしれている様子。
C　志村の作品の題材と出来映えが気になり、不安で落ち着かない様子。
D　自分の作品に満足しつつも、どこか自信がなくどきどきしている様子。
E　全校生徒の中で最も早く志村の作品を確認しようと焦っている様子。
問3　傍線部③「さなきだに」は文語的な表現である。わかりやすい現代語に直せ。
問4　傍線部④「大いに癪《しゃく》に触った」と語る岡本の心情が、その後変化したのはなぜか。最も適当なものをA～Eから選び、記号で答えよ。

A　画の実力のみならず皆から人気もあり、自分の先へ先へと廻る志村の行動力に感心したから。
B　父の許しを得てチョークを買いそろえ、試すことができるのがうれしかったから。
C　水車を写生している志村の姿がとても幻想的で、画くことに没頭しようと思ったから。
D　志村のことを毛嫌いしてはいけないと自戒し、これまでの行動を改めようと思ったから。
E　志村の姿に芸術に対する高い志を感じ、自分との共通点に気がつきはじめたから。

問5　[ア]に入る言葉として最も適当なものをA～Dから選び、記号で答えよ。
A　にっこりと
B　うっすらと
C　にやにやと
D　くすくすと

問6　傍線部⑤について、その後二人の関係はどうなるか。間柄を表す言葉をこれ以降の文中から五字で抜き出して答えよ。

問7　傍線部⑥について、岡本が思わず泣いてしまったのはなぜか。七十字以上八十字以内で答えよ。

問8　この文章の表現上の特徴の説明として、最も適当なものを次のA～Eから選び、記号で答えよ。
A　作者の視点を中心に場面転換が行われ、所々で読者に語りかけることで登場人物の感情の浮き沈みを表現している。また、会話を多用し内容を理解しやすいように工夫されている。
B　「蒼々たる」、「淙々として」の様な同音異義語を用いるなど、作者の遊び心を感じさせる表現が多く、このことによりかえって主人公の切ない思いが強調されている。
C　現在から過去に向かって二人が抱える複雑な心情を平明に表現しており、読者を抵抗感なく作品世界に入り込ませるものとなっている。

D　心理描写を用いることなく、客観的な描写を多用することで二人の心情を表現している。また、最後には予想外の結末を準備し、読者に驚きを与えている。

E　主人公の目線に立ち、過去から現在への時間の推移の下、会話文を用いて少年の心の葛藤と成長過程を描きながら、多感な時期の細かな内情変化を表現している。

問9　この作品の作者「国木田独歩」は明治時代の詩人・小説家である。明治時代には活躍していない作者をA～Eから一つ選び、記号で答えよ。

A　島崎藤村
B　夏目漱石
C　樋口一葉
D　川端康成
E　福沢諭吉

（☆☆☆◎◎◎）

【三】次の文章を読んで、後の問に答えよ。（設問の都合上、一部本文に修正を加えている。）

御前[*1]にて、人々とも、またもの仰せらるるついでなどにも、「世の中の腹立たしう、むつかしう、片時あるべき心ちもせで、『ただ、いづちも①いづちも行きもしなばや。』と思ふに、ただの紙のいと白う清げ[a]なるに良き筆、白き色紙、[*2]陸奥紙[b]など得つれば、こよなう慰みて、『さばれ。かくてしばしも生きてありぬべかんめり。』となむ、おぼゆる。また、高麗端[*3]の席《むしろ》青うこまやかに厚きが、縁の文いとあざやかに黒う白う見えたるを、ひき展《ひろ》げて見れば、『なにか、なほこの世は、さらにさらに得思ひ捨つまじ。』と、②命さへ惜しくなむなる。」

と申せば、

「いみじくはかなきことにも慰むなるかな。[*4]③『姥捨山の月』は、いかなる人の見けるにか。」

など、笑はせたまふ。さぶらふ人も、

「いみじうやすき息災の祈りなcなり。」

などいふ。

さてのち、ほど経て、心から思ひ乱るる事ありて、里にある頃、めでたき紙二十を包みて、賜はせたり。仰せ言には、

「d疾くまゐれ。」

など、のたまはせて

「これは、きこし召しおきたることのありしかばなむ。わろかめれば、寿命経[*5]も得書くまじげにこそ。」

と仰せられたる、いみじうをかし。思ひ忘れたりつることを、思しおかせたまへりけるは、なほただ人にてだに、をかしかべし。まいて、おろかなるべきことにぞあらぬや。④心も乱れて、啓すべきかたもなければ、ただ、

「『⑤かけまくもかしこきかみの験《しるし》には
　鶴の齢となりぬべきかな
あまりにや。』と、啓せさせたまへ。」

とて、まゐらせつ。台盤所の雑仕ぞ、御使には来たる。青き綾の単衣とらせなどして、まことに、この紙を冊子に造りなど、持てさわぐに、むつかしき事も紛るる心ちして、「をかし。」と、心のうちにもおぼゆ。

（『枕草子』より）

（注）＊1　御前にて……(作者が仕える)中宮様の前で
＊2　陸奥紙……陸奥地方で作られた上質な紙
＊3　高麗端の席……白地に雲形や菊形などの文様を黒糸で織り出した綾で縁取りをした美しい畳表
＊4　姥捨山の月……『大和物語』の次の歌を踏まえた言葉。

（長い間共に暮らしてきた老母を、山に置き去りにした男がいた。）
この山の上より、月もいとかぎりなくあかくいでたるをながめて、夜ひと夜、いも寝られず、悲しうおぼえければ、かくよみたりける。
わが心慰めかねつさらしなや姥捨山に照る月を見て
とよみてなむ、またいきて迎へもてきにける。それよりのちなむ、姥捨山といひける。慰めがたしとは、これがよしになむありける。

＊5　寿命経……経文の名前。延命を説いたもの。

問1　二重傍線部a～dについて、次の(1)、(2)に答えよ。
(1)　a「なる」、c「なり」の文法的説明として最も適当なものをA～Eから選び、記号で答えよ。

A　断定の助動詞「なり」の終止形
B　伝聞・推定の助動詞「なり」の終止形
C　ナリ活用の形容動詞連体形活用語尾
D　四段活用の動詞「なる」の連体形
E　ク活用の形容詞　連体形活用語尾

(2)　b「陸奥」、d「疾く」の読みを答えよ。ただし、b「陸奥」は四字で答えること。

問2　傍線部①「いづちも行きもしなばや」、②「命さへ惜しくなむなる」を現代語訳せよ。

問3　傍線部③について、この言葉には中宮のどのような心情が示されているか。(注)＊4も参考にして、最も適当なものをA～Eから選び、記号で答えよ。

A　何をしても憂いが晴れず生きる気力を失ったと話す作者に対し、「昔から心を慰めるのは美しい月なのよ」と言って優しく励ましている。
B　欲しいものが手に入れば生きる気力が湧くと話す作者に対し、「欲しいものは月と同じで、見ているだけのほうがいいのよ」と言って諭している。
C　好きなものがあれば心が晴れると言う作者に対し、「昔から月を見ると元気が出ると言っていたわね」と言って懐かしがっている。
D　きれいなものを手にすると生きる気力を取り戻すと話す作者に対し、「月を見ても心が慰められない人もいるのにね。」と言ってからかっている。
E　古歌を踏まえて心晴れない思いを話す作者に対し、「すぐに『姥捨山の月』を踏まえた歌が作れるあなたはさすがね。」と言って褒めている。

問4　傍線部④から、作者が感激したことが分かる。作者はどのようなことに感激したのか。三十字以上四十字以内で説明せよ。

問5　傍線部⑤の和歌について、次の(1)、(2)に答えよ。

(1)　和歌の中で用いられている掛詞を抜き出し、どのような意味が掛けられているか次の形式に従って説明せよ。ただし、［ア］は和歌から抜き出して、［イ］、［ウ］はそれぞれ漢字一字で答えること。

［ア］が掛詞で、［イ］、［ウ］という二つの意味が掛けられている。

(2)　「鶴の齢となりぬべきかな」の説明として最も適当なものをA～Eから選び、記号で答えよ。

A　私はたぶん鶴のように長く生きることはできないはずです。
B　あなたが必ず鶴のように長く生きることを願っています。
C　あなたはたぶん鶴のように長く生きることはできないでしょう。
D　私はあなたが鶴のように去っていくのを止められないのでしょうか。
E　私はきっと鶴のように長く生きることができるでしょう。

問6　本文は『枕草子』の一節である。本文の内容と合致するものとして最も適当なものをA～Eから選び、記号で答えよ。

A　『枕草子』は平安時代中期に成立した作品である。本文では、悩みごとがあって里に戻っていた作者を励ます、知的で慈愛に満ちた中宮定子の様子が描かれている。

B 『枕草子』は日本古典を代表する随筆である。本文では、作者が敬愛する中宮定子が、帝から様々な贈り物を与えられる微笑ましい様子が描かれている。

C 本文は『枕草子』の類集的章段である。「ものづくし」とも呼ばれるこの章段で、作者清少納言は自らが「をかし」と感じるものを列挙している。

D 本文では作者が仕える中宮彰子とのエピソードが示されている。彰子はこのころ体調を崩して里に帰りがちで、作者は歌を作っては慰めていた。

E 本文は作者紫式部が日々の思いを綴った日記の一節である。作者は和歌や漢詩に造詣が深く、本文においても中宮との当意即妙なやりとりが見られる。

(☆☆☆◎◎◎)

【四】 学習指導要領について、後の問に答えよ。

> ○ 問1、問2は、次に指示するとおり、どちらかを選択して解答すること。
> ・中学校受験者は、Ⅰ〔中学校学習指導要領に関する問題〕を解答すること。
> ・高等学校受験者は、Ⅱ〔高等学校学習指導要領に関する問題〕を解答すること。
> ○ 問3は全員解答すること。

Ⅰ 〔中学校学習指導要領に関する問題〕

問1 次の文章は中学校学習指導要領(平成二十九年告示)「第2章各教科第1節国語」の「第3指導計画の作成と内容の取扱い」の一部である。[ア]～[ウ]にあてはまる数字を後のA～Hから選び、記号で答えよ。
ただし ア 、 イ については(語群1)から ウ については(語群2)から選ぶこと。

1 （4） 第2の各学年の内容の〔思考力、判断力、表現力等〕の「A話すこと・聞くこと」に関する指導については、第1学年及び第2学年では年間 ア 単位時間程度、（中略） 工夫すること。
（5） 第2の各学年の内容の〔思考力、判断力、表現力等〕の「B書くこと」に関する指導については、第1学年及び第2学年では年間 イ 単位時間程度、（中略） 重視すること。
2 （1） ウ （エ） 書写の指導に配当する授業時間数は、（中略） 第3学年では年間 ウ 単位時間程度とすること。

(語群1)
A 5～10　B 15～25　C 30～40　D 50～60

(語群2)
E 5　F 10　G 30　H 130

問2　次は令和2年3月に島根県教育委員会が学習指導要領を基に作成した『令和2年度　各教科等の指導の重点』「各教科等の指導」の「国語」の一部である。［エ］～［カ］にあてはまる語を答えよ。

【小・中・高を通じて身に付けてもらいたい資質・能力(目指す子どもの姿)】
◎　課題解決に向けて主体的に［エ］に取り組むとともに、言語感覚を磨き、国語を尊重する態度をもつ。
◎　日常生活・社会生活において必要な国語の特質について理解し、適切に使う。
◎　他者とのかかわりの中で、互いの立場や考えを尊重し合いながら、思いや考えを［オ］にして伝えあう。
◎　［カ］に親しみ、［カ］を通して人生を豊かにしようとする態度を養う。

Ⅱ　〔高等学校学習指導要領に関する問題〕
問1　次の文章は、高等学校学習指導要領(平成三十年三月告示)「第2章各学科に共通する各教科第1節国語」の「第1款目標」である。［ア］～［ウ］にあてはまる語を後のA～Lから選び、記号で答えよ。

言葉による見方・考え方を働かせ、言語活動を通して、国語で的確に理解し効果的に表現する資質・能力を次のとおり育成することを目指す。
（1）生涯にわたる［ア］に必要な国語について、その特質を理解し適切に使うことができるようにする。
（2）生涯にわたる［ア］における他者との関わりの中で伝え合う力を高め、思考力や［イ］を伸ばす。
（3）言葉のもつ価値への認識を深めるとともに、言語感覚を磨き、我が国の［ウ］の担い手としての自覚をもち、生涯にわたり国語を尊重してその能力の向上を図る態度を養う。

A　判断力　B　日本語　C　言語文化　D　伝統文化　E　読解力　F　表現力
G　想像力　H　関心・意欲　I　社会生活　J　言語生活　K　日常生活　L　主体性

問2　表3は、高等学校学習指導要領(平成三十年三月告示)解説国語編「第1章総説第2節国語科改訂の趣旨及び要点」に示された「各科目の『内容の取扱い』に示された各領域における授業時数」である。(1)～(3)に答えよ。

【表3】 各科目の「内容の取扱い」に示された各領域における授業時数

	〔思考力、判断力、表現力等〕		
	話すこと・聞くこと	書くこと	読むこと
現代の国語	[エ] 単位時間程度	[オ] 単位時間程度	[カ] 単位時間程度
言語文化		5～10単位時間程度	【古典】 40～45単位時間程度 【[キ] 以降の文章】 20単位時間程度
論理国語		50～60単位時間程度	80～90単位時間程度
文学国語		30～40単位時間程度	100～110単位時間程度
国語表現	40～50単位時間程度	90～100単位時間程度	
古典探求			※

(※「古典探求」については、1領域のため、授業時数を示していない。)

(1) 表中 [エ] ～ [カ] の中で、「30～40」が入るのはどれか、記号で答えよ。

(2) [キ] に入る語を答えよ。

(3) 表3の左欄に挙げられている科目のうち、共通必履修科目を全て答えよ。

問３　「書くこと」の指導のために短歌を教材として「鑑賞文を書こう」という単元を設定した。後の(1)～(4)に答えよ。

〔単元の目標〕

対象となる学年の校種別に、この単元の目標を次の通り設定することとする。
中学校第一学年　…伝えたい事実や事柄について、自分の考えや気持ちを根拠を明確にして書くこと。
高等学校第一学年　…論理の構成や展開を工夫し、論拠に基づいて自分の考えを文章にまとめること。

〔学習の流れ〕

① 短歌についての基本的事項と内容を理解する。
② 資料を参考に短歌の表現の工夫について調べる。（個人）
③ 短歌の表現の工夫についてまとめる。（グループ）
④ 短歌についての鑑賞文を書く。（個人）

〔教材とする短歌〕

「観覧車回れよ回れ想ひ出は君には一日我には一生」　栗木京子

(1)　〔学習の流れ〕①において、短歌の基本的事項である「句切れ」を生徒に説明する。「句切れ」について説明せよ。また、右の短歌は何句切れになるか答えよ。

(2)　この短歌で用いられている表現技法をA～Fから全て選び、記号で答えよ。

A　対句　B　擬人法　C　体言止め　D　枕詞　E　直喩　F　切れ字

(3)　〔学習の流れ〕③において、この短歌の表現についてブレーンストーミング(テーマについて思いついたことを次々と出し合う活動)を用いて意見交流を行う。この活動を行う上で生徒に留意させるべきことについて二つ記せ。

(4)　〔学習の流れ〕④において、この短歌の表現の工夫について、百五十字程度の鑑賞文を書かせたところ、Aさんは次のようにまとめた。Aさんの鑑賞文にはどのような課題があるか。また、その課題に対してどのように助言するか。それぞれ記せ。

Aさんのノートより

私はこの短歌が好きです。その理由は、この短歌から、今日あなたと観覧車に二人で乗ったことは、私にとっては素敵な思い出であるという作者の切ない恋心が伝わってくるからです。実は私も同じような経験があります。だから、これから私もこのような切ない恋についての短歌を自分でたくさん作って楽しみたいと思います。

(☆☆☆◎◎◎)

解答・解説

【中高共通】

【一】問1　(1)　a　警鐘　b　担保　d　誤認　(2)　C　問2　半数近くの四五・五%が「半々くらい」(十八字)　問3　特定の立場からの「情報」が集まることで増殖するところ(二十六字)　問4　インターネット上では考えの似た者同士が議論する中でより極端な立場を取るようになる傾向があり、共通の知識を持った上で多様な視点から討議して合意を生み出す民主主義と相容れないから。(八十八字)　問5　B
問6　多種多様な情報や人と関わることができる場が常にある上に、そこでのやりとりが保存され公開されること。(四十九字)　問7　D　問8　(1)　a　それ　b　ここにおいて　(2)　王之を信ずるか。
(3)　市場に虎が出ること。　(4)　B　(5)　案の定、龐葱は王にお目にかかることができなかった。
(6)　D　問9　C

〈解説〉問1　(1)　a　「警鐘を鳴らす」は「危険を予告し、警戒を促すもの。警告。」という意味。「担保」は「将来生じるかもしれない不利益にそなえ、あらかじめそれを補う準備をすること。」という意味。
(2)　「荒唐」は、でたらめであること、「無稽」は、根拠がないことを言う。　問2　空欄アの後の「信頼できると信頼できないが拮抗している」という記述を導き出すために必要な根拠を表2から抽出する。　問3　傍線部①の前後では、傍線部①の原因が詳しく語られていない。「インターネットがうわさの巣窟とされるのは」で始まる第十二段落に着目する。　問4　傍線部②は、段落冒頭に「ところで」とあるように、話題が変わる箇所である。あとに続く内容から、「情報通信技術の発達」と、それが民主主義と相容れない理由の二点をまとめる。　問5　陰謀論について論じている箇所である。事実という語にカギ括弧を付けることによって、事実ではない可能性もあることを示している。　問6　傍線部④の直前に指示語があるので、その更に前の内容を確認する。傍線部④は「集団分極化やカスケードを促進する」という内容であるが、第十四段落にも同様の記述があることに着目する。　問7　インターネットは分断を生みやすい構造があるというのが筆者の一貫した主張である。筆者はその上で、情報への接し方を検討すべきだと述べ、本文を締めくくっている。どうするべきか過剰に言及している選択肢は誤りとなる。　問8　(1)　bの「是」は「これ」「ここ」と読む指示代名詞。ここでは「これ」と読むのは誤り。(2)　動詞は下の目的語から返って読む。(3)　現代語と同様に指示語の対象はその前を見ればよい。(4)　「寡人」は王侯が自分をさして使う謙称である。(5)　「得」は動詞の前に置かれ、可能の意味を表す。(6)　龐葱は、遠く離れた都市では、多くの者がことは異なる意見を抱いていることを挙げた上で、魏王が偏った意見ばかり耳に入れているとして再考を訴える。龐葱の説明に窺える現象は意見の分断である。　問9　Cは「集団分極化は現代限定の問題だよ」という点が誤り。【漢文】と現代ではともに集団分極化が窺え、異なる点は、その苛烈さである。

【二】問1　(1)　a　ことごとく　b　にゅうわ　c　こうせつ　(2)　c　四(画)　問2　A　問3　それでなくてさえ　問4　E　問5　A　問6　又無き朋友　問7　志村と共に画に熱中した当時の生活と今の言い難き暗愁生活を比較し、かつて志村と共に画を描いた野末での思い出に浸りながら、彼を失ったことへの喪失感にかられたから。(七十九字)　問8　E　問9　D

〈解説〉問1　(1)　語句の意味を捉えた上で、読みを考える。cの「巧拙」は「たくみなことと、つたないこと」という意味。　(2)　「必」は真ん中の点から書き始め、その右の画、左の画を書いた後、左右の点を順に打つ。　問2　傍線部②の前に、「自分」が「大勝利を予期して出品した」ことが書かれている。　問3　「さ」は指示語である。「だに」は「〜さえも」「〜だって」などという意味。　問4　傍線部④以降を見ると、傍線部⑤であ る。「自分」の心情が完全に変化していることが読み取れる。傍線部④から⑤までの間の出来事が変化の契機である。「自分」は志村が絵を描く様子を観察しながら、彼の姿を描いていたのである。　問5　直前に「柔和な顔をして」とあるので、空欄アには、笑い方を肯定的に形容する表現が入る。　問6　「自分」と志村の関係を表す具体的な描写の中から、五字という条件に適う表現を探せばよい。　問7　「自分」が、「曾て志村と共に能く写生に出た野末」に出た場面である。昔と現在の状況の違いへと思いを馳せているのである。　問8　作品は、過去のその時々の「自分」に密着して、心情を明らかにする語りを採用している。　問9　川端康成は、大正末から横光利一らとともに「新感覚派」の運動を開始した。

【三】問1　(1)　a　C　c　B　(2)　b　みちのく　d　と(く)　問2　①　どこへでも行ってしまいたい　②　命までも惜しくなる　問3　D　問4　中宮様のような高貴な方が、作者の言葉を覚えていて、美しい紙を贈ってくれたこと。(三十九字)　問5　(1)　ア　かみ　イ　紙　ウ　神　(2)　E　問6　A

〈解説〉問1　(1)　cは、「なるなり」が「なんなり」と撥音便になり、「ななり」と表記されている。「なり」の意味については、直前に連体形が来ているので、文脈から断定か伝聞・推定かを判断しなければならない。(2)　b　「陸奥」自体は「むつ」とも読むが、「陸奥紙」は「みちのくがみ」と読む。　d　「疾く」は「早く」「急いで」という意味。　問2　①の「ばや」は願望を表し「〜たい」と訳す。②の「なむ」は係助詞で、係り結びを起こし、それを受ける述語には連体形を要求している。　問3　傍線部③の直前にある通り、中宮は作者に対し、「とても些細なことで慰められるようね」と口にする箇所である。(注)の＊4で補足されているように、「姥捨山の月」の和歌とは、月を見ても心が慰められない様を読んでいる。　問4　作者が感激した事柄は、「思ひ忘れたりつることを、思しおかせたまへりける」ことであるが、その上で、その行為者の身分を問題にし、中宮の行動を称えている。問5　和歌は単独で捉えるのではなく、散文の文脈の中で捉えることが大切である。中宮が作者に紙を送った場面であることを含めて考える。問6　B、Cは『枕草子』の一側面を捉えてはいるが、本文の内容とは合致しない。また、『枕草子』の作者は清少納言である。

【四】Ⅰ　問1　ア　B　イ　C　ウ　F　問2　エ　言語活動　オ　言葉　カ　読書

Ⅱ　問1　ア　I　イ　G　ウ　C　問2　(1)　オ　(2)　近代　(3)　現代の国語　言語文化

問3　(1)　・(句切れとは)短歌の中で言葉のつながりや意味の上から、切れめとなるところ。　・一句(切れ)

(2)　A、C　(3)　・人の意見やアイデアを認める誉める＝決して批判や否定はしない。　・全員が発言できるようにする。　(4)　課題…感想を述べているだけで、鑑賞文のテーマである「表現の工夫」に触れていない。また、根拠(論拠)に基づいて自分の考えが書かれていない点にも課題が見られる。　助言…なぜそのように感じたのか、根拠を明確に示すように指導する。その際、「君」と「我」、「一日」と「一生」の対句表現が二人の思いの違いを際立たせ、作者の切ない心情を強調していることなど、表現の工夫やその効果に注目するよう助言する。

〈解説〉Ⅰ　問1　ア　第1学年と第2学年は年間15～25単位時間程度、第3学年は年間10～20単位時間程度を配当する。　イ　第1学年と第2学年は年間30～40単位時間程度、第3学年は年間20～30単位時間程度を配当する。その際、実際に文章を書く活動を重視することが示されている。　ウ　書写の指導に配当する授業時数は、第1学年と第2学年は年間20単位時間程度、第3学年は年間10単位時間程度である。　問2　島根県教育委員会では、小学校新学習指導要領の実施と同時期に、今後5年間を見据えた教育理念と施策の方向性を示した「しまね教育魅力化ビジョン」が策定された。基本理念は「ふるさと島根を学びの原点に未来にはばたく心豊かな人づくり」とし、育成したい人間像を「自ら課題や展望を見いだし、粘り強く挑戦し学ぶ人」、「人とのかかわりやつながりを大切にし、新たな社会を創造する人」、「自然や文化を愛し、自他を共に大切にする優しく強い人」と設定し、この3つの人間像に迫るために「育成したい力」を、新学習指導要領で示された「育成すべき資質・能力の3つの柱」と関連付けて示している。Ⅱ　問1　(1)は「知識及び技能」、(2)は「思考力、判断力、表現力等」、(3)は「学びに向かう力、人間性等」に関する目標が示されている。アの「生涯にわたる社会生活」とは、実社会を中心として、生涯にわたり他者や社会と関わっていく社会生活全般を指している。　問2　2つの共通必履修科目のうち「現代の国語」は、実社会・実生活に生きて働く国語の能力を育成する科目として、「知識・技能」で「伝統的な言語文化に関する理解」以外の各事項を、「思考力・判断力・表現力等」で全ての力を総合的に育成する。「言語文化」は、上代から近現代につながる我が国の言語文化への理解を深める科目として、「知識・技能」で「伝統的な言語文化に関する理解」を中心としながら、それ以外の各事項も含み、「思考力・判断力・表現力等」で全ての力を総合的に育成する。　問3　(1)　句切れは句点を入れられる場所であるという認識では不十分である。形態面からではなく、内容面から理解しておきたい。(2)　短歌が名詞で終わっているので、体言止めが用いられている。また、「君には一日我には一生」に対句表現が認められる。　(3)　ブレーンストーミングという活動を成立させるための留意点を伝える必要がある。なお、高等学校学習指導要領解説(平成30年7月)の「現代の国語」の「A　話すこと・聞くこと」では、伝え合う内容を検討する際に、知っていることや思い付いたことを自由に出し合う話合いとして、ブレーンストーミングを行うことについて触れているので一読しておくこと。　(4)〔単元の目標〕〔学習の流れ〕に即して指導を行うことが必要である。

二〇二〇年度　実施問題

【中高共通】

【一】次の文章を読んで、後の問に答えよ。（出題の都合上、一部本文を省略している。）

元来西欧近代とは、決して近代主義、合理主義の一枚岩ではないのであって、むしろ近代主義、合理主義が深化すればするほど、そのカウンター・バランスとしての非合理主義も、楯の両面のごとくに深化するのであって、西欧近代およびその延長である現代は、この両者の緊張関係のなかにあると言ってもよい。［ア］

実際、近代合理主義の代表のごとき啓蒙主義にはただちに反近代主義としてのロマンティシズムが生れ、産業革命には踵を接してラッダイト[*1]運動が起る。いやその前に啓蒙主義のただなかで、あのルソーの「自然に還れ」という叫びが発せられてさえいる。二〇世紀に入っても、実存主義の展開自体が、科学技術を基盤とする楽観的な進歩主義や、世俗的な救済を信ずる近代主義への鋭角的な批判に由来していたはずである。［イ］

しかし、こうした西欧近代文化圏の内部からする、西欧近代文化に対する否定への契機は、完全な自己否定となることなく、その根底にある近代主義は、ついに[a]脅かされずにごく最近まで健在であった。それればかりではなく、空間的に見ればごくわずかな地域に過ぎない西欧は、地球上のあらゆる非西欧文化圏を、「近代化」し、「西欧化」する、言い換えれば、その価値観と、認識論と、方法論と、実践のためのマニュアルの総体を、それらの地域が受け容れて然るべきだ、と考えてきた。この信念は、独り西欧圏のみが独断的にもっていたわけではなく、大げさに言えば、地球全体が等しく共有していた。［ウ］それが一種の虚妄であったことは、私自身も、前節で強調した通りである。

だが、今日一般に蔓延する(かのように言われる)①「反近代主義」には、そのことをたとえば東洋思想との比較と短絡させて、「西ではだめだから、東へ乗り換える」というような、言ってみれば「政権交代主義」に近いものが多いように思われる。「近代主義」や科学の根こそぎの否定が、こうした西と東の「政権交代」によって危機を乗りきろうという発想に由来するものである限り、私はむしろそれに[b]与しない。［エ］

現在でも、多くの科学者・技術者は、環境汚染にせよ、エネルギー問題にせよ、これまでにわれわれが持ち合せている知識と技術を使って、その解決に努力しているし、逆に言えば、これまでにわれわれが獲得した知識自体が、そうした危機を予見し警告を発することを可能にしているのでもある。それゆえ、われわれは、新しい選択肢を探す努力を惜しまないと同時に——しかもその選択肢は、これまで繰り返し主張してきたように、従来の枠組みと完全に交代しおおせるようなものでなければならない必然性はない——、これまでの枠組みのなかで最善を尽すほかはなく、それはそれなりに、多くの成果をあげてきたし、これからもあげるはずである。しかし、そのことだけが、私があのような「政権交代主義」を[c]肯んじない理由ではない。

第一には、現在横行する反科学主義のなかには、自然と人間とに対して、きわめて保守的な固定化、観念化を行い、その観念化された自然と人間を指標として、現状を悪と断じ、その悪をもたらした罪を、西欧近代に根をもつ科学技術にかぶせる、という段取りを踏んでいるものが多い、という点を指摘できる。

われわれが自然保護だとか、環境保存だとか言う場合、保護され保存される自然や環境を一体どのように規定すればよいのだろうか。今日の議論では、しばしば、それが、トンボやカブトムシがふんだんに群生し、川には魚が溢れ、空が青く、緑濃き山に恵まれた絵はがきのごとき姿として描かれる。私自身個人的に言えば、そうした「自然」に郷愁を感じる人間の一人である。しかし、そのような「自然」の姿は、歴史的に見ても、実はいつも実現されていたわけではなく、地球上どこを探しても、むしろ見つけることのできない観念のなかで理想化され固定化された「自然」に過ぎない。

こうした観念化された「自然」からは、洪水や旱魃《d》や害虫やしもやけや肺炎は当然のように脱け落ちている。終戦直後、国敗れて山河はあり、そのときの空はたしかに今より碧く川は澄んでいた。しかし同時に冬は暖房もなく肺炎にかかればそのまま死を意味したし、しらみをはじめとする害虫類が伝染病を媒介し、雨は洪水を、旱魃は飢饉を意味し、子供達は毎冬しもやけとあかぎれに泣いた。

そうした状況から脱することに伴って払わなければならなかった対価の一つが、水俣病であり、四日市ゼンソクであった、ということは痛ましい事実である。そして②その事実は、当該企業のみならず、われわれの一人一人が自分の痛みとして噛みしめておかねばならない。だが、自然全般について言うなら、観念化された絵はがきの自然像には、自然のなかで生きている人間存在が欠落していることはたしかだ。

そしてこのことはただちに第二の点を探り当てる。それは、自然は、元来人間をもそのなかに含んだ概念だ、ということを、ともすればわれわれは忘れがちになる、という点である。日本では、老荘の「無為自然」を引くまでもなく、自然を「自然に放置された」「人為を加えない」ものと解釈する傾向がある。それゆえ、人間が自然に加えるいかなる改変も、それ自体本来悪となる、という形で、「自然」が絶対価値と見なされることにもなりかねない。だが、西欧的発想に立てば、人間も自然の一部(被造物)である以上、人間の営みだけを人為として自然から切り離すことを不自然と受け取る——自然と人間の存在的本質をきびしく区別したヨーロッパが、その場面では両者を融合的に取り扱う日本や東洋に対して、機能としての両者の本質を、後者よりも融合的に見なす、というのはパラドキシカル[*2]かもしれないが、③絶対的創造神の媒介を考えあわせれば、外見ほどこの事態はパラドキシカルではない。

よく言われるように、「文化」の西欧的起源は「耕す」ことである。人間を含まない「自然」は「耕す」ことはない。とすれば、「文化」は「自然」と対立させられることが多いが、実は、「文化」とは、人間を含む「自然」が果した自然な変容ではあっても、「自然」の外にあるものではない。とすれば、人間存在自体が必然的に「自然」を自然に変容させるのであって、言葉本来の意味での「バーバリズム」[*3]は、人間存在とともに、絶対不可能な虚辞となったのである。

すでに批判の対象とした種類の「反近代主義」は、この根本的な認識において欠けるところがある、というのが私の見解である。そしてその点で問われれば、④私は、あえて西欧的見解の側に立つと答えざるを得ない。そのことが、危機の克服にも有効だと信ずるからにほかならない。その意味では、一般の風潮に逆行するかに見えても、われわれはむしろ今日、人間の理性と意志によって、われわれの目的に向って自然を強力に支配するという西欧流の考え方を、もう一度――というよりもわれわれはこれまでに実は一度もそれを血肉化したことがなかったのだが――積極的に検討してみる必要があるのではないかとさえ思う。

現今の「反科学主義」に私が感ずる一種のいかがわしさのもう一つの根元は、意図するとせざるとにかかわらず、そこにある巨大な「マッチ・ポンプ」が潜んでいる、というところにある。⑤かつて地球上の一局地に過ぎなかった西欧文化圏は、自分達の掲げた松明が全世界を照らすようにと、非西欧圏の草原にもその火を放った、しかしその火の粉や煙が自分達を脅かすようになったとき、先進諸国はあわててポンプで水をかけ始めた、という現状認識は、必ずしも奇矯な解釈とは言えないだろう。実際のところ、MITのメドウズのティームが、ローマ・クラブの委嘱で一九七二年に発表した『成長の限界』[*4]に対して、多くの開発途上国から、一斉に非難の声があがったのも、先進諸国のこのようなマッチ・ポンプ的な御都合主義を彼らが直観的に感じ取った結果ではなかったろうか。

つまり、現時点での「反・科学技術政策」の採用は、開発途上国の「後進性」を現段階で凍結する、という対価において、先進諸国の「先進性」をも現段階で凍結——維持するという結果になるのである。これはやはりいかがわしいと言えないか。

しかし、だからと言って、すべての「反近代主義」を一視同仁に否定してしまうことができないのもたしかな事実である。今日われわれが直面している問題の基本的特徴は、それらが文字通り「グローバル」だという点である。エネルギー問題、環境汚染問題、人口問題、食糧問題、いずれを取り上げても、単に一つの限局された視点から判断したり、処理したりすることができない性格のものである。

その点を勘案すれば、われわれの執るべき道は、何よりもまず、つねに地球全体の規模でものを見据えなければならない。言ってみれば、先に私はそういう見方には与しないと述べたような自然観を日本人が備えがちであるということも、ブラジルが『成長の限界』的発想に極度に反発しているということも、その他諸々の共時的に地球上に存在する事態を、一望のもとに納めるだけの鳥の眼視角(バードアイ・ヴュウ)をもたなければならない。

だが、そういう⑥メタ地域的な鳥の眼視角は、もつだけでは不十分である。その視角から得られた知識を、従前のような時間貫通的な視角から得られた知識と協合させ、地球的な規模での自然制御に向わせなければならない。しかも、ここでも共時的感覚が必要になる。なぜなら、そのような地球的規模での自然制御の対象は、これまでの記述でも明らかなように、われわれが考えがちなあの人間の営みを含まない「自然」ではなく、また個人、家庭、地域住民などの小規模な人間を含むだけではなく、国家、民族、文化圏などの一切を包含した文字通り総体としての「自然」だからである。ここに要求される「文化」こそ、ある意味で、「自然」をも包み込む「文化」——これまでの「文化」が「自然」内的存在であったのに反して——言い換えれば、「超文化」

〈meta-culture〉とでも言うべきものであろう。

（村上陽一郎『近代科学を超えて』より）

（注）＊１　ラッダイト運動…機械制工場の発達に反発した手工業者による機械うちこわし運動。ラダイト運動ともいう。
＊２　パラドキシカル…逆説的な、矛盾するの意。
＊３　バーバリズム…野蛮な風習や行為のこと。また、ことさらに反文化的な行為を誇示する傾向を指す。
＊４　『成長の限界』…ＭＩＴ（マサチューセッツ工科大学）のメドウズ教授の研究グループがまとめた研究報告書。世界人口や工業化などが現在の成長率で続くと、一〇〇年以内に地球上の成長は限界点に到達すると警鐘を鳴らしている。

問１　二重傍線部ａ「脅かされず」、ｂ「与しない」、ｃ「肯んじない」、ｄ「旱魃」の読みをひらがなで答えよ。

問２　［ア］～［エ］のうち、次の一文を補うのに最も適当な箇所を選び、記号で答えよ。
それゆえにこそ、近代西欧の中心であった科学技術の普遍性、絶対性は揺いだことがなかった。

問３　傍線部①について、本文中においてこれに属する考えとして適当でないものをＡ～Ｅから一つ選び、記号で答えよ。

Ａ　観念化された自然像のもと、現代社会が抱える問題は科学技術がもたらしたとする考え。

B　西洋思想の問題点に固執し、東洋思想のよさばかりを見て東洋思想を賛美する考え。
C　現代の諸問題について、既得の科学的知識があればこそ警告を発し得るとする考え。
D　先進諸国の先進性と開発途上国の後進性を、現状のまま維持することにつながる考え。
E　自然はあるがままなすがままの存在であり、人為を加えるべきではないとする考え。

問4　傍線部②は、どのようなことを指しているか。四十字以内で説明せよ。

問5　傍線部③について、それはなぜか。その答えとして最も適当なものをA～Eから選び、記号で答えよ。
A　西洋思想ではこの世の創造主である神の住まう自然が絶対的存在で、人間は従属するものだから。
B　西洋思想において全てに君臨する絶対的存在の神の前では、自然も人間もその下僕に過ぎないから。
C　神が世界の統治者として人間を創造したとする西洋思想では、自然は人間が搾取すべき対象だから。
D　自然イコール神と考える西洋思想では、神に仕える人間は自然を重んじ大切にする責務があるから。
E　万物は神が作りたもうたとする西洋思想においては、自然も人間も神の創造物に違いはないから。

問6　傍線部④について、筆者がそのように言う理由を、本文の内容に沿って七十字以上八十字以内で説明せよ。

問7　傍線部⑤について、これと同じ内容を述べている部分を傍線部⑤より前の本文中から百字以上百二十字以内で抜き出し、始めと終わりの五字を答えよ(句読点含む)。

問8　傍線部⑥のような「視角」を持つべきだと筆者は述べているが、これはどういうことか。その答えとなる次の一文の空欄部分に当てはまる表現を本文中から二十五字以内で抜き出せ。

［　　　　　］ということ。

問9　本文における筆者の主張の説明として最も適当なものをA～Eから選び、記号で答えよ。

A　人間は自然に対していかなる改変も加えるべきではなく、自然と共存していく方策を学ぶべきである。
B　世界の人々が持つ様々な自然観や主張を踏まえた上で、全地球規模で自然を管理していくべきである。
C　自然は保護すべき対象であり、人間は身勝手な行動を自戒しながら有効な対策を考えていくべきである。
D　近代科学を頭から否定するのではなく、近代科学の良さを生かした社会のあり方を模索すべきである。
E　科学技術による恩恵を享受するだけでなく、それが公害を生み出したことを心に刻み続けるべきである。

（☆☆☆◎◎◎）

【二】次の文章を読んで、後の問に答えよ。（出題の都合上、一部本文を省略している。）

1「お母さまのいるところへ参りとう御座います。若《も》しひろい道に迷うことがあっても、羽根の生えた天使たちがいっぱいそこいらの林や花に遊んでいて、すぐあたしを案内してくれそうな気がいたします。お母さまがいらっしゃらなくなってから急にあたしは神さまを感じることが出来るようになりました。お母さまがただ土の寝床に眠っていられるとは思えないで、どうしても青空のどこか向うに在る天国でにこにこと生きていらっしゃるようなありありとしたお姿ばかり浮かびます。お母さま、どうぞ私を呼んで下さい。雨の日にはそれをお母さまの涙と思い、風の日にはそれをお声と思います。」

これは当時十三歳の郁子の追憶の日記である。——

2 X花の大好きだった母親の蒔いた種子が、春になって、母親の死とは無関係にぐんぐん育ってきた。

きょうも庭に出ていると、郁子はそれらの草花たちの中から母親の優しい手や静かなささやきが洩れてくるかと思う。花壇のなかを掘ってみたらお母さまのあたたかい血が通っていそうな気さえする。

丈夫でいらしった頃、いっしょにお風呂にはいると、

「ああ、いつのまにかこんなに育ってしまって……でもお前をみているとあたしに今一度若い日が繰返されるような気がする、何もあたしが語らないのに、お前はやっぱりあたしの少女のときのような眼つきで、あたしの考えていることを遠慮なく、いかにもたのしげに夢みているような、そんな気はいがするんですもの、お母さんに隠しごとをしては厭ですよ、もしもお前がそうしなければならないように思い込むことがあっても、あたしはきっと望遠鏡よりも近くお前の出来ごとを感じてしまうだろう、それがあたしに起ったと同じような感動や羞恥をもって——あたしの若さはお前にうつってしまったけれど、お前といっしょにもう一度どんな目にも遭ってみましょう、もしかしたらお前は、お母さんの見なかったようなことばかりおみせかもしれない、本当に、お前があたしを生かせているとでも云いたいくらい、お前はあたしの月日のようなものなのだから、……」

こんなようなことをおっしゃって郁子の背中を洗って下さる。もっと稚《おさな》いときに、——お風呂にはいるときより外には母親の乳房をみることの不可能なために、浴室は郁子にとって一番懐しい尊い場所のようにみえた。

【中略】

3 或寒い日の午後、不意に子供連れのお客様があった。aなんだか頭が痛いようだと云って寝台へ横になっていた母親は、じきに身じまいしてbさも元気そうに出てきた。そして郁子のみている前でしきりにその子供をもてなした。丁度郁子より一つ年下のその子は、平気で郁子の母親の愛撫をうけながらそれでもまだ足りないように、自分の母親と郁子の母親との母親同志の會話《かいわ》にはいるのを厭がって、いつまでも自分をかまっても

らいたそうに、

「ね、おばさま、こないだ山遊びにいったらば人攫《さら》いが出てきたの、」

　母親はつまみかけていたお菓子をよして、

「人攫いってどんなひとなの？」

「髪がもじゃもじゃでぼろぼろのマント着て、みんなの方をにらんでた、ね母さま？」

「あんなことばっかり云ってますの、私がよくお山の人攫いにやってしまうなどとおどかしたのが利いてるらしいんですよ、」

　そばで c その子の云うことを聴いていた郁子は、なんだかその子がわざとそんなことを云って母親たちからいたわられたがっているような気がして、憎らしいのでつんとしていた。そして、お母さまったら、なぜいつまでもそんな相手になっているのかしら、こう思ったので、

「ひと攫いなんかいないわよ、」

　あんまりその云い方が［　ア　］ようだったので、お母さまはちょっと恐い顔つきで、

「郁子さん……そうそう、新しい絵本でもみせておあげなさい、ふたりでお遊びなさいね、」

　d そう云われてもどちらからもその気になれずにいるように、少し［　イ　］ような表情でふたりは見合っていたが、郁子はお客さまたちが、今までお母さまの寝《やす》んでいたことを知らないので、いつまでも話しこんでいるのだと気がついたので、それと同時に、へんに［　ウ　］ような母親に自分の心配をも知らせてやろうと思って、

「お母さま、もう頭が痛いのなおったの？　そんなに起きてらしてひどくなったって知らないからいいわ、……」

案の定お客さまはびっくりし始めて、

「あら、お寝みのところだったのですか、まあお風邪気でいらっしゃるのに……」

「いいえ、」

母親は急に顔を赧《あか》らめながら、郁子の方を見もしないで、

「まあ本当にお喋りな子でして、ただちょっと横になっていただけですの、あなたがいらしって下さったのですっかり気がまぎれてなんだかもうなおってしまったようですの、」

こう云って俄かに今までより一層まめまめしく新しいお茶を入れ替えたりし出したので、郁子は少し淋しいような［ エ ］ような気持で、なんとかして①お母さまに自分の気持を届けたいと思うのであった。

それから母親同志は、子供の為にとんだ恥をかくということをしきりに説明し出した。べつに隠しておくというのではないけれど、云わなくてもいいようなこと、云っては少し困るようなことを、子供は敏感に探し出してすっかりあばいてしまう、もしかしたら子供は大人の困惑するようなことをちゃんと見抜いて、そこをねらっているような気さえすると云って、母親たちは今までになく生き生きと話しあっているのだ。

「……ですけれどあたくし、女の子はeコトにそういう点で意地わるなような気がしますの、うちのはまた野《や》蕃《ばん》人でしてわけもわからずお喋りをしまして……おたくのお嬢さまはおとなしくいらっしゃいますけれど、」

とうとうこんなことまで云って母親はちらっと郁子の方へ視線を向けた。そして、「怒っているんですよ」という合圖《あいず》のようなものをたびたび郁子に浴びせるのである。その上、もてなしにかこつけて、わざとその子の云うことにいちいち感心してみせたり驚いてみせたりし出した。やがてその子供の着ているジャケットが大変綺麗に編めていると褒め始めて、

「どら、ちょっと立ってよオくみせて頂戴、ほんとにお似合いだこと、可愛いこと、」

お母さまの何か云うたびにその子はいい気になって自分をみせびらかしながら、しまいには膝の上へ腰かけてお母さまの気がつかなかったほかの部分まで教えているようである。

「まあ重いこと、うちの郁子と同じくらいですわ、」

「いけませんよ、いつまでもおばさまにだかったりして――郁子さんをごらんなさいな、」

そうたしなめられると、不服そうに座蒲団の上へ戻った。それがまた一層お母さまを感心させてしまったらしい。

「すぐ云うことをおききになるのね、」

さもさも可愛い子だという風ににこにこし通しでみつめている。郁子は今ではすっかりその子を憎みながら、一刻も早く帰ってしまえばよいと思っているので、そんなことに少しも気をとられていないのを證拠《しょうこ》だてるように、一心に絵本を読み始めた。読んでいても本の中へときどきお母さまの言葉がはいってきて、郁子の気を散らしているのであったが。――

4 そのうち日の暮れ方になって庭の樹に風が立ってきた。まもなくお客様は帰り支度をし出して、思い出したようにお寝みちゅうのところをと詫びながら挨拶された。お母さまはやっぱり先刻と同じように顔を赧らめてしきりと云い訳をしながら、まるでそれがどんなに嘘であるかお知らせするというような態度で、風のあるつめたい外へいっしょに出ていって見送られた。郁子も不安そうに黙って母親のそばにいたが、もう帰ってしまうのだと思うとそんなことぐらいは許可してもいいように思えるのである。郁子とふたりだけになるとお母さまはいかにも口惜しそうな顔つきで、

「ほんとにみっともないじゃあありませんかお客さまに失礼なことをして、……」

しかし郁子は勝手にひとの家へきて寝ているお母さまを起したり、あたしの気持をわるくさせたりして、先

方の方がよっぽどわるいように印象しているのでそうは思えない。

「むやみにお喋りするんじゃなくってよ、」

「だってお母さま頭が痛いっておっしゃったんだもの、」

「そんなこと、ひとに云わなくてもいいんですよ、」

郁子が母親にもった心配なんか感じない風に、母親は云わば小さな自分に関する秘密のようなものが、子供の為にやぶられてしまったことを怒っているようである。郁子はいつもよりわるい顔色で不機嫌そうにしている母親をみると、なんとなくお母さまが減ってしまったように思われた、そしてそれは先刻のお客様の子供があんまりお母さまをいじったせいのように考えながら不安げに母親を見守っていた、今は全く母親が自分ひとりのものに還っているのを意識しながら。――

するとと母親は自信ありげに微笑んで、

「お母さまをほんのちょっとでもよそのひとに貸すことは出来ないのね郁子は、」
②そう云われると郁子は初めてあの子供から抱かせられていた不安の跡がわかったように、そしてそれを母親に知られるのは不名誉なような気がしたので、いそいで自分の部屋へ逃げていった。あの子供がもっと美しくなかったらいくらでも快く母親を貸せるように思い出しながら……

5 かかる思い出の幾場面かが、郁子の頭のなかで花のような美しさを描き出すようになったのは、母親を喪ってから殆どその悲しみがうすらいだと思えるくらい月日が経っていた。それにもかかわらず日毎に母親の像は新しく、生きていらしった頃のあの天国のようなたのしさを漂わせながら尚も郁子を悲しませる。どうかすると、郁子はいつまでも自分を慕わせる母親がわずらわしいような気さえし出して、

「お母さまがもっといやなかただったら、あたしはまだしあわせかもしれないのに、」

或ときもうっかりそんな言葉を口に出してしまうと、父親は打消して、

「そんなことを云い出せば生まれたままの赤児のときよりほかにしあわせはなくなってしまう、今度はお前がしあわせを作るのだ、」

「あたしにそんなことが出来るかしら、」

郁子は疑わしそうにつぶやいていたが、父親が自分の裡《うち》に若き頃の母親を発見し出してそれに期待しているのではないかと思うと、うつされた母の俤《おもかげ》が却って自分を苦しませるような思いがした。

幼いときのたとえいっときでも母親のあらゆる愛情のようなものが、自分のそばを離れるのをこばんだあの欲望や不安の中には、それがたとえ父親であろうともfヨウシャをしない烈しさを潜ませていたのに、そんな感情は母親の死といっしょに久しく郁子からも失われてしまっていたが、今、こうやって曾ての母親のかもし出していた囲みの中にじっとしていると、③なんだか母親と十八になった自分とが父親の眼の前で競っているかのような感情が湧いてくるのである。

郁子はいつまでもそうしていることが耐え難いようになってきたので、何気なく庭へ出てゆきながら、

「花壇もだいぶ荒れてますわ、まあ、花ぐらいg現金なものはないんですもの、ちょっとあたしがかまわなければすぐこの通りきたなくなるんですもの、」

「花ばかりではないさ、」

父親もいっしょになって草花をみつめ出していたが、その眼の中には訴えるような勢いをもって人間や世の中や愛情や死に対してもそう云っているようだ。Y郁子は母親のたがやした地面に立っていると、土のひと粒ひと粒がお母さまの芽かと思われる。やっぱりどうもがいても母親の視線から逃げることの出来ないのを気

にかけながら、いつまでも黙って花を凝視していた。……

（中里恒子『天国』より）

問1　次の(1)～(3)に答えよ。

(1)　二重傍線部a「なんだか」、b「さも」、c「その」、d「そう」の中で、品詞の異なるものを選び、記号で答えよ。

(2)　二重傍線部e「コトに」、f「ヨウシャ」を漢字に直せ。

(3)　二重傍線部g「現金な」の意味として、最も適当なものをA～Dから選び、記号で答えよ。

A　利益を得るためには、なりふり構わないさま。

B　何物にも代えられない高い価値を持つものを大切にするさま。

C　利益を得るために、相手の利益を損なうことも厭わないさま。

D　目先の利益によって、すぐに考えや態度を変えるさま。

問2　［ア］～［エ］にあてはまる語句をA～Fから選び、記号で答えよ。

A　誇らしい　B　探りあう　C　うらめしい　D　投げつける　E　驚いた

F　浮き浮きしている

問3　傍線部①の「気持」とはどのような気持ちか。十字程度で答えよ。

問4　傍線部②について、この時の郁子の心情を八十字以内で答えよ。

問5　傍線部③はどのような思いを表しているか。最も適当なものをA～Eから選び、記号で答えよ。

A　妻を亡くして気落ちしている父親を慰めるためには、常に母親のように振る舞わなければならない気がして、母親の俤を邪魔なものに感じている。

B　父親が考えるしあわせというのが、若き頃の母親のように生きることだと言われているような気がして、母親の俤に縛られているような気持ちになっている。

C　若き頃の母親をしあわせだったとはとても思えず、自分にうつされた母親の俤を感じるたび、同じような生き方をしてしまうのではないかと不安になっている。

D　父親が常に母親と自分を比べて、母親のよいところをさらに見習うよう期待している気がして父親と一緒にいることを生きづらく感じている。

E　いつまでも父親のそばにいて、母親の代わりに愛情深く温かい家庭の雰囲気を作り上げる存在でい続けることを期待され、息苦しさを覚えている。

問6　波線部X、Yの表現からわかる郁子の思いを六十字以上八十字以内で説明せよ。

問7　この文章の叙述の説明として適当なものを、A～Eから二つ選び、記号で答えよ。

A　[1]、[5]に出てくる「天国」とは、幼い頃の母親とのしあわせな日々を指しているのと同時に、亡くなった母親がいる場所へ早く行きたいと切に願いながら生きている郁子の心情を象徴的に表現している。

B　[2]は複数の文を読点でつなぐことで、あふれ出るような母親の心情を表現し、その思いが郁子の心に深く刻まれていることを効果的に示している。

C　[3]では、「恐い顔つき」「『怒っているんですよ』という合圖のようなものをたびたび郁子に浴びせるのである」といった郁子の目線から見た母親の冷ややかな様子が印象的に表現されている。

D　[4]では、郁子の行動と内面の描写が倒置表現で描かれ、会話文には表出されていない郁子の本音の部分をより印象づけている。

E　それぞれの場面の最後に「――」や「……」を用いることで、その前後で登場人物の内面がはっきりと変化していることを表現している。

（☆☆☆◎◎◎）

【三】次の文章を読んで、後の問に答えよ。（出題の都合上、一部本文を省略している。）

今は昔、駿河前司《するがのぜんじ》橘 季通《たちばなのすゑみち》が父に、陸奥前司《みちのくのぜんじ》則光《のりみつ》といふ人ありけり。兵《つはもの》の家にはあらねども、人に所置かれ、力などぞいみじう強かりける。世のおぼえなどありけり。

若くて、衛府《えふ》のa蔵人にぞありける時、[*1]殿居所《とのゐどころ》より女のもとへ行くとて、太刀ばかりをはきて、小舎人童《こどねりわらは》をただ一人具して、[*2]大宮を下りに行きければ、大垣の内に人の立てる気色のしければ、恐ろしと思ひて過ぎける程に、[*3]八九日の夜更けて、月は西山に近くなりたれば、西の大垣の内は影にて人の立てらんも見えぬに、大垣の方より声ばかりして、「あの過ぐる人まかり止れ。公達のおはしますぞ。え過ぎじ」といひければ、①「さればこそ」と思ひて、すすどく歩みて過ぐるを、「おれは、さてはまかりbなんや」とて、走りかかりて物の来ければ、うつぶきて見るに、弓のかげは見えず、太刀のきらきらとして見えければ、木にはあらざりけりと思ひて、かい伏して逃ぐるを、追ひつけて来れば、「頭打ち破《わ》られぬ」と覚ゆれば、にはかに傍らざまにふと寄りたれば、追ふ者の走りはやまりて、えとどまりあへず、先に出でたれば、過《すご》し立てて、太刀を抜きて打ちければ、頭を中より打ち破りたりければ、うつぶしに走り転《まろ》びぬ。

「ようしつ」と思ふ程に、「あれはいかにしつるぞ」といひて、また物の走りかかり来れば、太刀をもえさしあへず、脇に挟みて逃ぐるを、「けやけきやつかな」といひて走りかかりて来る者、初めのよりは走りのとく覚えければ、「これは、②よもありつるやうには謀られじ」と思ひて、にはかにゐたりければ、走りはやまりたる者にて、我にけつまづきて、うつぶしに倒れたりけるを、ちがひて立ちかかりて、起し立てず、頭をまた打ち破りてけり。

「今はかく」と思ふ程に、三人ありければ、今一人が、「さてはえやらじ。けやけくしていくやつかな」とて、執念《しうね》く走りかかりて来ければ、「この度は、我はあやまたれcなんず。神仏助け給へ」と念じて、太刀を桙《ほこ》のやうに取りなして、走りはやまりたる者に、にはかにふと立ち向ひければ、はるはるとあはせて、走り当りにけり。やつも斬りけれども、余りに近く走り当りてければ、衣だに斬れざりけり。桙《ほこ》のやうに持ちたりける太刀なりければ、受けられて中より通りたりけるを、太刀の柄を返しければ、のけざまにたうれたりけるを斬りてければ、太刀持ちたる腕《かひな》を肩より打ち落してけり。

さて走り退きて、③「また人やある」と聞きけれども、人の音もせざりければ、走り舞ひて、中御門の門より入りて、柱にかい沿ひて立ちて、小舎人童はいかがしつらんと待ちければ、童は大宮を上りに泣く泣く行きけるを呼びければ、悦びて走り来にけり。殿居所にやりて、着替取り寄せて着替へて、もと着たりける上の衣、指貫には血の付きたりければ、童して深く隠させて、童の口よく固めて、太刀に血の付きたる、洗ひなどしたためて、殿居所にさりげなく入りて臥しにけり。

夜もすがら、「我がしたるなど聞えやあらんずらん」と、胸うち騒ぎて思ふ程に、夜明けて後、物ども言ひ騒ぐ。「大宮大炊《おほひ》の御門《みかど》辺に、大きなる男三人、いく程も隔てず斬り伏せたる、あさましく使ひたる太刀かな。かたみに斬り合ひて死にたるかと見れば、同じ太刀の使ひざまなり。敵のしたりけるにや。されど、盗人と覚しきさまぞしたる」などいひののしるを、殿上人ども「いざ、行きて見て来ん」とて誘ひて行けば、④「行かじはや」と思へども、行かざらんもまた心得られぬさまなれば、しぶしぶに往ぬ。

車に乗りこぼれて、やり寄せて見れば、いまだともかくもしなさで置きたりけるに、年四十余りばかりなる男のかづら鬚《ひげ》なるが、無文《むもん》の袴に紺の洗ひざらしの襖《＊4あを》着、山吹の絹の衫《＊5かざみ》よくさらされたる着たるが、猪のさかつらの尻鞘《しりざや》したる太刀はきて、猿の皮の足袋に、沓《くつ》きりはきなして、脇を掻き、指《および》をさして、と向きかう向き、物いふ男立てり。

「何男にか」と見る程に、d雑色の寄り来て、「あの男の、盗人敵にあひて、つかうまつりたると申す」といひければ、「うれしくもいふなる男かな」と思ふ程に、車の前に乗りたる殿上人の、「かの男召し寄せよ。子細問はん」といへば、雑色走り寄りて、召しもて来たり。見れば、かづら鬚にて、頤《＊6おとがひ》反り、鼻下《さが》りたり。赤鬚なる男の、血目《ちめ》に見なし、片膝つきて、太刀の柄に手をかけてゐたり。

「いかなりつる事ぞ」と問へば、「この夜中ばかりに、物へまかるとて、ここをまかり過ぎつる程に、物の三人、『おれはまさに過ぎなんや』とて、走り続きてまうで来つるを、盗人なめりと思ひ給へて、あへ競《くら》べ伏せて候ふなり。今朝見れば、なにがしをみなしと思ひ給ふべきやつばらにて候ひければ、敵にて仕りたりけるなめりと思ひ給ふれば、しや頭どもをきつて、かく候ふなり」と、⑤立ちぬゐぬ、指をさしなど語り居れば、人々、「さてさて」といひて問ひ聞けば、いとど狂ふやうにして語りをる。その時にぞ、人に譲りえて、面もたげられて見ける。「気色やしるからん」と、人知れず思ひたりけれど、[　ア　]と、老いて後に、子どもにぞ語りける。

（『宇治拾遺物語』より）

（注）＊1　殿居所……宮中の警護と夜間の緊急事態に対応するために、大臣などが宿直する所。

＊2　大宮……東大宮大路。

＊3　八九日…八日九日。月の初旬で、月の出入りは早い。
＊4　襖………裏付きの狩衣。
＊5　衫………汗取りのための短い単衣。
＊6　頤………あご。

問1　二重傍線部a～dについて、次の(1)、(2)に答えよ。
(1)　a「蔵人」、d「雑色」の読み方をひらがなで答えよ。現代仮名遣いでもよい。
(2)　b・cの「なん」の文法的説明として最も適当なものをA～Fからそれぞれ選び、記号で答えよ。
A　強意の係助詞「なん」
B　願望の終助詞「なん」
C　強意の助動詞「ぬ」に推量の助動詞「ん(む)」が接続したもの
D　強意の助動詞「ぬ」に推量の助動詞「んず(むず)」の一部が接続したもの
E　打消の助動詞「ず」に推量の助動詞「ん(む)」が接続したもの
F　ナ行変格活用動詞の活用語尾に推量の助動詞「ん(む)」が接続したもの
問2　傍線部①について、だれがどう思ったのか。簡潔に答えよ。
問3　傍線部②「よもありつるやうには謀られじ」、③「また人やある」、⑤「立ちぬゐぬ」を口語訳せよ。
問4　傍線部④について、則光はなぜそのように思ったのか。その理由を三十字以内で説明せよ。
問5　ア　にあてはまる表現として最も適当なものをA～Eから選び、記号で答えよ。
A　我と名のる者の出で来たりければ、それに譲りてやみにし

B　我こそしたりけると、思はず声をあげて名のり出でにし
C　我がしたることと思ひしは、あやまちなりと悟りける
D　我と名のる者を捕らえて、偽りなることを申させにけり
E　我を救ひし恩人の顔を覚えて、後にぞその恩に報ひたる

問6　本文の描写に関する説明として最も適当なものをA～Eから選び、記号で答えよ。

A　前半では、主人公を襲う盗賊一味の視点から斬り合いに至るまでの過程が丁寧に表現されるとともに、主人公によって返り討ちに合う盗賊の悲哀が克明な描写で示され、読む者の心をとらえている。

B　前半では、盗賊との斬り合いの経緯が精密にかつスピード感に富んだ描写で示されるとともに、追い立てられる主人公の心情もその言動を中心に如実に表現され、読む者に緊迫感を与える展開になっている。

C　後半では、想像だにしない現実に直面して揺れ動く主人公の葛藤が丁寧に描かれるとともに、最後はにわかに現れた人物の手助けで事なきを得ることができた主人公の安堵が読む者にも伝わってくる。

D　後半では、自分が盗賊を斬り伏せたことを知る人物によって窮地に立たされる主人公の様子が緊張感のある筆致で描かれるとともに、それでも自分を失わず冷静に対処する主人公の沈着さが読む者を魅了する。

E　後半では、すべての事実を承知している読者の目線で物語が展開するとともに、主人公と他の人物との言動が対比的にかつ淡々と示され、読む者に対してこの物語の滑稽さがより強調されるようになっている。

（☆☆☆◎◎◎）

【四】次の文章を読んで、後の問に答えよ。（出題の都合上、旧字体を改め、一部訓点を省略している。）

漢ノ末、零陽郡太守[*1]史満ニ有レリ女。悦ブ二門下ノ書佐[*2]一ヲ。乃[a]密カニ使三①侍[*3]婢取二書佐盥[*4]レ手残水一。飲レムニ之ヲ、遂ニ有レリ妊ムコト。已ニシテ而生レム子ヲ。至ル二ニ能[b]行一クニ、太守令二メ抱レキテ児ヲ出一サ、使レム求二メ其ノ［ア］一ヲ。児ハ匍匐《ほふく》シテ直チニ入ル二書佐ノ懐中一ニ。書佐推レスニ②之ヲ、仆《たお》レテ地ニ化シテ為レル水ト。窮[*5]二問スルニ③之一ヲ、具サニ省《つまびらか》ニス二④前事一ヲ。遂ニ以レテ女ヲ妻《めあわ》セリ二書佐一ニ。

（『捜神記』より）

（注）＊1　太守……官名。郡の長官。
＊2　書佐……官名。文書を管理する補佐官。書記。
＊3　侍婢……侍女。
＊4　盥……「洗う」の意。「洗」と同義。
＊5　窮問……問いつめる。

問1　二重傍線部a「乃」、b「能」の読みを、送り仮名を補って答えよ。現代仮名遣いでもよい。
問2　傍線部①について、送り仮名を補いながら書き下し文に直せ。

問3 ［ア］にあてはまる漢字一字を答えよ。

問4 傍線部②・③の「之」が指すものを、それぞれ文中の語句を抜き出して答えよ。（送り仮名は不要。）

問5 傍線部④はどのようなことを指しているか。本文に即し、四十字以内で説明せよ。

（☆☆☆◎◎◎）

【五】国語科学習指導について、次の問に答えよ。

問1 次のⅠは中学校学習指導要領(平成二十九年告示)「第2章第1節国語」、Ⅱは高等学校学習指導要領(平成三十年告示)「第2章第1節国語」の一部である。文章中の［ア］〜［カ］にあてはまる語句を後の語群より選び、記号で答えよ。

Ⅰ 中学校学習指導要領

目標

言葉による［ア］を働かせ、［イ］を通して、国語で正確に理解し［ウ］に表現する［エ］を次のとおり育成することを目指す。

(1) 社会生活に必要な国語について、その特質を理解し適切に使うことができるようにする。

(2) 社会生活における人との関わりの中で伝え合う力を高め、思考力や［オ］を養う。

(3) 言葉がもつ［カ］を認識するとともに、言語感覚を豊かにし、我が国の言語文化に関わり、国語を尊重してその能力の向上を図る態度を養う。

（語群）
A　適切　B　力　C　見方・考え方　D　価値
E　想像力　F　表現力　G　判断力　H　主体的
I　資質・能力　J　言語活動　K　特性　L　生活
M　読解力　N　意味　O　的確　P　知識・技能

Ⅱ　高等学校学習指導要領

目標
言葉による［　ア　］を働かせ、［　イ　］を通して、国語で的確に理解し［　ウ　］に表現する［　エ　］を次のとおり育成することを目指す。
(1)　生涯にわたる社会生活に必要な国語について、その特質を理解し適切に使うことができるようにする。
(2)　生涯にわたる社会生活における他者との関わりの中で伝え合う力を高め、思考力や［　オ　］を伸ばす。
(3)　言葉のもつ［　カ　］への認識を深めるとともに、言語感覚を磨き、我が国の言語文化の担い手としての自覚をもち、生涯にわたり国語を尊重してその能力の向上を図る態度を養う。

（語群）
A　効果的　B　日本語　C　見方・考え方　D　価値
E　想像力　F　表現力　G　判断力　H　主体的
I　資質・能力　J　言語活動　K　特性　L　生活
M　読解力　N　意味　O　力　P　知識・技能

問2 「話すこと・聞くこと」の指導のために「説得力のあるプレゼンテーションをしよう」という単元を設定し、「我が町のよさを観光客にアピールしよう」というテーマで、グループごとにプレゼンテーションをすることにした。後の(1)～(4)に答えよ。なお、現行の学習指導要領に示された本単元の重点指導事項は次の通りである。

中学校第二学年…　ウ　目的や状況に応じて、資料や機器などを効果的に活用して話すこと。

高等学校第一学年…国語総合　イ　目的や場に応じて、効果的に話したり的確に聞き取ったりすること。

〔図1　学習の流れ〕

① 学習の見通しを持つ。
② グループの提案内容を決める。
③ 多様な方法で情報を集める。
④ 情報を整理して、話の構成を考える。
⑤ プレゼンテーションと質疑応答を行う。
⑥ 各グループの提案について評価し合う。
⑦ 学習を振り返る。

〔図２　教師が初めに示した提示資料の例〕　**1**～**5**は提示した順番を示す

1

　地域の商店街の方たちにアンケート調査を行い、困っていることを聞いてみた。

　一番多かったのは、若者を呼べる観光スポットが少ないこと。二番目は観光資源はあっても、どうアピールすればよいのかアイディアがないこと。三番目は…………

2

　私たちの町について調べてみてわかったことは、非常に神社仏閣が多く、しかもそれぞれの神社仏閣には、季節によって異なる見所があるということだった。そこで地域の特産品であるお茶と和菓子と、この見所を組み合わせるということを、私たちの班は思いついた。

3

　資料を調べると、各神社仏閣には季節の花が植えられており、写真で見てもとても美しい。

　春はＡ神社の樹齢百年のしだれ桜、夏はＢ寺の庭一面の紫陽花、秋はＣ神社の菊まつり、冬はＤ寺の椿といったように、知る人ぞ知る名所であることがわかった。

4

　町の和菓子店で売られている季節の花をかたどった生菓子には以下のようなものがあった。Ｅ和菓子店の「寒椿」「桜衣」、Ｆ本舗の「紫の雨」（紫陽花）、Ｇ菓子店の「菊の香」など、伝統的な美しい造形と色彩が印象的である。

5

　季節の花が満開の時期に、それぞれの神社仏閣で気軽に誰でも行けるお茶会を開催することを提案したい。

　花をかたどった和菓子と実際の美しい花とのコラボレーションは、若者たちがＳＮＳで発信する格好のネタになるに違いない。

〔図3　教師が二番目に示した提示資料の例〕　■1～■5は提示した順番を示す

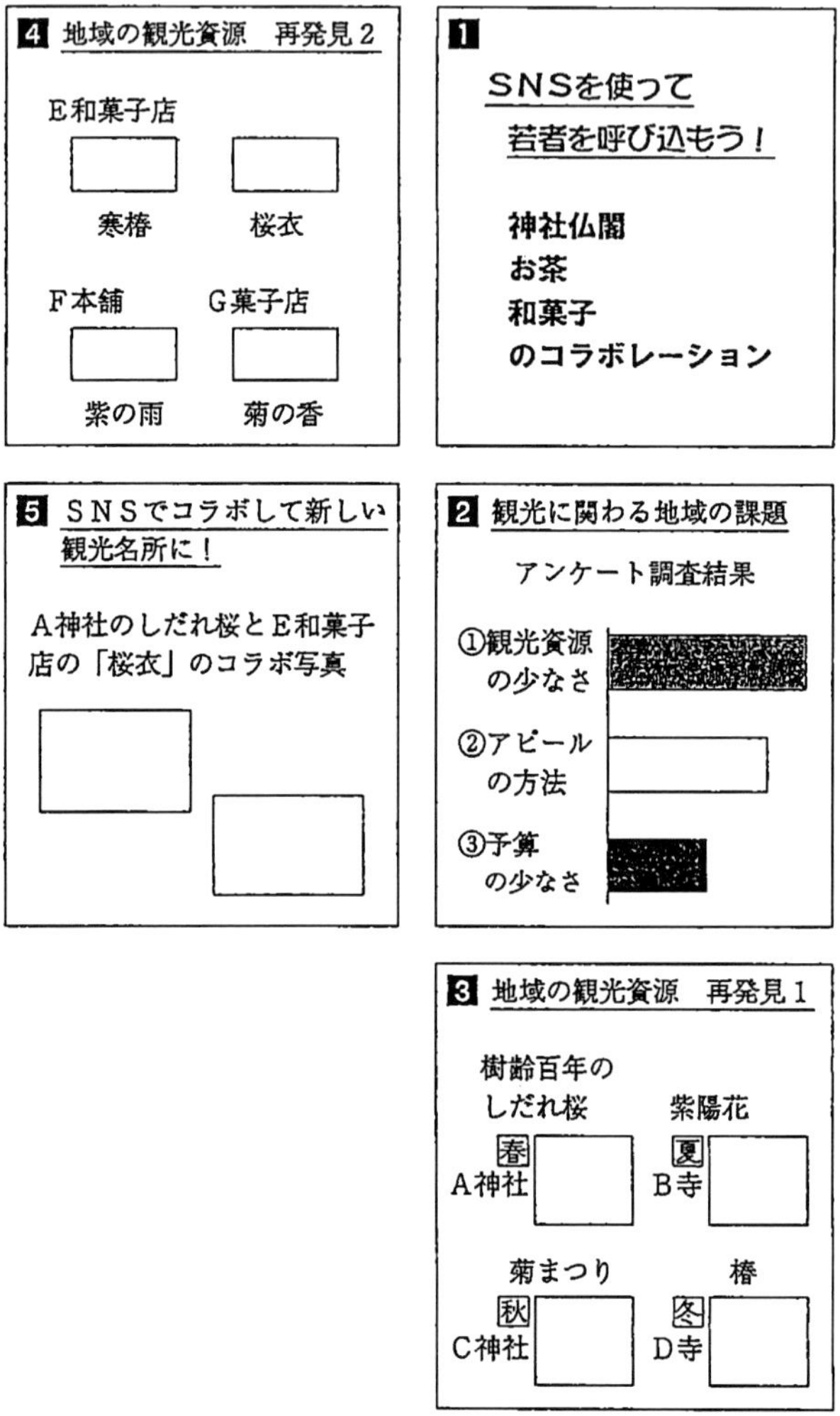
1
SNSを使って
若者を呼び込もう！
神社仏閣
お茶
和菓子
のコラボレーション
2 観光に関わる地域の課題
アンケート調査結果
①観光資源の少なさ
②アピールの方法
③予算の少なさ
3 地域の観光資源　再発見1
樹齢百年のしだれ桜
紫陽花
春
A神社
夏
B寺
菊まつり
椿
秋
C神社
冬
D寺
4 地域の観光資源　再発見2
E和菓子店
寒椿
桜衣
F本舗
G菓子店
紫の雨
菊の香
5 SNSでコラボして新しい観光名所に！
A神社のしだれ桜とE和菓子店の「桜衣」のコラボ写真

(1)　〔図1　学習の流れ〕①において、効果的な資料の提示について生徒に考えさせるために、教師が初めに〔図2〕の提示資料を使い、次に〔図3〕の提示資料を使ってプレゼンテーションを行った。これを通じて生徒に気づかせたかった点について、［　ア　］～［　カ　］にあてはまる語句を答えよ。
・提示資料の一枚目では、まず［　ア　］を端的に示し、二枚目以降の説明で根拠を［　イ　］立てて示すなど、一目でわかる工夫をするとよい。
・アンケート調査の結果や調査内容を示すときは、［　ウ　］にまとめたり、［　エ　］を使ったりして示すと、視覚に訴えることができ、伝わりやすい。
・これらの提示資料は、［　オ　］や［　カ　］などの機器を活用したり、提示するタイミングを工夫したりして、印象に残る演出をする。

(2)　〔図1　学習の流れ〕③、④において、図書館の資料から提示資料に引用する場合、生徒に留意させることを二つ答えよ。

(3)　〔図1　学習の流れ〕⑤、⑥において、生徒に示すポイントとして正しいものをA～Eからすべて選び、記号で答えよ。

A　聞き手の反応を見て、説明原稿を変更したり、提示資料を出すタイミングを変えたりしない方がよい。

B　質疑応答において、聞き手が知りたいと思うことは、自分たちの提案に不利な内容であっても率直に答えた方がよい。

C　相手を説得することが大切なので、聞き手の反応がよい場合は時間を少し延長してでも詳しく説明した方がよい。

D　本番のプレゼンテーションの前にリハーサルを行うと臨機応変な話し方が損なわれるので、やめた方がよい。

E　テーマによっては、最新の機器を使うよりも、模造紙やフリップなどを使った手書きの方がよい場合もある。

(4)　〔図1　学習の流れ〕⑦において、総合的な学習(探究)の時間との関連を生徒に考えさせた。「主体的・対話的で深い学び」を実現する観点からその意義を説明せよ。

(☆☆☆◎◎◎)

解答・解説

【中高共通】

【一】問1　a　おびや(かされず)　b　くみ(しない)　c　がえ(んじない)　d　かんばつ　問2　ウ　問3　C　問4　災害や病気を予防するために発達した科学技術によって、公害が生じてしまったこと。(三十九字)　問5　E　問6　人間は自然に含まれるもので人間が自然を変容させる行為もまた自然であり、むしろ人間が自然を支配するという西欧的な考えが現代社会の諸問題の克服に有効だと考えるから。(八十字)　問7　空間的に見～えてきた。(百二十字)　問8　地球全体の規模でものを見据えなければならない(二十二字)　問9　B

〈解説〉問1　「脅かす」、「肯んじる」は送り仮名に注意。「与する」は味方する・同意するの意味。「旱魃」、「干魃」は読みも意味も同じ。　問2　ウの直前に、あらゆる非西欧文化圏を近代化・西欧化するという価値観を

「地球全体が等しく共有化していた」とあり、脱落文につながる。　問3　反近代主義は自然や東洋思想を賛美し、科学技術を否定するものであって「既得の科学知識」を肯定するCは合致しない。　問4　傍線部の段落とその直前の段落の内容をまとめる。　問5　同じ段落に「人間も自然の一部(被造物)」とある。どちらも絶対的創造神による創造物であるということ。　問6　直前の段落とその前の段落の内容をまとめる。
問7　第三段落の「それればかりではなく、空間的に～」の一文が答え。字数制限に合わせてまとめる。
問8　直前の段落に注目。　問9　最後の段落に「地球的な規模での自然制御」と繰り返し書かれている。

【二】問1　(1)　c　(2)　e　殊(に)　f　容赦　(3)　D　問2　ア　D　イ　B　ウ　F　エ　C　問3　母親を心配する気持ち。(十一字)　問4　母親の体調を気遣っていたつもりの言動が、母親をとられたくない嫉妬心からのものだったと気づき、それを母親に見透かされるのは恥ずかしいという心情。(七十一字)　問5　B　問6　死後もなお母親に対する切なる慕情を抱きながらも、一心同体であるかのような母娘の強い結びつきからは決して逃れることができないのだという束縛も感じている。(七十五字)
問7　B・D

〈解説〉問1　(1)「なんだか」、「さも」、「そう」は副詞、「その」は連体詞。　(2)「殊に」はとりわけ、その上の意味。形の似た「珠」などに注意。「赦」を用いた熟語には「赦免」、「特赦」などがある。　(3)「現金な」は、利害や都合によって簡単に態度を変えること。　問2　アは、郁子が来客の子供に苛立ち、つっけんどんな態度を取っていることを読みとる。イは、子供たち同士は仲が良くなく、ぎこちない様子である。ウは、「さも元気そう」、「今までより一層まめまめしく」から読みとる。エは、郁子は「自分の心配を知らせてやろう」と母親の体調を話題に出したのに、取り合ってもらえないのである。　問3　母親が直前まで横になっていたのを知っているのは郁子だけで、自分が心配していることを母親に知らせたがっている。問4　母親を心配するそぶりを見せながら「お客様の子供があんまりお母様をいじったせい」、「あの子供がもっと美しくなかったら」から母親への独占欲が見え隠れしており、それを母親に言い当てられている。問5　直前の段落に「父親が自分の裡に若き頃の母親を発見し出してそれに期待しているのではないか」とある。問6　郁子は母親に強い愛着を持っている反面、母が死んでもその影響から逃れられない息苦しさを感じている。問7　Bにあるように、2の大半を占める母の言葉は読点を多用し、たたみかけるような感じを表現している。また、Dにある通り、4では「不安げに母親を見守っていた～意識しながら」、「自分の部屋へ逃げていった～思い出しながら」のような倒置法が多用されている。

【三】問1 (1) a　くらうど　d　ざふしき　(2) b　C　c　D　問2　則光が、やはり盗人が襲ってきたのだと思った。問3　②　まさかさっきのようなやり方では引っかからないだろう。③　ほかに人がいるか。⑤　立ったり座ったり、問4　自分が三人の男を斬ったことを悟られるのが怖かったから。(二十七字)　問5　A　問6　B

〈解説〉問1 (1) aの「蔵人」は朝廷に仕える官人。bの「雑色」は蔵人所の下級官人。本問の解答は現代仮名遣い可となっているので「くらんど」、「くろうど」、「ぞうしき」でもよい。(2) bの「なん(なむ)」は、強意の助動詞「ぬ」の未然形に推量の助動詞「ん(む)」がついたもので、強い推量(～にちがいない)を表す。cは強意の助動詞「ぬ」の未然形に推量の助動詞「んず(むず)」の一部がついたもの。直後に「ず」とあることから判断。問2「さればこそ」は案の定、やはりの意味。怪しい気配に用心していたところ、声をかけられたのでこう思ったのである。問3　②は一度はうまく相手を罠にはめられたが、次の相手は前より手強そうなので「さっきのようにはいかない」と考えている。③の「や」は疑問の係助詞。「まだ人(敵)がいるだろうか」と警戒している。⑤は「立ちぬ」＋「居ぬ」で、立ったり座ったり。　問4　則光は昨晩三人の男を斬っており、現場に行くのは気が進まなかったのである。　問5　盗人を斬ったのを知られたくなかったところに「自分がやった」と言いふらす男がいたので、そのままにしたのである。　問6　「かい伏して逃ぐる」、「太刀の柄を返しければ」のように具体的な描写で斬り合いの様を精密に描くとともに「ようしつ」、「神仏助け給へ」のような則光の心情が簡潔かつリアルに書かれ、緊迫感を盛り上げている。

【四】問1　a　すなはち　b　よく　問2　侍婢をして書佐の手を盥ひし残水を取らしむ。　問3　父
問4　②　児　③　女　問5　思いを寄せていた書記官が手を洗った後の水を飲んだところ、妊娠したこと。(三十五字)
〈解説〉問1　aの「乃」の読みは「すなは(ち)・なんぢ・の」。ここでは「すなはち」。bの「能」は漢文では「よ(く)」と読まれることが多い。　問2　「使～…」は「～ヲシテ…しム」と読んで、「～に…させる」という使役形になる。　問3　書記官が手を洗った水を飲んだ女が妊娠し子を産んだ。奇怪な話ではあるが、書記官が子の「父」ということになる。　問4　状況をまとめる。書記官が之(子＝児)を押し返したところ、子は水になった。そこで之(女)を問い詰めたのである。　問5　問い詰められた女が明かした内容である。

【五】問1　ア　C　イ　J　ウ　A　エ　I　オ　E　カ　D　問2　(1)　ア　提案内容
イ　柱　ウ　図表　エ　写真　オ　パソコン　カ　実物投影機　(2)　・自分の考えと他人の考えを明確に区別するために、かぎ(「　」)でくくること。　・出典を明示すること。　(3)　B・E　(4)　国語

科で身につけた資質・能力を総合的な学習(探究)の時間で活用・発揮する見通しを持つことで、社会の中で生きて働く力として、より質の高い深い学びにつなげることができる。

〈解説〉問1　学習指導要領の「目標」は頻出である。必ず目を通しておくこと。　問2　情報を整理しわかりやすく伝えるということの要点をおさえる。ゼミや学会の発表、企業のプレゼンテーションを念頭に置くとイメージしやすい。

二〇一九年度　実施問題

【中高共通】

【一】次の文章を読んで、後の問に答えよ。（出題の都合上、一部本文を省略している。）

懐かしいにおいというのは、誰にでもあるらしい。そんなことをいうと懐かしい風景や懐かしい音楽だってある。そういわれそうである。しかし、①においには、その懐かしさがなぜかきわめて強くないだろうか。プルーストの『失われた時を求めて』の中にも、それをはっきり表現した文章がある。

「しかし、古い過去から、人々が死に、さまざまな物が崩壊したあとに、存続するものが何もなくても、ただ②匂と味だけは、かよわくはあるが、もっと根強く、もっと形なく、もっと執拗に、もっと忠実に、魂のように、ずっと長いあいだ残っていて、他のすべてのものの廃墟の上に、思いうかべ、待ちうけ、希望し、匂と味のほとんど感知されないほどのわずかなしずくの上に、たわむことなくささえるのだ、回想の巨大な建築を。」

（井上究一郎訳）

快い匂い、嫌な臭いというのは、きわめて強烈なことが多い。快い匂いから、わが国では香道[*1]が生じ、西洋では香水産業が発達した。歴史上、香料はじつにインドへの道を開いたのである。嫌な臭いからは誰でも逃げ出す。私だって逃げる。イタチやスカンクはそれを利用する。最大の嫌がらせは、他人の家に嫌な臭いをまくことである。

動物としてのヒト、あるいは広い意味で脊椎動物の感覚という面から見ると、③嗅ぐ、見る、聞くというのは、三つの主要な遠隔感覚である。遠隔というのは、［ア］、ということである。この三つの特殊な感覚の中で、嗅覚だけが異なっている点はどこか。一つは嗅覚を生じるものが、物質そのものだということである。視覚は光という電磁波、聴覚は音という空気の振動を捕らえる。しかし、においは、分子そのものが鼻に飛び込んで嗅覚を起こす。この点では、同じ遠隔感覚といっても、嗅覚がもっとも直接の近接感覚に近い面を残す。

しかし、ヒトの嗅覚の特殊性は、おそらくそういう点ではない。「自分では意識しないのに」嗅覚がヒトに強い影響を与える、という面であろう。たとえば、香水を考えてみよう。いったい香水を嗅いで、われわれはどんな影響を受けるのか。それがなかなか「理屈」にならない。しかし香水産業というのは、たいへん大きなものである。空港を見たらそれがわかる。大勢の人が、香水を買おうとして免税店の周囲に集まる。だから、香水は人間に多大の影響を与えているはずなのである。でもいったいどんな？

音楽を論じた書物はずいぶんある。絵画を論じたものもある。しかしにおいというものは、そういう形ではきわめて論じにくい。唯一の例外と思われるものは、わが国の香道であろう。香道というのは、世界でも珍しいにおいに関するパフォーマンスであることを、哲学者の中村雄二郎氏が、「香道実に我邦の生成せるところにして、万国文化の絶えて無きところなり」との幸田露伴の言を引用して指摘しておられる。

においがなぜ言葉になりにくいのか。それは、視覚や聴覚のような意味での「意識化」「客観化」が行われにくいからであろう。では、それはなぜか。

その理由のひとつは、嗅覚が大脳皮質の中でも、言語をつかさどる部分に達しにくいからだと思われる。ご存知のように、言語は聴覚と視覚を中心に構成される。つまりわれわれは口をきき、耳でそれを「聞く」。これを聴覚言語という。あるいは字を書き、それを読む。これを視覚言語という。言語がこの両感覚のみで構成されている理由は不明だが、いずれにしても、脳の表面を見ると、視覚と聴覚の領域の間ぐらいに言語の領域が存在しているとわかる。同じ大脳皮質でも、嗅覚はそうした領域からはずれた遠い部分、ないしもっと古い部分に位置する。だから、脳の表面を見せた図では、嗅覚に関する領域はあまり見えてこない。

　嗅覚が言語化されにくいことに、こうした解剖学的な関係が影響していることは間違いないであろう。さらに嗅覚や味覚は、二つの道を通って大脳皮質に入る。一つは大脳辺縁系と呼ばれる部分に至る。こちらはいわゆる「情動」に関する部分と考えられる。もう一つは、聴覚や視覚と同じように、視床を経て新皮質に至る。これはおそらく「意識化」される嗅覚の部分である。

　先に「意識しないのに」といったのは前者のことであって、こうした経路はいわば動物の時代から保存された、[a]ユイショ正しい経路であろう。こういう経路は、動物が生きていくために重要であったはずで、食や性といった、動物の基本的な活動に関わるものなのである。この存在が、意識化はされにくいにもかかわらず、嗅覚が古い記憶や、さまざまな生の基本的行動を通じて、われわれに深く影響する理由だと思われる。

　ヒトが属する④哺乳類では、実際に嗅覚はきわめて大切な感覚であり、多くの動物が鼻を頼りに生きていることは、よくご存知の通りである。イヌはきわめてよく人を嗅ぎ分ける。先日、西ドイツの警察でブタを訓練し、麻薬を簡単に見つけさせるようにしたという記事が出ていたが、実際に空港では利用していない、ということであった。その国の第一印象を決める空港に、動物、それもこともあろうに、ブタがいたのでは、いささか具合が悪いからかもしれない。フランス人がブタをトリュフ、つまり地下のキノコを見つけるために利用するのはよく知られている。

　多くの哺乳類では、臭いを出す腺、すなわち放臭腺が身体のあちこちに存在している。そこから放出される臭いによって、さまざまなことを「伝える」。イヌでは肛門の周囲にその種の腺が集合する。だからイヌどうし、お尻の臭いを嗅ぐ。ウンコクサイかどうか、それを調べているわけではない。放臭腺はたとえば異性を誘引するものであり、したがって、そこから出される成分は、じつは香水に似たものが多い。ジャコウというのはそういうもので、化学的には環状ケトンなどという構造を持つ物質を含む。もちろん、異性の誘引だけではなく、害敵の防御に放臭腺のｂブンピツ物が使われる場合もある。肛門周囲の腺から出る強烈な臭いで有名なのは、スカンクである。スカンクの腺は、解剖学的には、じつはよく調べられていない。その理由は、ご想像いただけるであろう。成分が腺の中にしまってあるからいいので、その袋を解剖してしまったら一巻の終わりである。当分の間、研究室は使用不能になる。わが国では「イタチの最後っ屁」が著名なものである。

同じ哺乳類でも、サルの仲間はやや特別で、目ばかりが発達してしまった。ヒトもその傾向が著しい。したがって、鼻はかなり退化ぎみである。しかも嗅上皮、つまり臭いを嗅ぐ部分の細胞は、年齢とともに減っていく。鼻ばかは哺乳類中でもｃレイチョウルイの特徴である。これはサルが木に上ったことに関係があると同時に、目が大きくなるということは、同じ顔の中ではどこかを犠牲にせざるを得ず、その場合に鼻が有力な候補となったのだと思われる。解剖学的にいえば、鼻は左右の目の間にはさまれた存在なのである。その目がサルやヒトに見るように、二つとも前方を向いたことと、鼻の退化とは、解剖学的に無関係だとはとうてい思えない。

われわれの嗅覚は、そういう意味で、一口にいえば「古い型」の感覚なのである。脳の中では、より「古い」、下位の中枢に関わりを持つ。だから意識化されにくく、しかも動物としての基本的行動には影響を与えやすい。それが「懐かしい記憶」になったり、多くの連想を呼び起こしたりするのであろう。

匂いからの連想によるゲームとして、特異なものが先に述べた香道である。香道では六国五味という表現をする。六国は香木の原産地を示すが、五味というのは、これらの香りを、甘いとか苦いとかいう味として述べたもので、これには生理学的な根拠もありそうである。味覚と嗅覚はともに化学受容器であり、脳への投射の仕方に似た面が多いからである。

香道では、組香[*2]からの連想が主体となって、たとえば和歌の世界が展開する。ただし、これが「論理」によらないことに、ぜひご注目いただきたい。そこに成立する世界は、あくまでも情感としてのつながりによる。しかも、「組香が成り立つためには、香元[*3]と列席者たちの間で、わが国の古典の詩文、とくに和歌で d ツチカわれた共通の素養と感受性(記憶と想起能力)が前提としてなければならない」(中村雄二郎『共通感覚論』)。つまり、匂いからの連想が言語化され、それによってある世界が構築されるといっても、それにはかなり⑤特殊な与件が必要なのである。

その解剖学的な根拠はすでに触れた通りである。すなわち、嗅覚は大脳の中でもまず大脳辺縁系に投射されるが、この部分は情動をつかさどることが知られている。そして、こうした情動と記憶との不思議な関連は、じつは誰もが［イ］に知っていることでもある。

もっとも、そこから先の詳細についてはまだわからないことが多い。「意識化されにくい」感覚に、わからぬことが多くても当たり前である。嗅覚を論じることは、絵画や音楽を論じることとは、少し違う。それは、右のような嗅覚の解剖学的な説明からも十分ご推察いただけると信じる。

(養老孟司『からだの見方』より)

(注) ＊1　香道……香木をたいて、その香りを楽しむ芸道。

＊2　組香……香道の一つ。ある主題のもとに数種の香木をたき、その主題を念頭におきながら香を識別する遊び。

＊3　香元……香会《こうえ》の主催者。香会《こうえ》は、香道の会のこと。

問1　二重傍線部a「ユイショ」、b「ブンピツ」、c「レイチョウルイ」、d「ツチカわれた」を漢字に直せ。

問2　ア 、 イ にあてはまる語句として最も適当なものをそれぞれA～Eから選び、記号で答えよ。

ア　A　感覚の「もと」が自分の身体から離れたところにある
　　B　物事の移り変わりや周囲の変化を感覚的に理解できる
　　C　危険に対する「察知力」が感覚として自分の中にある
　　D　現在のことから遠い未来のことまで感覚的につかめる
　　E　自分の感覚が事物の「中心」に限りなく近づいている

イ　A　精神的　　B　間接的　　C　理論的　　D　経験的　　E　物理的

問3　傍線部①とあるが、それはなぜか。本文の内容に沿って、七十字以上八十字以内で説明せよ。

問4　傍線部②のように、プルーストは「匂」と「味」の共通性を表現しているが、両者に共通性がある理由について筆者が述べている部分を本文中から一文で抜き出し、始めの五字を答えよ。

問5　傍線部③とあるが、「嗅ぐ」ことに関する記述として適当でないものをA～Eから一つ選び、記号で答えよ。

A　見ることや聞くことに関わる事物を論じることは比較的容易であるが、嗅ぐことに関して論じるのは困難である。

B　脳における嗅覚の領域は、視覚と聴覚の領域の中間あたりに位置する言語の領域からは遠ざかったところにある。

C　「話す・聞く・書く・読む」といった言語に関わる感覚は、視覚や聴覚だけでなく嗅覚においても存在している。
D　視覚や聴覚は物質ではなく現象をとらえる感覚であるが、嗅覚は物質そのものにより呼び起こされる感覚である。
E　見たり聞いたりするのと同様の経路で脳が認識する匂いもあるが、より根源的な経路で脳に到達する匂いもある。

問6　傍線部④とあるが、本文中における「哺乳類」に関する説明として適当でないものをA～Eから一つ選び、記号で答えよ。
A　サルは木に上って生活するようになったため、目は発達したものの、嗅覚は退化してしまった。
B　ブタは鼻がたいへんよく利くため、麻薬の検査や探索などに用いられ、大きな成果を上げている。
C　スカンクは害敵から身を守るために、肛門周辺の放臭腺から悪臭を放って、害敵を撃退する。
D　イヌが相手のお尻の臭いを嗅ぐ行為は、異性の放臭腺によってひきつけられているからである。
E　ヒトの目が二つとも前を向き、かつ鼻の上部に存在するのは他の多くの動物と異なる特徴だといえる。

問7　傍線部⑤とあるが、組香からの連想により和歌の世界が展開するための「与件」とはどのようなことを指すか。四十字以内で説明せよ。

問8　本文の表現の特徴について述べた文章として最も適当なものをA～Eから選び、記号で答えよ。
A　よいにおいと悪いにおいに対する表記をそれぞれ「匂い」「臭い」と使い分け、においを表記的に分別している。
B　「ヒト」「イヌ」など、動物をあえてカタカナで記し、予断を持つことなく分析したいという意思を表している。

C 他者の発言や他著作品からの引用を多用することで、自分自身の主張を裏付ける根拠を明確に示そうとしている。

D 視覚と聴覚と嗅覚とを常に比較しながら持論を展開することで、五感の中での嗅覚の優位性を際立たせている。

E 感覚的な表現や分析を避け、あくまで医学的な視点からのみ動物の嗅覚を説明し、筋の通った指摘をしている。

(☆☆☆◎◎◎)

【二】 次の文章を読んで、後の問に答えよ。(出題の都合上、一部本文を省略している。)

医者である「ぼく」は、幼なじみであり、青春時代のほろ苦い恋の相手である千絵子の余命が残りわずかであると知り、病室へ会いにやって来た。

湿った咳が聞こえた。千絵子がなにか言いたげに頭を起こそうとしていた。ぼくは話[*1]を中断し、パジャマの上から胸を叩いてやった。痰をからませてあえぐ千絵子の頬に、微かな赤味が浮いた。

「 ア 」

呼気の時だけ、千絵子は枯れてひくくなった声を出した。

「国連の配給で食い物はあるから、生きてると思うよ。しっかりとな」

「生きてて、欲しい」

「今頃、また道端で小便してるよ」

半円形の目からあふれた涙が、こけた頬を流れた。死期を悟った末期患者によくみられる、失禁したような涙だった。

「　イ　」

「疲れたか?」

ぼくは枕もとのタオルをたたんで、千絵子の広い額から両眼にかけた。

タオルの下の顔が左右に動き、乾いた青黒い[a]口唇が開いた。

「　ウ　」

ほとんど荒い呼気にまぎれて聞きとれない、ひくいつぶやきだった。

千絵子が謝ったのは、泣き出したことに対してではないように思えた。黙り込んで、あの[*2]大学の土手のときのような気まずい隙間を造りたくなかったから、ぼくは話し続けた。

「あのなあ、今度はダンていう通訳のタイ娘の話をしてやるよ。難民収容所の他にも、おれはタイの田舎の病院で外来を手伝ってたんだ。患者なんて数人しか来ないから、病院前の屋台でバナナの天ぷら食いながら、ダンと話すことの方が多かったんだ。ダンは浪人でさあ、チュラロンコン大学っていう名門を受けて落ちたんだよな。ダンは十八歳だった」

千絵子の目からタオルをとり、ぼくはもう彼女の目を見ずに話した。

とにかく話に切れ目をつけたくなかった。千絵子にあの[*3]上野駅以後のことなど話して欲しくなかった。

あたりまえに生きた女が、あたりまえに死んでいく。あくまでも第三者でしかあり得ない医者として、ぼくはそういう死には慣れすぎていた。

死者を見送るとき、いつからか、ぼくは①残される者の側に立ってのみ、事を処理するようになった。すでに死亡している患者に人工呼吸器をつなぎ、家族全員が到着するのを半日待ったことさえあった。ようやく遠方からかけつけた家族に向って、たった今、というふうに頭を下げる。見とどけることのできた安堵感が エ 号泣の中で、人工呼吸器のパイプを抜く。心臓や呼吸の停止は、ほとんどの場合、本質的な意味を持たない。死に価値があるとすれば、それを決めるのは、残された者の内に生まれる喪失感の深さの度合だけなのではないか、とぼくは思っている。

ぼくは今、初めて残される者になろうとしている。千絵子が死ぬ。ぼくは残る。千絵子が死ぬ。ぼくは残る――

「あのなあ、ダンていうのは、あぐらをかいた鼻と黒い肌の女の子なんだ。浪人のダンにはなあ、好きな男がいたんだけどさあ、そいつは現役でチュラロンコン大学の医学部に入っちゃってるんだよな。ダンはバンコクで勉強を続けたかったんだけど、家が貧しいから、アルバイトで通訳やってるんだよな。難民収容所で働いているうちにさあ、いろんな国から手弁当で来ている医者たちを見てさあ、ダンは悩んだんだよな。卒業したらイギリスに留学して、バンコクの王宮の近くのビルで眼科を開業するんだって、その、さっき言ったダンの好きな男ってのが言ってて、ダンはその男のことを、えらく尊敬してたんだけどな。なんか、医者ってのはそんなもんでいいのかなって考えるようになったんだな。ダンは悩んだんだ。とにかく、ダンは……悩んだ……」

静かな病室の中に、高いイビキの音がひびいていた。一定のリズムのない、聞く者を不安にさせる、乱れたイビキだった。ぼくは口をつぐんだ。千絵子は土色の顔で眠ってしまっていた。だらしなく口を開けた寝顔は、泣き寝入りした幼女のようでもあり、老人病棟にいる寝たきりの老婆のようにも見えた。

窓際の錆の目立つラジエターがカンカンと音を立てて、部屋にスチームが入ってきた。ぼくは急に、背筋にたまらない寒さを覚えた。丸椅子から立ち、体を小刻みにゆすって窓に近づき、両手の幅だけカーテンを開けた。

②山々の裏側が一気に燃え出したような、広い夕焼けだった。冠雪した稜線の裏から昇る真赤な炎は、中空で淡い朱色になり、目を上げるにつれてうすい紫色に変わり、そのまま寒々とした灰色の夜空に移行していた。思い切ってカーテンを開けきると、部屋全体が朱色になった。千絵子の寝顔も、シーツも、点滴ビンの白いラベルも、すべてがおなじ色調に染まった。

ぼくは千絵子の枕もとに立ち、手をうしろに組んで目を閉じた。深くなるにつれて規則正しくなったイビキのリズムは、とても懐かしいもののようにぼくの涙を誘った。ぼくは顔を上に向け、言葉を探すことで、流れ出ようとするものを止めた。使い古された多くの言葉が浮かんだが、この場にふさわしい一語はどうしても見つからなかった。

目を開けた。部屋は急速に暗い色に支配されていった。ぼくにできることは、カーテンを閉めてやることだけだった。

病室のドアがひかえめにノックされ、定時の見回りの若い看護婦が入ってきた。

「眠ってる」

ぼくは小声で言った。

「きれいな人ですよね。昔の恋人ですか？」

よく澄んだ目をした看護婦は、横に立ってぼくの顔をのぞきこみ、ぼくより小さな声で言った。彼女の顔は、目のところがちょうどぼくの肩の高さにあった。

「君の身長は？」

「百六十三センチ。どうしてですか？」

「十八歳の頃のこの人とおなじだ。並んで歩いたことは、二、三度しかなかったけれど」

眠り続ける千絵子は、看護婦に比べるとあまりにも小さく見えた。

看護婦は身をかがめて、ベッドの下に入っている、二リットル入りのビン一杯にたまった赤い胸水の量をメモした。

「外はすごい夕焼けだな」

と、ぼくは言った。

「ちょうど、こんな色の……」

しゃがみこんだまま、ぼんやり胸水を見つめていた看護婦は、言いかけて鼻をすすった。

【中略】ワカサギ釣りから帰ってきた「ぼく」は千絵子の訃報を聞く

五百六十匹のワカサギをステンレスの流しにあけた妻は、ひとしきり驚きの声をあげ、天ぷらにするのが大変だわ、と言ったあと、

「病院の今井先生から電話があったわよ」

と、はしゃいだままの声で言った。

ぼくは眠りに入りかけた頭でそれを聞き、テレビの横にある電話に手だけ伸ばし、病院のダイヤルを回した。交換に今井の名を告げ、ぼくはまた目を閉じた。ふたたび眠りにおちこもうとする頭の奥に、白い湖面が鮮明

に浮かんできた。釣り人たちは、自らあけた穴に落ちこんでしまったように姿を消していて、ときおり舞い上がる新雪だけが動いていた。

「電話をいただいたそうで。どうも」

「午前十一時二十七分だった。解剖の結果は、予想以上に広範な胸膜 b 浸潤だった。心外膜にまでいってやがった。これが死期を早めた。それでも、人工呼吸器につないで四日間もたせた」

③平板な今井の声が、厚い氷の下から聞こえてきた。

「看護婦たちが知らせとけって言うもんでな」

「どうも」

「ワカサギ釣りだって？」

「ええ」

「いいな、おまえは。……それじゃ」

「どうも」

ぼくはもう一度、どうも、と口の中で言って受話器を置き、また肩までコタツにもぐり込んだ。

冷え切っていた腰骨の芯が、ようやく暖まり始めてきた。

「来てごらんなさい！　氷がとけたら、生き返って泳いでいるのがいるわよ」

妻の弾んだ声に引き寄せられて、子供たちは台所にいった。

④ばかなことを言うな―怒って声に出そうとしたとき、ふいに涙が湧いた。今さらなにを、と、畳に顔を伏せてこらえているうちに、腰骨のぬくもりが芯を伝って、背に快く c 昇ってきた。頭の中はすべて白い湖面で占められ、やはり釣り人の姿はなく、風もやんでいた。ぼくはそのまま眠ったらしい。

妻にゆり起されると、コタツの上にはワカサギの天ぷらが大皿に山盛りになって出されていた。もう夕食の時間なのだという。次男が寝ている静かなうちに食べてしまおうという。ぼくはコタツの上の蛍光灯を見上げた。いつもどおり二本ついているのに、光が暗い。

頬に畳の跡がついている、と妻が笑い、真似をして長男が笑った。ぼくは頬を両手でこすって照れて見せ、醤油をかけた大根おろしをつけて、ワカサギの天ぷらを食い始めた。

長男は一口食べただけで、苦くていやだ、とワカサギを吐き出し、妻にプリンをねだった。

「難民の子供はなあ……」

「ほおら、また遠い南の国のお話ですよお」

妻は長男の手をひいて、さっさと台所に行った。

ぼくははしを置き、手づかみでワカサギの天ぷらを食った。見上げると、蛍光灯の光はやはりいつもより暗いままだった。

台所で冷蔵庫を開ける音がした。プリンだあ、という、長男の底抜けに明るい歓声が聞こえてきた。ぼくは手づかみでワカサギを食い続けた。

夜半から、積もる音が聞こえるほどの大雪になった。

（南木佳士『冬への順応』より）

（注）＊1　話……………………「ぼく」がカンボジア難民収容所で医療活動をしている時に見かけた、厳しい環境の中で懸命に生き抜こうとする幼児の話。

＊2　あの大学の土手のとき…東北で受験勉強を続ける「ぼく」は、東京の大学に合格した千絵子

に久しぶりに会いに行く。大学生活を満喫し、気になる男性のことを楽しげに語る千絵子と、浪人生活を続ける「ぼく」。境遇が変わり、思いがすれ違い始めている二人の間に気まずい沈黙が流れた。

＊3　あの上野駅……思いを寄せていた千絵子から、別の男性に向かって「お友だち」と紹介された「ぼく」がその場を逃げるように去ったという出来事。それが青春時代の千絵子との別れとなり、患者として再会するまで会うことはなかった。

問1　次の(1)、(2)に答えよ。

(1)　二重傍線部a「口唇」、b「浸潤」の読みをひらがなで書け。

(2)　二重傍線部c「昇」について、次の太く書かれた部分は何画目に書くか、数字で答えよ。

問2　次の(1)、(2)に答えよ。

(1)　［ア］～［ウ］にあてはまる台詞を次から選び、記号で答えよ。

A　ごめん、なさい

B　今も、元気、かしら。生きて、いる、かしら。その、子

C　生きてて、欲しい。ほんとに

(2)　［エ］にあてはまる語として、最も適当なものをA～Eから選び、記号で答えよ。

A　拍車をかける　B　期待をかける　C　押しかける　D　鼻にかける
E　追い打ちをかける

問3　傍線部①について、「ぼく」が「残される者の側に立ってのみ、事を処理する」のはなぜか、八十字以内で説明せよ。

問4　傍線部②について、表現効果として最もふさわしいものをA～Eから選び、記号で答えよ。
A　圧倒されるような夕焼けの美しさを目にして人間一人の生命の儚さ、存在価値の小ささを表している。
B　千絵子の絶望的な状況に打ちのめされる「ぼく」が夕焼けの鮮やかさに見出した一縷の望みを表している。
C　真赤な夕焼けが千絵子の生命の最後の炎を表現し、千絵子の死が目前に迫っている様子を表している。
D　夕焼けが灰色の夜空に移行するように、医者として冷静に千絵子の病と向き合おうとする様子を表している。
E　「胸水」と夕焼けの色を重ね、空の色が変わっていくように千絵子にも持ち直して欲しいという願いを表している。

問5　傍線部③について、このように「ぼく」が感じるのはなぜか。最も適当なものをA～Eから選び、記号で答えよ。
A　努めて平静を装う今井の声が、医者としての冷たい自分を想起させ、嫌悪感が募ったから。
B　千絵子の死を受け止めきれない自分がいて、真剣に聞こうとしていなかったから。
C　患者に思い入れをもたない今井の声が、かえって心の落ち着きをもたらしていたから。
D　白い湖面に象徴される孤独な世界に自分だけ取り残されて、だれとも話したくなかったから。

E　千絵子の死が遠い世界のことのように感じられ、現実感を伴っていなかったから。

問６　傍線部④で「ふいに涙が湧いてきた」のはなぜか、八十字以内で説明せよ。

問７　中略以降で登場する「ぼく」の家族とそれに対する「ぼく」の様子についての説明として、最も適当なものをA～Eから選び、記号で答えよ。

A　「死」とは無縁の日常の中で無邪気にふるまう妻や明るい声を発する息子に対し、いつもより蛍光灯が暗く感じられる「ぼく」の様子は、「死」によって残される者となった哀しみを切々と訴えかけてくる。

B　生きることに必死で「死」を考えようとしない妻や「ぼく」の話を聞こうとしない息子に対し、手づかみでワカサギをむさぼり食う「ぼく」の様子は、生を共有しながらすれ違う家族の悲哀を暗示している。

C　ささいなことで「ぼく」を小馬鹿にして笑う妻やその真似をして笑う息子に対し、照れ笑いを見せるのみの「ぼく」の様子は、家族に受け入れられない現実の中で見え隠れする「ぼく」の「死」を想起させる。

D　大量のワカサギに喜ぶ妻や妻の歓声につられてはしゃぐ息子に対し、「死」に思いを馳せながら静かに横たわる「ぼく」の様子は、懊悩の末に生の喜びを追求することを断念した無情な諦念が漂っている。

E　「死」を考えることもなく自由にもの言う妻やその言いなりになる息子に対し、頭の中を釣りで見た白い湖面の想像で埋め尽くす「ぼく」の様子は、家族の中で「死」という現実から逃避する姿を表している。

（☆☆☆◎◎◎）

【三】 次の文章は、『曾我物語』の一節で、父の仇を討つことを決意した曾我兄弟の兄十郎祐成が、愛する虎御前と別れを交わす場面である。これを読んで、後の問に答えよ。（出題の都合上、一部本文を省略している。）

（十郎）「いたくな嘆き給ふな。①人もこそ聞け。かつは、これを形見とも見給へ」と、鬢《びん》の髪を切りてぞ取らせける。虎はこれを小袖の褄《つま》に引き入れて、また、うち伏してぞ焦れける。

「今夜ばかりの手枕に、千夜を一夜に重ねばや」と語り合するほどもなく、夏の夜の習ひとて、関路《せきぢ》[*1]の鶏も鳴き、a東雲[*2]やうやく明け行けば、はやb後朝になりにけり。虎は泣く泣く、

Ⅰ　いた間より別れて後の悲しきは誰に語りて月影を見ん

十郎も涙ながらに、

Ⅱ　厭ふとも人は忘れじ我とても死しての後も忘るべきかは

【中略】

頃は建久四年五月下旬の頃なるに、もの憂き今朝の空の色、折節五月雨うちしきり、心の暗も晴れやらず。裾は露、袖は涙にしほりつつ、「由なかりける契りかな。結びも果てぬもの故に、永き思ひとなることよ。中《ちゅう》[*3]有《う》の旅もかくやらん」と馬に任せて行くほどに、曾我と中村の境なる山彦山の峠に着く。十郎、馬を扣《ひか》へて、「今少しも送りまゐらせたく候へども、今朝、疾く出で立たんと言ひしあひだ、五郎[*4]もさだめて今は来たるらん。互ひに名残の悲しさは、いつとても同じことなるべし」とて、暇を乞ひてぞ別れける。さても、この世にて相見んことも、ただ今ばかりなれば、しひて名残の惜しければ、別れの涙に掻き暮れて、②駒もえこそ進めやらず。虎も思ひやる方なくして、「しばし」とばかり言ひつつ俯《うつぶ》しぬ。さてしも尽きせぬことなれば、十郎、心強《こころごは》くも引き返しければ、虎はあまりに悲しく覚えて、手を挙げてぞ招きける。力及ばず、また引き返

し、駒を並べて立ちけれども、互ひにものも言はず。

やや暫くありて、十郎、涙を押へて申しけるは、「心の内、ただ推し量り給ふべし。さればとて、ここにて日を暮すべきにもあらず。偏《ひとへ》に、一仏浄土《いちぶつじやうど》に生れ合はんと祈り給ふべし。来世をこそ頼むべけれ」とて、

Ⅲ　紅のふり出て嘆く涙には袂よりこそ色まさりけれ

虎、

Ⅳ　紅の恋の涙のいかなれば果ては朽葉《くちば》と袖をなすらん

かくて時も移りければ、力及ばず彼方《かなた》・此方《こなた》へ引き別れぬ。互ひに後ろを顧みて、共に涙に咽《むせ》びける。ややく別れ行くほどに、山さへ中に隔りて、そなたの空の恋しさは、いづれも同じ心にて、夢の道行く心地して、虎は＊5大磯《おほいそ》に帰りつつ、衣《きぬ》引き被《かづ》き伏しまろび、泣くより外のことぞなき。＊6傍《かたはら》の君どもこれを見て、「いかに、虎御前は十郎殿に捨てられ給ふか」と言ひければ、「捨てらるるは世の常の習ひなり。これはまた」とばかり言ひも果てず、ただ引き被きてうち伏しぬ。

ただ、③この道の迷《まど》ひのみ、高きも賤しきも、智あるも愚なるも、替ることなき世の習ひ、猛き武士《もののふ》、賢き＊7公《おほきみ》も迷ふ例《ためし》は多かりき。まして常ならぬ別れなれば、道理に過ぎてぞ見えにける。

Ⅴ　夜もすがら眺めてだにも慰まん明けて見るべき人の影かは

と独りかこちて居たりける。

（『曾我物語』より）

（注）＊1　関路の鶏も鳴き……中国春秋時代の孟嘗君が、鶏の鳴き声によって函谷関を脱出した『史記』の故事による。朝を告げる鶏の声のこと。

＊2　いた間…………板屋根の葺き板などの透き間や裂けめ。そこから漏れる月の光は、歌など

に好んで用いられた。

＊3　中有の旅……冥途への旅を指す。中有は、衆生が死んでから次の生を受けるまでの間のことで、四十九日間とされる。

＊4　五郎……曾我兄弟の弟五郎時宗のこと。

＊5　大磯……相模国(今の神奈川県)の地名。虎御前は大磯の遊女であった。

＊6　傍の君ども……側にいた遊女たち、の意。

＊7　公……大君。天皇のこと。

問1　二重傍線部a「東雲」、b「後朝」の読み方をひらがなで答えよ。

問2　傍線部①「人もこそ聞け」、②「駒もえこそ進めやらず」を口語訳せよ。

問3　傍線部③「この道」とは何の道のことか。簡潔に答えよ。

問4　Ⅰ～Ⅴの歌について、次の(1)～(4)に答えよ。

(1)　Ⅰ・Ⅱの歌に共通して込められた心情を、二十五字以内で説明せよ。

(2)　Ⅲ・Ⅳの歌に関する説明として最も適当なものをA～Eから選び、記号で答えよ。

A　Ⅲの歌では、十郎が感情の高ぶりを表す「紅の涙」により今にも袂が赤く染まっていきそうなほど父の仇への恨みが極まっているのを伝えているのに対し、Ⅳの歌では虎が「紅の涙」で袖が朽ちてしまったことを詠んで自重を促そうとしている。

B　Ⅲの歌では、十郎が激しい怒りを表す「紅の涙」を用いつつ父の仇を必ず仕留める決意を詠みこんで強い意志を表明しているのに対し、Ⅳの歌では虎が自分も「紅の涙」を流して十郎の仇討ちが成功するまでともに戦う決意を表明している。
C　Ⅲの歌では、十郎が深い悲しみを表す「紅の涙」により袂から順に衣が赤く染まっていく様を詠んで悲しみを表現しているのに対し、Ⅳの歌では虎が「紅の涙」を流しすぎて今にも袖が朽ちていく様を詠んでさらなる悲しみを表現している。
D　Ⅲの歌では、十郎が苦悩の様を表す「紅の涙」を用いて袂から順に衣が赤くなるほど悩みが深まっていることを訴えているのに対し、Ⅳの歌では虎が「紅の涙」を流したいのは自分も同じであり袖が朽ちるほどに悩んでいることを訴えている。
E　Ⅲの歌では、十郎が強い嘆きを表す「紅の涙」により赤い衣の袂よりもいっそう顔が赤くなったことを示して嘆きを表しているのに対し、Ⅳの歌では虎が「紅の涙」を流す自分は今にも死んでしまいそうだというより強い嘆きを表している。

(3)　Ⅴの歌の「夜もすがら眺めてだにも慰まん」の解釈として最も適当なものをA～Eから選び、記号で答えよ。
A　せめて一晩中あなたを眺めることだけでもして気持ちを晴らそう。
B　一夜の間あなたとずっと一緒にいた時でさえ気分は晴れなかった。
C　夜が明けるまであなたが走り去っていった方角を眺め続けよう。
D　一晩かけてあなたを見つめ続けたとしても気持ちが和むことはない。
E　あなたと過ごした夜を思い出しさえすれば心は慰められるだろう。

(4)　Ⅴの歌で「明けて見るべき人の影かは」とあるが、これと同じ内容の表現を本文中から二十字以内で抜き出せ。

問5　本文の内容に関する記述として適当でないものをA～Eから一つ選び、記号で答えよ。

A　虎との別れを惜しむ十郎は、自らの髪を切って形見として虎に与え、虎も悲しみに耐えながら受け取った。

B　雨が降りしきる山道をずぶ濡れになって進む二人は、添い遂げられない運命をこの状況に仮託して嘆いた。

C　十郎が暇乞いを切り出すものの、虎はそれを受け入れることができず、二人はなかなか離れられなかった。

D　未練の尽きない十郎だったが、悲しむ虎に来世での再会を約束し、思いを振り切って一目散に走り去った。

E　大磯に帰った後も虎は十郎との別れを嘆いて泣き続け、周囲が心配しても悲しみが癒えることはなかった。

(☆☆☆◎◎◎)

【四】次の文章を読んで、後の問に答えよ。(出題の都合上、旧字体を改め、一部訓点を省略している。)

楚《そ》*1人《ひと》ニ有リ下担フ二山*2鶏ヲ一者上。路*3人問ヒテ曰ハク、「何ノ鳥ゾ也ト。」担フ者欺キテレ之ヲ曰ハク、「鳳凰也ト。」路人曰ハク、「我聞クコトレ有ルヲ二鳳凰一久シ矣、今真ニ見ルレ之ヲ、汝売ルレ之ヲ乎ト。」曰ハク、「然リト。」乃チ酬《むく》ユルモ二千金ヲ一、弗レ与ヘ、請フニレ加ヘンコトヲ倍ヲ、乃チ与フレ之ヲ。方ニ①将献楚王、経＊4テレ宿ヲ而鳥死ス。路人不シテレ遑《いとま》アラレ惜シムニ二其ノ金ヲ一、惟ダ恨ムノミレ不ルコトヲレ得ニ以テ献ズルヲ一耳。国人伝ヘレ之ヲ、咸《みな》以為真鳳ニシテ而貴ケレバ、②宜ナリレ欲スルハトレ献ゼントレ之ヲ。③遂ニ聞《きこ》ユ二於楚王ニ一。王感ジ二其ノ欲スルニレ献ゼントレ己ニ一也、召シテ而厚ク賜フレ之ニ、過グルコト二買フレ鳳ヲ之直《あたい》ニ一十倍セリ矣。

（『笑林』より）

（注）＊1　楚人……楚の国の人。楚は地名。
＊2　山鶏……キジに似た鳥。
＊3　路人……路傍の人。
＊4　経宿……一晩経過して、の意。

問1　二重傍線部「以為」の読みを、送り仮名を補って答えよ。現代仮名遣いでもよい。

問2　傍線部①は、「まさにそおうにけんぜんとするも、」と読む。これにしたがって、返り点を施せ。

問3　傍線部②とあるが、これはどういうことか。その答えとして最も適当なものをA～Eから選び、記号で答えよ。

A　大金をはたいて買った鳳凰であり、王に献上するなんてもったいないことだということ。
B　真の鳳凰はとても珍しく高価なもので、王に献上したくなくなるのも当然だということ。
C　本当に鳳凰かどうかわからないのに、王に献上するなどとんでもないことだということ。

D　本物の鳳凰で貴重だからこそ、王に献上しようとしたのはもっともなことだということ。
E　真の鳳凰を手に入れたのだから、死ぬ前に早く王に献上すればよかったのだということ。
問4　傍線部③とあるが、楚王はどのようなことを聞き知ったのか。五十字程度で説明せよ。
問5　この話の説明として最も適当なものをA～Eから選び、記号で答えよ。
A　簡単に人を信じてしまうと後々痛い目を見るという失敗譚。
B　愚か者がその愚直な忠義心により救われるという滑稽譚。
C　ふだんから正直にふるまえば必ず報われるという教訓話。
D　主君の機嫌を窺ってばかりいると失敗するという風刺話。
E　他人をだまして利益を得る者は最後に損をするという寓話。

（☆☆☆◎◎◎）

【五】国語科学習指導について、後の問に答えよ。
問1　次のⅠは中学校学習指導要領（平成二十九年三月告示）、Ⅱは高等学校学習指導要領（平成三十年三月告示）の一部である。［　ア　］～［　カ　］にあてはまる語句を後の語群より選び、記号で答えよ。
Ⅰ　中学校学習指導要領

目標
［　ア　］による［　イ　］を働かせ、言語活動を通して、国語で［　ウ　］に理解し適切に表現する［　エ　］を次のとおり育成することを目指す。
(1)　社会生活に必要な国語について、その特質を理解し適切に使うことができるようにする。

(2)　社会生活における人との関わりの中で伝え合う力を高め、［　オ　］や想像力を養う。

(3)　言葉がもつ［　カ　］を認識するとともに、言語感覚を豊かにし、我が国の言語文化に関わり、国語を尊重してその能力の向上を図る態度を養う。

〈語群〉

A　価値　B　力　C　正確　D　見方・考え方　E　読解力

F　判断力　G　表現力　H　知識・技能　I　資質・能力　J　言葉

K　日本語　L　生活　M　思考力　N　意欲・態度　O　的確

Ⅱ　高等学校学習指導要領

目標

［　ア　］による［　イ　］を働かせ、言語活動を通して、国語で［　ウ　］に理解し効果的に表現する［　エ　］を次のとおり育成することを目指す。

(1)　生涯にわたる社会生活に必要な国語について、その特質を理解し適切に使うことができるようにする。

(2)　生涯にわたる社会生活における他者との関わりの中で伝え合う力を高め、［　オ　］や想像力を伸ばす。

(3)　言葉のもつ［　カ　］への認識を深めるとともに、言語感覚を磨き、我が国の言語文化の担い手としての自覚をもち、生涯にわたり国語を尊重してその能力の向上を図る態度を養う。

〔語群〕
A 価値　B 日本語　C 的確　D 見方・考え方　E 読解力
F 表現力　G 判断力　H 関心・意欲　I 資質・能力　J 言葉
K 特性　L 生活　M 思考力　N 知識・技能　O 正確

問2 「書くこと」の指導のために「意見文を書こう」という単元で、後のように〔学習の流れ〕を設定し、〔意見文の例〕を示した。後の(1)～(4)に答えよ。なお、解答にあたっては次の〔条件〕にしたがうこと。

〔条件〕
・問1で選択した区分にしたがって、指導する学年を選択すること。
・指導する学年と、この単元の指導事項は次のとおりとする。
　中学校第二学年　…　イ　自分の立場及び伝えたい事実や事柄を明確にして、文章の構成を工夫すること。
　高等学校第一学年　…　国語総合　イ　論理の構成や展開を工夫し、論拠に基づいて自分の考えを文章にまとめること。

〔学習の流れ〕
① 課題を決める。
② 自分の意見(主張)とその根拠(論拠)を明確にする。
③ 構成を工夫する。

④　意見文を書く。
⑤　読み合って、相互評価する。

〔意見文の例〕

「新聞について」

　インターネットで検索すれば手軽に情報が手に入る時代となったが、新聞はこれからも必要なメディアであると考える。

　その第一の理由は、さまざまなニュースをひと目で知ることができるという点である。全く興味のない分野のニュースでも、新聞のページをめくることで見出しが目に入り、概要を知ることができる利点がある。第二の理由は、テレビでは伝えきれなかった詳しい内容が書かれていて、何度でも読み返すことができ、しかも長期に保存することもできる点である。

　もちろん、情報の伝達の早さや関連した情報を手軽に集めることができるという点でインターネットは優れている。新聞は紙資源の無駄遣いで、環境のためにもなくした方がよいという意見もあるだろう。しかし、東日本大震災が発生したときには、ネットがつながらない状況下で、ペンと紙さえあれば届けられる新聞が被災者の大切な情報源となり、心の支えにもなった。

　したがって、新聞は、これからどんな時代や状況になろうとも我々の生活に必要なメディアであるといえる。

(1)〔学習の流れ〕中の②において、根拠を明確にするためにはどのような学習活動が必要か、具体的に記せ。

(2)〔意見文の例〕の文章の構成として適当なものをA～Cから選び、記号で答えよ。

A　頭括型　B　尾括型　C　双括型

(3)〔意見文の例〕中の傍線部は、どのような意図で書かれているか、記せ。

(4)〔学習の流れ〕中の⑤の生徒同士の相互評価の観点として、次の例の他にどのような観点が考えられるか、二つ記せ。

〔例〕　自分の意見が明確に述べられているか。

(☆☆☆◎◎◎)

解答・解説

【中高共通】

【一】問1　a　由緒　b　分泌　c　霊長類　d　培(われた)　問2　ア　A　イ　D　問3　嗅覚は人間の脳の古い部分に位置し、人間の「情動」に関わっていて、意識化はされにくいものの動物の基本的行動を通じてわれわれに深い影響を与えるから。(七十二字)　問4　味覚と嗅覚　問5　C　問6　B　問7　参加者が情感でつながっているうえに、和歌に関する素養と感受性も共有していること。

（四十字）　問8　A

〈解説〉問1　同音訓異義語や類似の字形に注意し、楷書で書くこと。　問2　空欄補充では、空欄前後の語句や文との整合を考えて適切な言葉を選ぶことが大切である。アは、空欄の前の文の傍線部③の内容をふまえて考える。イは、前の文の「情動と記憶との不思議な関連」についての認識であるが、われわれの日常生活をふまえて考える。　問3　傍線部①の「においの懐かしさが強いこと」について筆者は、プルーストの作品を例示し、「味」とともに「匂」が回想の対象であることを述べている。そして第十四形式段落では、嗅覚が、脳の古い下位の中枢に関わりを持ち、そのため意識化されず、しかも動物としての基本的行動(情動)には影響を与えやすい、と述べ、それが「懐かしい記憶」になったり、多くの連想を呼び起こしたりすることを説明している。　問4　第九形式段落に、「さらに嗅覚や味覚は、二つの道を通って大脳皮質に入る」とある。問5　第八形式段落に、「嗅覚が大脳皮質の中でも、言語をつかさどる部分に達しにくいからだと思われる」とある。　問6　第十一形式段落では、西ドイツの警察で麻薬の検査・捜査のためにブタを訓練したが、実際に空港では利用していないと述べてある。　問7　匂い(嗅覚の働き)からの連想が言語化(和歌づくり)され、韻文世界が誕生するためには、和歌で培われた共通の美的素養と豊かな感受性が備わった情感的なつながりが必要である、ということをまとめる。　問8　Aは、嗅覚に関して、平仮名の表音文字でなく表意文字によって和歌を漢字化し、対象を説明する上で明確にし内容の理解を深めさせようとしている。Bは、対象の明確化のためであり、予断とは関係がない。Cは、前半が不適切。Dは、三つの感覚を「常に」比較はしていない。Eは、文中の「あくまで医学的な視点からのみ」は適切ではない。

【二】問1　(1)　a　こうしん　b　しんじゅん　(2)　六(6)画目　問2　(1)　ア　B　イ　C　ウ　A　(2)　A　問3　医者という第三者として、あたりまえの死に慣れすぎた「ぼく」は、死の価値とは残された者の内に生まれる喪失感の深さの度合だけではないかと考えるようになったから。（七十八字）　問4　C　問5　E　問6　死んだ人間は生き返らないというあたりまえの事実を改めて認識し、千絵子の死を現実のこととして受け止め、ようやく残される側の喪失感や悲しみが湧き上がってきたから。（七十九字）　問7　A

〈解説〉問1　(1)　読みは、二字熟語では音＋音が多いが、出題は湯桶読み、重箱読みが多いので注意する。(2)　筆順の問題である。日や月などは「くにがまえ」のように縦画が先。左払いのあとに設問の筆順で書く。問2　(1)　会話文の空欄補充の前提として、「ぼくは話を中断し」の「話」の内容(カンボジアの難民収容所での主人公の医療活動とそこで見かけた幼児)について理解しておく。主人公(ぼく)が幼児について話す途中での、続きがアである。文脈から判断してイには千絵子の願いのCが入る。(2)　死んだ患者の家族の悲しみの「号泣」を修飾するのに適した語を選ぶ。　問3　主人公は、医者としての立場で人間の死と向き合ったとき、死者との関係は、現在の自分にとって第三者的存在であり「そういう死には慣れすぎていた」と述べている。主人公は死者の遺族への気くばりをしながら遺族の悲しみと喪失感の度合の深浅が、「死の価値」を決めるのではないかという考えをもって事を処理している。　問4　傍線部②の「広い夕焼け」は、リズムのない、不安なイビキをしながら、土色の顔をして眠っている千絵子の病室を、真赤な炎で染め、やがて朱色、紫色に転じ、寒々とした灰色の夜空に移行している。この状況での「夕焼けのシーン」は、死に近い千絵子の美しくも悲しい生の終焉にふさわしい描写である。　問5　「ぼく」の耳に伝わるのは、今井医師の「平板な声」である。平板に聞く「ぼく」の耳は、見知らぬ人の訃報の知らせを聞くように千絵子の死に対して実感が湧かない。この「ぼく」の心情をとらえる。　問6　主人公の怒りは、妻の「氷がとけたら、(ワカサギが)生き返って泳いでいるのがいるわよ」の声と千絵子の死からの生還が重なった錯覚による。その錯覚から醒め、死者は決して蘇生しないという現実の認識から、千絵子が自分から遠い存在になったことへの喪失感と深い悲しみのために、主人公は思わず涙があふれたのである。　問7　千絵子の死は、家族とは関係がない。そのため妻も子どもも普段どおりの生活スタイルで「ぼく」に接している。千絵子の死は、心の片隅で言い知れぬ喪失感と悲しみを「ぼく」に与え、そのせいか蛍光灯もいつもより暗く感じられる。「ぼく」と対照的に笑い合う妻と子どもの姿が、一層「ぼく」の心の痛みに拍車をかけている。そういう家庭風景を述べている説明を選ぶ。

【三】問1　a　しののめ　b　きぬぎぬ　問2　①　人が聞いていたらたいへんだ。　②　馬を進めることができない。　問3　恋の道　問4　(1)　死に別れた後もけっして相手を忘れないという心情。(二十四字)　(2)　C　(3)　A　(4)　この世にて相見んことも、ただ今ばかり(十八字)　問5　D

〈解説〉問1　a　「東雲」は「夜が明けようとして、ほのかに明るくなるころ」で、「あけぼの」ともいう。b　「後朝」は「衣衣」とも書き、「男女が衣を重ねて共寝して過ごし、またそれぞれに衣を着て別れる朝」をいう。　問2　①　「人もこそ聞け」の「も」「こそ」は、係助詞で重なったもの。係結びになっている。「もぞ」も同じで不安や懸念の気持を表す。ここは「人が聞いていたら大変だ」と訳す。　②　「駒もえこそ進めやらず」の「え～ず」は、不可能を表す。「馬を進めることができない」と訳す。　問3　③の「この道」は、「恋の道」のこと。　問4　(1)　Ⅰの歌意は、「あなたと別れた後の悲しさは誰と語り合って慰めればよいのでしょうか。板葺きの屋根の透き間から漏れて来る月の光を誰と一緒に見ればよいのでしょう」。Ⅱの歌意は、「私があなたを嫌っても、あなたは私を忘れないでしょう。私にしても死んだ後でもあなたを忘れることがありましょうか」。この二つの歌は、相思相愛の男女の気持ちを表しており、死後も互いに愛し合うというのである。　(2)　Ⅲの歌意は、「真赤な色にふりしぼって泣く涙に染まって、まず袂から色が濃くなっていくことだ」。「ふり出て」に、「染料をしぼり出すこと」と「声をしぼり出す」意が掛けてある。Ⅳの歌意は「血に染まった赤い涙は、どうして最後には袖を腐らせ朽葉色にするのであろうか」。この二つの歌意をふまえ、適切な説明を選ぶ。 (3) Vの歌の「夜もすがら眺めてだにも慰まん」の「夜もすがら」は、「一晩中」の意。「眺めてだにも」は、「せめてあなたのことを見つめて」の意。「慰まん」は、「心を慰めよう」と解釈する。
(4) 「明けて見るべき人の影かは」は、「夜が明けて別れてしまえば二度と見ることのできないあなたの姿ですから」と解釈する。山彦山の峠で、十郎と虎御前の互いに名残惜しい悲しみの中での、今生の別れの場面「この世にて相見んことも、ただ今ばかり」を抜き出す。この歌は「宝物集」三に、「夜もすがら眺めてだにも慰まん明けて見るべき秋の空かは」(源兼長)とあり、「後拾遺集・秋下」にも見られる歌で、「秋の空」を「人の影」に変えて、恋の歌にしている。 問5 文中「十郎、心強くも引き返しければ、虎はあまりに悲しく覚えて、手を挙げてぞ招きける。力及ばず、また引き返し～」とある。Dは、本文の内容に合致しない。

【四】 問1 おもえらく 問2 将レ献二楚王一、 問3 D 問4 大金で鳳凰を買って自分に献上しようとした者が、鳳凰が死に、献上できなくなったことをひどく悔やんだこと。(五十一字)
問5 B

〈解説〉問1 「以為」は、「以～為」(もって～となす)の訳。「～とみなす」「～と思う」の意。 問2 再読文字「将」、「献」(述語)・「楚王」(補語)の関係をふまえ、返り点をつける。 問3 山鶏を鳳凰とだまされた路人が大金を払い、楚王に献じようとしたが、一晩経過して死んでしまったため、献上できずに悔やんでいたのを国人から伝え聞いた人々が、真の鳳凰ならば貴重だから、この鳥を楚王に献上しようとしたのは当然なことだ、というのである。 問4 問3での国人が人々に伝えた路人の悔やみをまとめる。 問5 傍線部③以降に、「王感其欲献己也、召而厚賜之」とある。楚人の山鶏を鳳凰だとだまされた愚直な路人が、山鶏を本物の鳳凰と信じ、これを楚王に献上しようとしたその忠義心に王は深く感じ入り、路人を厚遇したのである。このことをふまえ、適切な説明を選ぶ。

【五】問1　ア　J　イ　D　ウ　C　エ　I　オ　M　カ　A　問2　(1)　事実・調査結果・専門家の考えなどを図書館やインターネットで調べたり、アンケートをとったりして情報を集める活動。(2)　C　(3)　反論を予想し、それに対する考えを示すことで意見をより明確にしたり、深めたりする意図。(4)　・根拠となる事実を具体的に書いたか。　・文章構成を工夫して書いたか。

〈解説〉問1　(1)は「知識及び技能」、(2)は「思考力、判断力、表現力等」、(3)は「学びに向かう力、人間性等」に関する目標を示したものである。　問2　(1)　自分の意見とその根拠を明確にするには、学校図書館や地域の図書館、公共施設や情報機器およびアンケートや見学等による情報収集が必要である。(2)　冒頭に結論を述べ、さらに最後に全体をまとめて、再度冒頭の結論を述べている。(3)　メディアとしての重要性を二つの理由で根拠づけたあとに、他のメディアの利点を挙げる一方、その負の部分を例示している。傍線部は反論を予想しながら、新聞のメディアとしての重要性を述べているのである。(4)　〔学習の流れ〕の②③を規準にして、その過程の評価を考える。

二〇一八年度 実施問題

【中高共通】

【一】次の文章を読んで、後の問に答えよ。(出題の都合上、一部本文を省略している。)

われわれ人間の特長は、情報を集め、理解し、整理し、記憶し、思考(分析と推理)の末、知識をつくることだといえるであろう。つまり、われわれの知的活動の成果が知識なのである。それは情報の中から、われわれのウイズダムによって抽出されたものであるといえる。ウイズダムは通常、英知、知恵、見識などと訳されるが、それはわれわれの洞察力、評価力、判断力、想像力などのもとである。本質を見過透かす力であるともいえる。

いうまでもなく、人間は〃知識を求める動物〃であり、長い歴史を通じて、物事の真実に迫る知識を得ようと努めてきた。知識は人類文明の中核であり、社会の歴史をみると、情報、知識を独占する人たちが支配層を形成した。

最近、話題になった小説に、〃薔薇の名前〃(The Name of the Rose)という、十四世紀、僧院内で起こった殺人事件を取り扱ったものがある。これは、ボロニア大学の記号学の先生、ウンベルト・エーコが書いたものであるが、そこでは、司書、［ア］図書館係がいかに大きな権力を握っていたかが分かる。つまり知識の所有が力を意味したのである。

もちろん、①情報や知識の中には、ある時期と場所に限って役立つにすぎないもの、不確実なもの、さらに迷信や狂信にもとづくもの、あるいは人を欺くため、意識的に歪曲されたものなどがあろう。
しかし、元来、人間は死を a マヌカれない有限の存在である。それだけに絶対的なもの、永遠なもの、確実なもの、真理と信じられる知識を得たいという強い内面的要求、悲願を持ち合わせているのではないであろうか。真、善、美の追求がそれであり、学術、宗教、芸術など多くの価値的知識をもたらした所以である。西欧におけるその最たるものとして、キリスト教と自然科学があげられるであろう。そしてこの二つは西欧文明の大きな柱でもある。

キリスト教はローマ時代、辺境の地イスラエルで生まれたのであるが、たちまち国境を越えて広がり、中世文化の中心になった。さきに述べた〝薔薇の名前〟はちょうどそのころの話である。一方、自然科学は、ギリシャの自然探究精神にもとづくが、近代科学として形成を整えはじめたのは十七世紀になってからである。

宗教と科学は次元の異なるものといわれるが、その違いは一体何であろうか。文明のはじめから、人間は、自分自身と取り囲む世界に大きな好奇心を寄せていた。〝人間の存在〟、〝世界の存在〟に説明を求めた。この疑問が神話、宗教、哲学の根拠であろう。そして、それらはいずれも、包括的に〝存在〟を説明しようと試みた。たとえば、〝神が造り給うた〟、といえば、すべてに絶対的解答が与えられるのである。

ところが、②数百年前から、西欧人の好奇心は自然に対してそれまでとは違ったアプローチをはじめたのである。すなわち、全体的な解答を得るのではなく、現象を個々に分離して解析し、理解する方法を取りはじめたのである。［イ］、物体と何か、生命とは何か、宇宙とは何か、という包括的な問いを発せず、この物質はどのような性質を持つのか、血液はどのような機構で心臓、血管を b ジュンカンするのか、遊星はどのような c キドウを通って太陽の周りを回るのか、というように、個別の問題に焦点を合わせ、③観測結果の因果関係を論理的に明らかにしようとした。これが近代科学の芽生えである。それがどうして西欧のみで起こったか、また、その飛躍的業績はごく限られた数の天才たちによってなされたという事実も興味深い。
さて、科学は限定された質問に対しての答えを得ることから始まったのであるが、意外にも解答は次第に一般的となり、自然の基本原理の発見に結びつくのである。物理学の法則などを考えても、それらははなはだ普遍性を持っている。このように、科学は宗教におけるように宇宙の絶対真理を瞑想的に求めることを避けたが、その手法は自然界の根源に近づく道を与えたのである。
このように科学知識は普遍性、客観性を備え、人類の得た最も確実な知識と考えてよいのではないであろうか。しかも自然科学研究は累積的であり(もちろん、いずれの学問も多かれ少なかれ累積的であろうが、自然科学は特にそうである)、進歩発展がその性格の中に強く組み込まれている。このため、自然科学は進歩すべく方向づけられ、完成することがない。科学知識の大きな特長は、伝統、信条が異なっていても、それを越えて、すべての民族の間でコミュニケーションできるということである。このため、国際協力の実もあがり、人間の知識欲がなくならない限り、その進歩は続くのである。

【中略】

自然科学の研究は本来、実用を離れたものである。④その目的は未知の分野を探究して新知識を創造するところにある。ところが十九世紀以来、科学知識を実際に役立たせる工学がさかんになり、科学は技術を先導する役割を演ずるようになった。科学の進歩がdイチジルしいということは急速な技術の発展を促すことになる。前世紀におけるその典型は電動機、発電機、照明などの電気技術の発展であろうが、今世紀になると、電子技術(エレクトロニクス)が生まれ、無線通信、ラジオなどの普及から電子文明がはじまった。さらに戦後、電子技術に支えられるコンピュータ情報処理の急速な発展が、通信技術の進歩と合わせて、情報化時代をもたらしたのである。

さて、ここでまず、科学技術の分野における情報化の現状を眺めてみよう。自然科学の大きな特技は、いうまでもなく可逆現象に関する限り、法則にもとづき予測が可能ということである。ハレー彗星がいつ現れるか。もっともそれは科学の黎明期(十七世紀)にすでに分かっている。しかし、科学の進歩とともに、天気予報などは精度を高め、地震の予告もやがて可能になるであろう。

とはいえ、最近の科学研究、技術開発にはコンピュータによる情報処理は不可欠である。すでに、宇宙航空工学、気象学、地震学、核融合プラズマなどの分野では膨大なデータ処理をスーパーコンピュータに全面的に依存する。特に、そのシミュレーション(模擬実験)能力は偉大な力を発揮する。この手段を用いて、複雑な電子装置は設計され、新しい化学薬品物質が発見できる時代になった。

考えてみれば、私などが新しい半導体研究テーマを思いつくのも、実は、もしAの実験をすればBの結果が出るのではないかという、頭の中でのシミュレーションの繰り返しに由来するといえるかもしれない。もっとも、実験を実行しても、簡単にはBの結果が出ない場合が多いし、まったく思いがけない成果が生まれることもある。多分、医師が病状を診察し、そのデータをもとに、診断を下す推理過程もまた、シミュレーションをやっているといえるのではないであろうか。物理や化学の実験と異なり、医師の診断は慎重を要するであろうが、いずれにしても、これらの場合、⑤人工知能を備えたコンピュータを活用すれば、結論の精度は一層よくなるはずである。

(江崎玲於奈『個人人間の時代――ニューヨークから』による)

問1　二重傍線部a「マヌカれない」、b「ジュンカン」、c「キドウ」、d「イチジルしい」を漢字に直せ。

問2　[ア]、[イ]にあてはまる語として最も適当なものをそれぞれA～Eから選び、記号で答えよ。

A　もちろん　B　ところが　C　たとえば　D　そのうえ　E　つまり

問3　傍線部①に挙げられた「情報や知識」の中から一つ選んでA～Dのいずれかの記号を付し、その具体例を自分で考えて答えよ。

A　ある時期と場所に限って役立つにすぎないもの

B　不確実なもの

C　迷信や狂信にもとづくもの

D　人を欺くため、意識的に歪曲されたもの

問4　傍線部②とあるが、どのように「違った」のか。六十字以内で説明せよ。

問5　傍線部③の中の「論理的」と対比的に用いられている語句を、本文中から漢字三字で抜き出して答えよ。

問6　傍線部④とあるが、筆者がこのように言う理由の説明として最も適当なものをA～Eから選び、記号で答えよ。

A　人間は自然界の謎を解く鍵を神に求めるうちに、自然科学の新たな分野にこそ答えがあるという考えに至ったから。

B　人間は目の前の現象について考えるうちに、思考が次々と発展し、未知なる分野を探究せざるを得なくなったから。

C　人間は限りある自然の資源を濫用し、枯渇させたため、自らの手で新たな資源を生み出す必要に駆られているから。

D　人間は神をあがめてその教えを信奉し、教えにそぐわない自然の摂理は、自らの手で解明し乗り越えようとするから。

E　人間は情報を集め、分析と推理を重ねて知識をつくりだす動物であり、本質的に知識獲得への欲求を持っているから。

問7　傍線部⑤とあるが、このように言えるのはなぜか。四十字以内で説明せよ。

問8　本文に関する説明として最も適当なものをA～Eから選び、記号で答えよ。

A　人の探究心から生まれた二つのものを対比させて論点を明快にし、科学の発展に関する自己の主張につなげている。

B　歴史をひも解きながら人の持つ知識がいかに乏しく不確かなものであるかを説き、人工知能の必要性を訴えている。

C　人が神を生み出した背景をつぶさに検証し、その矛盾から生まれた自然科学の正当性と今日の発展を礼賛している。

D　まず現代社会の抱える課題を提示し、過去を振り返って反省すべき点を列挙することで解決策を見出そうとしている。

E　古来知識がいかに重要視されてきたかをくりかえし述べ、人が努力して知識を獲得する過程の美しさを強調している。

(☆☆☆◎◎◎)

【二】次の文章を読んで、後の問に答えよ。(出題の都合上、一部本文を省略している。)

「なにしろ一人子なもんでございますからひっこみ思案で困りますの。おまけにお友達にいい方がいらっしゃらなくて、おとなりの娘さんとばかり遊んでおります」

夫人[*1]はそんなことをいいながら太郎のために絵の具箱やスケッチ・ブックを用意した。いずれも大田氏の製品で、専門家用の豪奢なものだった。その日は夫人は明るいレモン色のカーディガンを着ていた。芝生の庭に面した応接室の広いガラス扉からさす春の日光を浴びて、彼女の体は歩きまわるたびに軽い毛糸のしたで a メイメツする若い線を惜しむことなくぼくにみせた。

しばらく応接室で待っていると太郎が小学校から帰ってきた。彼は部屋に入ってきてぼくを発見すると、おどろいたように顔を赤らめたが、夫人にいわれるまま、だまってランドセルを絵の具箱にかえて背にかけた。そんな点、彼はまったく従順であった。夫人は自動車を申しでたが、ぼくはことわった。太郎はデニムのズボンをつけ、ま新しい運動靴をはいた。

「汚れますよ」

ぼくが玄関で注意すると、大田夫人は b いんぎんに微笑した。

「先生といっしょなら結構でございます」

口調はていねいでそつがないが、ぼくはそのうらになにかひどくなげやりなものを感じさせられた。いわれのないことであったが、その違和感は川原につくまで消えそうで消えず、妙にしぶとくぼくにつきまとってきた。

太郎をつれて駅にゆくと、ぼくは電車にのり、つぎの駅でおりた。そこから堤防まではすぐである。ぼくのいそぎ足に追いつこうとして太郎は絵の具箱をカタカタ鳴らしつつ小走りに道を走った。月曜日の昼さがりの川原はみわたすかぎり日光と葦と水にみちていた。対岸の乱杭にそって一隻の小舟がうごいているほかにはひとりの人影も見られなかった。小舟は進んだり、とまったりしながらゆっくり川をさかのぼっていた。広い空と水のなかでひとりの男がシガラミをあげたり、おろしたり、いそがしく舟のなかでたち働く姿が小さくみえた。ぼくは太郎をつれて堤防の草むらをおりていった。

「あれは魚をとってるんだよ」

「………」

「こんな大きな川でもウナギやフナの通る道はちゃんときまっているんだ。だからああして前の晩にシガラミをつけておくと、魚はこりゃいい巣があると思ってもぐりこむんだよ」

橋脚だけのこされたコンクリート橋のしたでぼくと太郎は腰をおろした。橋は戦争中に爆撃されてからとりこわされ、すこしはなれたところに鉄筋のものが新設された。強烈な力の擦過《さっか》した痕跡は、いまは川のなかにのこされたコンクリート柱だけで、爆弾穴は葦と藻に蔽《おお》われた、静かな池にかわっていた。太郎は腰をおろすと、絵の具箱を肩からはずし、スケッチ・ブックをあけようとした。①ぼくはその手をとどめて、右の眼をつぶってみせた。

「今日は遊ぼうや。カニでもとろうじゃないか」

「だってママが……」

ぼくはつぶった眼をあけ、かわりに左の眼をつぶって笑った。

「画は先生がもって帰ったっていえばいいよ」

「うそをつくんだね？」

太郎はませた表情でぼくの顔をのぞきこんだ。ぼくはだまってたちあがると葦の茂みのなかへ入っていった。葦をかきわけて歩くと、一足ごとに、泥がそのまま流れるのではないかと思うほどおびただしい数の川ガニがいっせいに走った。ぼくは太郎といっしょに彼らを足でつぶしたり、つかまえたりした。はじめのうち太郎は泥がつくことをいやがっていたが、そのうち靴にしみが一点ついたのをきっかけに、だんだん大胆に泥のなかへふみこむようになった。カニを追うたびに彼の手は厚く温かい泥につきささり、爪は葦の根にくいこんだ。やがて彼がひとりで小さな声をあげつつ茂みのなかを這いまわりはじめた頃をみはからって、ぼくはあたりに水たまりがないことをみとどけ、もとの爆弾穴のほとりへもどった。

ぼくが葦笛をつくることに没頭していると、しばらくして太郎が手から水をしたたらせてもどってきた。彼は足音をしのばせつつやってくると、ぼくのまえにたち、青ざめて

「先生、コイ……」

そういったままあえいだ。

「どうしたんだい？」

「コイだよ、先生。コイが逃げたの」

彼はぬれた手でいらだたしげに額の髪をはらい、ぬき足さし足で池にもどっていった。そのあとについていくと、②彼は水辺でいきなり泥のうえに腹ばいになった。ぼくは彼とならんで葦の根もとにねそべり、おなじように池のなかをのぞきこんだ。ぼくの腕のよこで太郎の薄い肩甲骨がうごいた。③彼は温かい息をぼくの耳の穴にふきこんだ。

「あそこへ逃げたんだよ」

彼のさしたところには厚い藻のかたまりがあった。それは糸杉の森のように水底から垂直にたっていた。

川原へいった日から太郎とぼくとのあいだには細い道がついた。彼はアトリエにやってくると、ぼくにぴったり体をよせて、グヮッシュを練るぼくの手もとをじっと眺めた。ぼくは貧しいので子供に高価な画材を買ってやれない。市販のものと効果に大差のないことがわかってから、毎日ぼくはアラビア・ゴムと亜麻仁油と粉絵の具を練りあわせてグヮッシュをつくる。ときに高学年の生徒が希望すると、カンバスや油絵の具までこし

らえてやることもある。ぼくはアトリエの床に足をなげだしてすわり、まわりに子供を集めて、ヘラをうごかしながら話をしてやるのである。太郎はぼくのしゃべる動物や昆虫や馬鹿やひょうきん者の話に耳をかたむけ、よほどおもしろいと顔をあげて、そっと笑った。形のよい鼻孔のなかで鳴る小さな息の音や、さきの透明な白い歯のあいだからもれる清潔な体温など、太郎の体を皮膚にひしひしと感じながら、ぼくは彼と何度も逃げたコイのことを話しあった。

「水のなかではね、物はじっさいより大きくみえるんだよ。だけど、あいつはほんとに大きかったんだ。そうでなきゃ、藻があんなにゆれるはずがないもんな。きっとあれはあの池の主だったんだよ」

「……」

太郎はぼくの話がおわると、澄んだ眼にうっとりした光をうかべた。それをみてぼくは巨大な魚が森にむかって彼の眼の内側をゆっくりよこぎっていくのをありありと感じた。ぼくは話をしながら彼の眼のなかの明暗や濃淡をさぐって、何度もそうした交感の瞬間を味わった。④そうやってぼくは彼から旅券を発行してもらったのだ。画塾には二十人ほどの子供がやってくるが、そのひとりひとりがぼくにむかって自分専用の言葉、像、まなざし、表情を送ってよこす。その暗号を解して、たくみに使いわけなければぼくは旅行できないのだ。他人のものはぜったい通用を許してもらえないのだ。人形の王国を支配している子には、ぼくはときどき内閣の勢力関係を聞いてやらねばならない。この子は自分の持っているさまざまな人形で政府をつくって遊んでいるのである。

「いまはタヌキかい？」

「いや、象だよ」

「ダルマは隠退したの？」

「うん、ここんとこちょっと人気がないね。あれは階段から落ちて骨が折れたんだよ」

「惜しい奴なんだがね」

さいづち頭がアトリエに出入りするとき、なんとなくぼくはそんなcアイサツを交わしあって完全な了解を感じている。

旅券をくれてからまもなく、太郎はぼくの話のあいだに、とつぜん
「先生、紙」

といいだすようになった。それが度かさなって、ぼくが
「おや、また便所？」

とからかうと
「ヤだな、先生ったら。画を描くんだよ」

そんな軽口をきいて彼はぼくから紙や筆や絵の具皿をとっていくようになった。

太郎は新しい核を抱いたのだが、その放射する力がスムーズに流れだすためには時間がかかった。彼の内部にはぼくにも彼自身にも正体のわからない、すっかり形のかわってしまったガラクタが海岸のようにうちあげられているはずであった。彼はぼくと話をしているうちに胎動をおぼえて紙を要求したが、いざ絵筆をとってみると、どうしてよいのかわからなくなって立ち往生することがしばしばあった。母親に手をとってもらうか、手本をみるか、いつかおぼえた人形をくりかえすか。こんなことしかやったことのない彼は体内のイメージの力と白紙の板ばさみになって苦しんだ。彼は筆でめちゃめちゃになぐった紙をもってきて、ぼくにささやくのだった。

「先生、描いてよ。ねえ、こないだのコイだよ、ねえ……」

彼は体をすりよせ、ひかえめながらも一人息子の傲慢さをかくした甘え声をだした。だまっていると、ぼくの体をおしたり、ついたり、ひょっとするとうしろにまわって背をつねったりする。それも皮膚を厚くつままず、ほんとに効果を計算して爪と爪だけで焼くようにチリッとやるのである。その痛さに身ぶるいしながら、ぼくは彼があえいでいるのを感じた。また、いよいよ脱皮しかけたなとも思った。抑圧の腫れ物のかさぶたを全身につけたまま彼はぼくにむかって迫ってきはじめたのだ。こうなると食われてしまうよりほかに道がない。ぼくは山口[*2]のように美しく器用にさけることができないのだ。彼は自動主義[*3]を子供にあたえることで自分を守った。つぎからつぎへ画塾にやってくるさまざまな症状の子供とつきあっているうちにぼくは自分自身の画を描く動機を失ってしまったのだ。⑤気がつくとぼくは小さな、生きた肉体の群れをカンバスと感ずるようになっていた。

川原で太郎にカニをとらせたのは泥を知らせるためであった。彼の体をしばる、［ア］潔癖をたたきこわすためであった。このことで彼は地殻の厚さや、やわらかさや、温かさを知ったのだ。つぎの日曜にやってきた彼にフィンガー・ペイントの瓶をさしだすと、彼は以前におびえたことをすっかり忘れ、さっさと蓋をあけて指をつっこむと、幼稚園へいってるずっと小さな子供たちといっしょになって紙をまっ赤にぬりたくった。

（開高健『裸の王様』による）

（注）＊1　夫人……大田太郎の継母。夫である大田氏は大田絵具の社長。
＊2　山口……画塾を開くぼくの知人であり、小学校教師で画家。太郎の担任。太郎をぼくに紹介した人物。
＊3　自動主義…そのもの自身の動きを大切にする方針。

問1　次の(1)〜(3)に答えよ。

(1)　二重傍線部a「メイメツ」、c「アイサツ」を漢字に直せ。

(2)　二重傍線部bの意味として、最も適当なものをA〜Eから選び、記号で答えよ。

A　ていねいで礼儀正しいこと

B　親しい交わりや親交のこと

C　陰気でうっとうしいこと

D　おとなしそうだが、実は無礼であること

E　表面上優しいが、心の内に悪意があること

(3)　ア　について、あてはまる表現として、最も適当なものをA〜Eから選び、記号で答えよ。

A　鼻が曲がる　B　鼻にかける　C　鼻持ちならない　D　鼻がきく　E　鼻っぱしらの強い

問2　傍線部①について、この行動にはぼくのどんな意図があると考えられるか。最も適当なものをA〜Eから選び、記号で答えよ。

A　悪びれた仕草をしてみせることで太郎を怖がらせいいなりにしようとする。

B　秘密を表す仕草をしてみせることで太郎にぼくへの親近感を持たせようとする。

C　大人っぽい仕草をしてみせることでませた太郎の好感を得ようとする。

D　くだけた態度で接してみせることで上品な夫人をばかにしようとする。

E　こなれた仕草をしてみせることで太郎の判断を狂わせそのかそうとする。

問3　傍線部②について、これと対照的な表現をこれより前の部分から、二十字以内で抜き出せ。

問4　傍線部③について、この表現からわかる太郎とぼくの状態を十字程度で説明せよ。

問5　傍線部④について、どういうことか、三十五字以内で説明せよ。
問6　傍線部⑤について、ぼくがこのように感じるのはなぜか。波線部を参考に、山口と比べてぼくが自分をどのように認識しているのかを踏まえて説明せよ。
問7　この文章の特徴について説明したものとして、最も適当なものをA～Eから選び、記号で答えよ。
A　短い会話文を連ねることで、子どもたちとぼくの関係をより現実的にし、子どもの心に振り回されるぼくの苦悩を描き出している。
B　ぼくからの視点を通して語られる子どもたちの細やかな心理描写によって、大人に翻弄される子どもたちの哀れな状況を暗示的に示している。
C　細部まで描く人物や情景の生き生きとした描写によって、読み手の想像力に働きかけ、画家であるぼくの感性を共感させる文章となっている。
D　印象的な比喩表現を用いることで、太郎の子どもらしさを奪っている強大な権力を読み手に感じさせ、対比的にぼくの無力感を描いている。
E　次第に色彩表現を多用していくことによって、太郎が子どもらしさを取り戻し、見る世界が輝きに満ちていく様子を表現している。

（☆☆☆◎◎◎）

【三】次の文章を読んで、後の問に答えよ。（出題の都合上、一部本文を省略している。）

かかるところへ、川瀬《かはうそ》の見え来《きた》り侍る、山の神申されけるは、「いかに、わ殿[*1]は、水心しろしめしたり。し[*2]かじかのこと侍り。文一つ遣はし侍らんに、届けて給はれかし」と言ふ。川瀬聞きて、「そのをこぜは、きはめてみめ悪く侍り、眼大きにして、骨高く、口広く、色赤し。さすがに、山の神などの、これらにおぼしつかせ給ふなど、人の聞き、悪く思はんも、をこがまし」と申せば、山の神、「いやとよ、それは御辺の偏執か。女の目には鈴を張れと申すことあり、目の大きなるは、美女の相なり、骨高きは、また貴人の相なり、口の広きは、智恵かしこきしるしなり。いづくにも、けぢめなき君なれば、①誰の見させ給ふとも、心を迷はさじといふこと、いかでなからむ。さやうに悪しく取沙汰あるは、世のならひぞかし」とて、思ひ入りたる有様、まことに、縁あれば、［ア］も［イ］に見ゆるならひかなと、をかしさ限りなし。「さらば、御文書き給へ。伝へて参らせん」と言へば、山の神、なかなか嬉しさ言ふはかりなし。文を書かんに、硯筆もなし、ただ木の皮を引きむくりて、思ふ言の葉をぞ書きに［ウ］。

【中略】

かくて、川獺は、いとど鼻[*3]うそやぎつつ、浜辺に立ち出でて、海の底につぶつぶと水練し、をこぜの姫に対面して、しかじかと語りければ、をこぜは、これをきこしめして、思ひも寄らぬ御ことかなとて、いとど御顔を赤くなして、御手にも取り給はず。川獺、「あらつれなの御ことや、藻[*4]にすむ虫のわれからと、濡らす袂のその下にも、情は世にすむ身の上に、なくてはい[*5]かに榾柴の、仮の宿りの契りだに、思ひを晴らすならひぞかし。ましてや、これは常ならぬ、後は契りの底深く、恋に沈みしその心を、いかでかただには過し給はん。塩[*6]焼く海人の煙だに、思はぬ方になびくらん、春の柳の風吹けば、かならずなびく枝ごとに、乱れ心のあはれさを、少しはおぼしめし知らせ給へ」など、さまざまに申しければ、をこぜの君、つくづくと顔しかめ、さすが②石木ならねば、③例の赤ら顔にて、御恥づかしくも侍れど、「さてもさても、思ひ寄らざる御④水茎の跡、御心のほども、いとあはれに思ひ参らせ侍れども、ただかりそめの御言の葉、そら情かけられ参らせ候うても、うき世のならひとは申せども、秋の草葉の枯れ枯れになり候はん時は、真葛[*7]が原に風立ちて、怨み顔ならんも、さすがなれば、なれての後は、いかがせん、とかくとかく、このこと御許し候うて、見ぬ昔と思しめし候はんこそ［　エ　］、[8]今の[10]思ひにくらぶればと申すことも侍れば、⑤詮なくや侍らん。また、⑥みづからは青柳[9]の糸、そもじ様は春風にて御入り候はんと思ひおき参らせ候ふ」とて、

　思ひあらば玉藻の蔭に寝もしなむひじきものには波をしつつも

とうち詠じて、川瀬に渡しければ、喜びて立ち帰り、山の神に見せければ、まづ嬉し泣きに泣き、涙を流し、急ぎ開き見れば、わが身を青柳の糸となし、君は春風と吹き給ひしは、なびき給はんといふことなるべし。「さらば、今宵、をこぜの君の御もとへ参るべし。とてものことに、御辺、道しるべして給はれ」とのたまふ。「やすき御ことなり。御供申さむ」と言ふ。

（『御伽草子集』より）

（注）＊1　わ殿……………二人称代名詞
＊2　しかじかのこと………「山の神」が浜辺で琴を鳴らし歌を作る「をこぜの姫」の姿を見て、恋に落ちたことを指す。
＊3　鼻うそやぎつつ………鼻がくすぐったくなって、の意。おかしくて笑いたくなっている状態を指す。
＊4　藻にすむ虫のわれから…『古今和歌集』に「海人の刈る藻にすむ虫のわれからと音をこそなかめ世をば恨みじ」（典侍藤原直子）とある。「海人の刈る藻にすむ虫の」は「われから」にかかる序詞。
＊5　いかに榾柴…………「いかにならむ」に「榾柴の」をかけている。「榾柴」は榾の小枝

の燃料に適するもの。

＊6 塩焼く海人の煙……『古今和歌集』に「須磨の浦《あま》の塩焼く煙風をいたみ思はぬ方にたなびきにけり」とある。

＊7 真葛が原……葛の生えている原。葛の葉は風に吹かれると裏を見せるという。なお、『新古今和歌集』に「わが恋は松を時雨の染めかねて真葛が原に風さわぐなり」（前大僧正慈円）とある。

＊8 今の思ひにくらぶれば…『拾遺和歌集』に「逢ひ見ての後の心にくらぶれば昔はものを思はざりけり」（権中納言敦忠）とある。

＊9 青柳の糸……細い青柳の枝を糸にたとえている。

＊10 御入り候はん……いらっしゃるのでしょう、の意。「入る」は尊敬語を伴って、「いらっしゃる」の意を表す。

問1 傍線部①の内容として最も適当なものをA～Eから選び、記号で答えよ。

A だれも「をこぜの姫」を、わざわざ見に行かせたりはしない。
B 「をこぜの姫」を見た者は、だれもが心を奪われてしまうだろう。
C 「をこぜの姫」を見たことがない者は、心が迷うことはないだろう。
D だれが「をこぜの姫」を批判しようとも、自分の気持ちは変わらない。
E 「をこぜの姫」を見たとして、だれもが心ときめいてしまうわけではない。

問2 ［ア］～［エ］について、次の(1)、(2)に答えよ。

(1) ア、イ を含む波線部は慣用表現である。ア、イ に、それぞれひらがな三字の語をあてはめ、現代語の慣用表現を完成させよ。

(2) ウ には過去の助動詞「けり」が、エ にはナリ活用形容動詞「ましなり」が入る。それぞれ正しく活用させて答えよ。

問3　傍線部②はどういうことを表しているか。簡潔に説明せよ。

問4　傍線部③が受けている部分を、傍線部③以前から一文で抜き出し、初めの五字を答えよ。

問5　傍線部④と同じ意味の語を、本文中から一語で抜き出して答えよ。

問6　傍線部⑤を口語訳せよ。

問7　傍線部⑥とあるが、この「をこぜの姫」の言葉を、「山の神」はどのように解釈したのか。五十字以内で説明せよ。

問8　「川瀬」と「をこぜの姫」の会話の中の表現に関する説明として正しいものをA～Eから一つ選び、記号で答えよ。

A　「川瀬」の「藻にすむ虫のわれから」という表現は、恋破れても世を恨まず、自分の身から起こったことだと受け止めながら涙に暮れる内容の古歌をふまえ、切ない「山の神」の心情を「をこぜの姫」に訴えかけようとしている。

B　「川瀬」の「なくてはいかに楢柴の」という表現は、人の情けは大切で、思いを寄せられたならかりそめの関係でも結ぶのがよいという「山の神」の言い分を「をこぜの姫」に説いて、なんとか二人を引き合わせようとしている。

C　「川瀬」の「塩焼く海人の煙だに」という表現は、塩を焼く海人の煙でさえ思いもしない方にたなびくように、思いもかけず「をこぜの姫」にひかれた「山の神」の気持ちが自分には理解できないことを言外にほのめかしている。

D 「をこぜの姫」の「真葛が原」という表現は、男女の仲になってもじきに気持ちが離れるなら、葛の葉が風に吹かれて裏を見せるように「山の神」が自分を恨みに思うことを恐れ、会わずにいた方がよいと「川瀬」に伝えている。

E 「をこぜの姫」の「今の思ひにくらぶれば」という表現は、出会ってしまった後の今の心で思うに、昔は悩みがなかったものだという内容の古歌をふまえ、「山の神」に出会わなかった昔には戻れないことを「川瀬」に訴えている。

（☆☆☆◎◎◎）

【四】次の文章を読んで、後の問に答えよ。（出題の都合上、旧字体を改め、一部訓点を省略している。）

魏《ぎ》[*1]武《ぶ》常ニ言フ、「人欲スレバレ危フクセントレ己ヲ、己輒[*2]心動ク。」因リテ語リテ二所ノレ[*3]親シム小人ニ一

曰ク、「汝懐《いだ》キテレ刃ヲ密カニ来タレ二我ガ側《かたわら》ニ一、我必ズ説キテ二心動クト一、執《とら》ヘテレ汝ヲ使メンレ行ハレ刑ヲ。汝

①但勿レ言。其レ使メレ無カラレ他、②当二厚ク相報ユ一。」執ハレシ者信ジレ焉《これ》ヲ、③不二以テ為サレ懼レヲ一。

遂ニ斬ルレ之ヲ。此ノ人至ルマデレ死ニ不レ知ラ也。左右以テ為シレ実《まこと》ト、④謀ルレ逆ヲ者挫ケリレ

気ヲ矣。

（注）＊1　魏武……魏の武帝。曹操のこと。後漢末の群雄の一人。二一六年に魏王となった。
＊2　心動……胸騒ぎがする、の意。
＊3　所親小人…身近に置いている小者、の意。

問1　二重傍線部「輒」の読みを、送り仮名を補って答えよ。現代仮名遣いでよい。（以下同じ）
問2　傍線部①をすべてひらがなで書き下し文にせよ。
問3　傍線部②の口語訳として最も適当なものをA～Eから選び、記号で答えよ。
A　きっと、他の家来が報復のために来るだろう。
B　当然、丁重にほうびを取らせるつもりである。
C　必ずや、詳細に結果を報告させるはずである。
D　当然、あとでひどい目に合わせるはずである。
E　きっと、身の回りでよいことが起きるだろう。
問4　傍線部③とあるが、それはなぜか。五十字以内で説明せよ。
問5　傍線部④とあるが、その理由の説明として最も適当なものをA～Eから選び、記号で答えよ。
A　自分が危害を加えられそうになると胸騒ぎがするという魏武の言葉を信じこんだから。
B　たとえ平素親しかった者であっても失敗すれば容赦しない魏武の姿勢に戦慄したから。
C　常日頃から側で仕えていた者に裏切られ、命を狙われた魏武の心中を推し量ったから。
D　全てを見通し素早く決断する魏武の才知に心奪われ、どこまでも従おうと思ったから。
E　身近に置いていた家来でさえ平然と利用して捨て石とする魏武の酷薄さを恐れたから。

（☆☆☆◎◎◎）

【五】国語科学習指導について、次の問に答えよ。

問1　次のⅠは中学校学習指導要領、Ⅱは高等学校学習指導要領の一部である。文章中の ア ～ オ に当てはまる語句を後の語群より選び、記号で答えよ。

Ⅰ　中学校学習指導要領

目標
国語を適切に表現し ア 理解する能力を育成し、 イ を高めるとともに、思考力や ウ を養い エ を豊かにし、 オ に対する認識を深め国語を尊重する態度を育てる。

（語群）

A　適切に	B　的確に	C　正確に	D　読解力	E　伝え合う力
F　表現力	G　判断力	H　想像力	I　情報活用能力	J　言語感覚
K　言語文化	L　言語能力	M　言葉	N　国語	

Ⅱ　高等学校学習指導要領

目標
国語を適切に表現し ア 理解する能力を育成し、 イ を高めるとともに、思考力や ウ をのばし、心情を豊かにし、 エ を磨き、 オ に対する関心を深め、国語を尊重してその向上を図る態度を育てる。

〈語群〉

A　適切に　B　的確に　C　正確に　D　読解力　E　伝え合う力
F　表現力　G　判断力　H　想像力　I　情報活用能力　J　言語感覚
K　言語文化　L　言語能力　M　言葉　N　国語

問2　「読むこと」の指導のために「文学作品を朗読しよう」という単元を設定する。後の(1)～(4)に答えよ。
なお、解答にあたっては次の条件にしたがうこと。

〔条件〕
・指導する校種等と、この単元の指導事項は次のとおりとする。
中学校第一学年　…「読むこと」場面の展開や登場人物などの描写に注意して読み、内容の理解に役立てること。
高等学校第一学年　… 国語総合　文章に描かれた人物、情景、心情などを表現に即して読み味わうこと。

(1) 図1は単元の学習指導計画の一部である。下線部①の学習活動について、朗読をする際の工夫として

単元名：文学作品を朗読しよう
ねらい：文章を朗読するために，情景や登場人物などの描写に注意して読み，内容の理解に役立てることができる。

【指導計画】

	学習活動	留意事項○と評価☆
第一次	・作品を読み、感想を伝え合う。 ・①朗読する際の表現の工夫を確認する。	○既習事項を確認させる。
第二次	・②登場人物の心情を文章から読み取りながら、朗読シートにどのように読んだらよいか書き込んでいく。 ・③考えたことをグループで交流し、自分の読み取りに生かす。	☆ [ ] ○交流して気付いたこと、朗読の修正点をシートに記述させる。
第三次	・朗読発表会をする。	○読み取った心情とあわせて、それが伝わるようにどんな工夫をするかを、発表の際に合わせて紹介させる。

【図1　単元の学習指導計画】

「声の大小(強弱)」の他に、どのようなことが考えられるか、二つ挙げよ。
(2) 下線部②において、「読む能力」を観る評価規準として考えられることを答えよ。
(3) 下線部②における評価方法として、生徒が書き込む朗読シートを利用することにする。朗読シートを記述させる際に、どのようなことを指導しておくべきか、記せ。
(4) ③の学習活動で、ある班が「彼の心は君にあるんじゃない」という文の文末を、上げて読むか下げて読むかについて生徒が意見を交わしていた。これを例に話し言葉の表現技法を全体に指導することにした。a、bの読み方を表す用語として最も適当なものを後のA～Dから選び、記号で答えよ。
a　文末「あるんじゃない」を上げたり、下げたりする読み方
b　文中の「君に」を強調する読み方
A　アクセント　B　イントネーション　C　プロミネンス　D　テンポ

(☆☆☆◎◎◎)

解答・解説

【中高共通】

【一】問1　a　免れない　b　循環　c　軌道　d　著しい　問2　ア　E　イ　C
問3　記号…C　具体例…仏滅の日には結婚式を挙げるのを避けるという風習。　問4　以前は自分自身

や世界の存在を包括的に説明しようとしていたが、現象を個別に解析し、論理的に明らかにしようとし始めた。(五十七字)　問5　瞑想的　問6　E　問7　人工知能は高いシミュレーション能力によって、確実性の高い法則を導き出せるから。(三十九字)　問8　A

〈解説〉問1　漢字は表意文字である。文脈に整合するように同音(訓)異義語や類似の字形に注意すること。問2　ア　選択肢中では、同等の意味をあらわす「つまり」しか適さないのでEを選択すればよいが、例えば「とりわけ」といった語があった場合は、前後の文章を確認する必要があることに注意したい(小説内の時代は「司書≠図書館係」ではなかった可能性を一応考慮する)。　イ　前の文の例示の語を入れる。　問3　Aではスポーツや宗教的行事、放牧など四季等との関わり、Bでは宇宙人の存否など実証されない仮説、Dではデマゴギー等が考えられる。　問4　傍線部②の「自然に対してそれまでとは違ったアプローチ」の「それまで」は創造主(神)による包括的存在としてすべてをとらえていた宗教的な考え方をさす。この考え方と異なるのが、「現象を個々に分離して解析し、理解する」科学的な考え方である。　問5　まず、「論理的」の対義語を求めているのだから「……的」という語を考えてみたい。「論理的」とは、議論や思考が論理にかなっている様子であり、これに対比的に用いられているのは、深く静かに考える様子で「観念的」の類語である。問題文では、宗教と科学が対比的に述べられていることも踏まえると探しやすいだろう。　問6　傍線部④に「未知の分野」「新知識」とあり、選択肢はいずれも「人間は…」とあるので、人間の根本に関する問題と解することができる。Eは第一段落〜五段落の内容と一致する。宗教は包括的であるのに対し、科学は「個別的」「論理的」であることも踏まえて考えるとよい。　問7　最後から三つめの段落以降の内容をまとめること。問題文で述べられているコンピュータの特長を示せばよいだろう。　問8　筆者は、まず「情報」と「知識」についての関連を、そして有限の存在の人間の知的欲求から多くの価値的知識を生み出し、キリスト教と自然科学という二つの西欧文明を柱として示している。やがて中世以降、自然を個別的・客観的に分析する近代科学の誕生と科学知識の普遍性について論じ、その知識の実用化と情報化について科学の進歩の著しさを強調している。

【二】問1　(1)　a　明滅　c　挨拶　(2)　A　(3)　C　問2　B　問3　太郎は泥がつくことをいやがっていた(十七字)　問4　体が密着している状態。(十一字)　問5　川原へいった日の出来事を通して、太郎がぼくに心を開いてくれたこと。(三十三字)　問6　山口は子供たちの自主性を重んじるかのように見せかけて子供たちをうまくあしらい、自分の創作への意欲や時間を守っているのに対して、自分はひとりひとりの子供たちに向き合って心を通い合わせ、子供たちの思いを表出させてゆくことに満足を感じ、そこに自分のやりがいを見いだしていたから。　問7　C

〈解説〉問1　(2)　いんぎん(慇懃)は礼儀正しく、丁寧なこと。　(3)　空欄には「潔癖」を修飾するに適した慣用句を、空欄の前の「彼の体をしばる」との関連で考える。解答の「鼻持ちならない」は、言語や行動ががまんできないほど不愉快な様をあらわす。　問2　ぼくの仕草「右の眼をつぶってみせた」は、太郎に対する内緒を表すアピールである。同時にお互い秘密を共有し合うといったニュアンスもある。　問3　太郎の「水辺でいきなり泥のうえに腹ばいになった」行動は、当初「泥」を忌み嫌っていた太郎の様子とは対照的であることを踏まえて考えるとよい。　問4　一口に「状態」といっても、いろいろなものが考えられるので迷うかもしれない。前後の文章から考えて、太郎は意図的にぼくの耳に息を吹き込んだわけではなく、自然に入ってしまったと考えられる。したがって、傍線部③は太郎と体の距離が近いことを示した表現であるとわかる。
問5　後文の内容から考えるとよい。画塾の生徒それぞれが自分の「世界」を持っており、その「世界」に入るには〝旅券〟(その人に対して心を開くこと)がいる。傍線部④で「ぼく」が太郎から〝旅券〟を発行してもらったのは、川でコイを取り逃がした時以来、何度も互いに交感の時間を持ったからといえる。　問6　山口とぼくの生き方の違いを正しくとらえて設問に答えること。ぼくは、子供たちと互いに心を共有し、画を描く指導だけでなく共に遊び共に語り合い、その成長を温かく見守っている。それが自分の絵を描くカンバス(画布)に代わり、人づくりの画布(対象)となっている。一方、山口は子供たちの自動主義を重んじると称して、子供たちに深く関わらない方針をとっている。　問7　この作品は、子供に絵の指導をする「ぼく」とその塾生の太郎との温かな人間関係を中心に描かれた作品である。登場人物の心理や動作が丁寧に描写され、比喩表現も効果的であり、短い会話も臨場感がある。二十人ほどの塾生の一人ひとりと心の交流をし、その個性や能力に応じて指導する「ぼく」の人間性が、豊かな感性とともに読み手に深く伝わり共感とともに温かな体温を感じさせる。

【三】問1　B　問2　(1)　ア　あばた　イ　えくぼ　(2)　ウ　ける　エ　ましなれ　問3　石や木のように心のないもの(無情なもの)ではないということ。　問4　そのをこぜ　問5　文　問6　仕方がないことでございましょうか。　問7　青柳の枝が春風の吹く方へなびくように、おこぜは山の神の思いに従おうと言っていると解釈した。(四十五字)　問8　A

〈解説〉問1　「誰の見させ給ふとも」は、「誰がをこぜの姫をご覧になっても」という意味。「心を迷はさじ」の「じ」は打消推量で、「いかでなからむ」は反語形と考える。「(心を迷わさないことが)どうしてなかろうか。必ずある」といった意味になる。　問2　(1)　「あばた」とは天然痘の発疹が化膿してかさぶたになり、それがとれたあとの皮膚のくぼみのこと。「あばたもえくぼ」とは、相手に好意を持てば、どんな欠点も長所に見えるたとえである。　(2)　空欄ウ・エを含む文には、文意を強める「係結び」が用いられている。係助詞「ぞ」

は活用語の連体形、「こそ」は活用語の已然形を結辞とする。過去の助動詞「けり」は連体形「ける」に、ナリ活用形容詞「ましなり」は「ましなれ」となる。　問4　「例の赤ら顔にて」は「いつもの赤ら顔で」という意味であるから、「そのをこぜは、きわめてみめ悪く侍り、眼大きにして、骨高く、口広く、色赤し」が「例の」が示す一文である。　問5　「御水茎の跡」は、山の神が「木の皮を引きむくりて」書いた筆跡で、「文」のことを指す。　問6　「詮なく」は「詮なし」(形容詞・ク)の連用形で「仕方がなく」、「や」は疑問の係助詞。「や…らん(む)」は係結び。「侍ら」は「侍り」(自ラ変)の未然形で「あり」の丁寧語である。　問7　「私は青柳の糸、あなた様(山の神)は春風でいらっしゃるのでしょう、と心にきめておきます」の意。文中、「山の神に見せければ、…わが身を青柳の糸となし、君(山の神)は春風と吹き給ひしは、なびき給はんといふことなるべし」とある。この山の神の「をこぜの姫」の言葉に対する解釈をまとめる。　問8　B　思いを寄せられたならかりそめの関係を結ぶのが世の常であることを述べ、「ましてや、これは常ならぬ…」と川獺は「をこぜの姫」に説いている。　C　「をこぜの姫」に心ひかれた「山の神」の気持を川獺は理解していることを言外にほのめかしている。　D　「山の神」が自分を恨みに思うことを恐れる部分が不適切。「怨み顔ならんも、さすがなれば」(怨み顔になるわけにはいかない)は「をこぜの姫」のことである。　E　「今の思ひにくらぶれば」という出会いのあとの悩みを述べた後、「をこぜの姫」は、「詮なくや侍らん」といっている。

【四】問1　すなはち　問2　ただいふことなかれ。　問3　B　問4　自分は魏武と口裏を合わせて捕まったのであり、心配はいらないという魏武の言葉を信じていたから。(四十六字)　問5　A

〈解説〉問1　「輒」は「すなわ(は)ち」と読む。「そのたびごとに」という意味である。　問2　「但」は「ただ」、

「勿言」は「いふことなかれ」と訓読する。　問3　「当厚相報」(まさに厚く相報ゆべし)の口語訳。「当」(まさニ…ベシ)は「当然…するつもりである」と読む再読文字である。「報」は報酬・返礼のこと。　問4　「不以為懼」(以て懼れを為さず)とは、「恐怖心を起こさなかった」という意味。その理由は、魏武の言葉を信じていたからである。「執者信焉」の「焉」は、魏武の「所親小人」との話し合いをいう。　問5　「謀逆者挫気矣」(逆を謀る者気を挫けり)とは、謀反を起こそうという気を持つ者に対し、魏武は「人欲危己、己輒心動」という暗殺者の気を挫く言葉を深く信じこませ、自分の身の安全を図ったのである。

【五】問1　Ⅰ　ア　C　イ　E　ウ　H　エ　J　オ　N　Ⅱ　ア　B　イ　E　ウ　H　エ　J　オ　K　問2　(1)　声の高低、読む速度　(2)　中学校…登場人物の心情や行動、情景描写を注意して、心情を読み取り、朗読シートに書き込んでいる。　高等学校…文章に描かれた人物、情景を表す表現や語句などに即して読み、表現や語句を手掛かりに人物の心情を的確に捉え、朗読シートに書き込んでいる。　(3)　本文のどこを根拠にして心情を読み取ったのかを書き込ませる。　(4)　a　B　b　C

〈解説〉問1　教科目標は大きく二つの部分で構成されており、前段では国語の能力の根幹となる、国語による表現力と理解力の育成と伝え合う力を高めること、後段では思考力や想像力、言語感覚についての育成等について示している。　問2　(1)　朗読は、読者として自分が思ったことや考えたことから対象としている文章の全体的イメージを明確にし、そのことを相手に分かってもらうように伝えようとして音声化するものであることを踏まえて考えるとよい。　(2)　中学校では文章の中の時間的、空間的な場面での登場人物の行動や情景描写に注意して登場人物の心情を読み取り、感じたことや思いを朗読シートに書き込んでいるかを評価規準とする。高等学校では指導事項にしたがって、文や文章、語句などから離れないように文章の読み取りを行い人物の心的状況を的確に捉え、朗読シートに書きこんでいるかを評価規準とする。(3) 中学校・高等学校ともに「読むこと」の指導事項は、文学的文章の解釈に関する事項であり、登場人物の心情を読み取るためには、「視点(根拠)」を定めて読むことが必要である。本文のどこに視点を置き、登場人物の心情を読み取ったのかをシートに記述させる指導は、朗読をするためにも不可欠である。(4) aは「話しことばで、話し手の感情や意志を反映して、文またはその一部に表われる声の上がり下がり」であるイントネーション、bは「話し手が、文中のある語・句を取り立てて特に強く発音して強調する」プロミネンスである。

二〇一七年度 実施問題

【中高共通】

【一】次の文章を読んで、後の問に答えよ。(出題の都合上、一部本文を省略している。)

私がここにサンプルとして選んだ古典は、*1福沢諭吉の『文明論之概略』です。①この書物を選んだのは、もちろん私自身が戦前から何度もくりかえし読んだ書物の一つだからですが、それだけではないつもりです。なにより、福沢諭吉という人物は、現代日本の、それこそ「最新流行」の思潮から見ると、必ずしも評判のよくない思想家です。それに『文明論之概略』という題名そのものが、現代から見るといかにも［ア］とした感じを与えます。「文明」というコトバはたんに古臭いだけでなく、科学技術のaヘンチョウとか、物質中心主義とか、公害源とかいうはなはだ芳しくない連想と結びついております。それだからこそ、私はあえてこの思想家とこの書物をとりあげるのです。

古典を読み、古典から学ぶことの意味は—すくなくも意味の一つは、自分自身を現代から隔離することにあります。②「隔離」というのはそれ自体が積極的な努力であって、「逃避」ではありません。むしろ逆です。私たちの住んでいる現代の雰囲気から意識的に自分を隔離することによって、まさにその現代の全体像を「距離を置いて」観察する目を養うことができます。

私たちは、どんなに自分では「自由」に思考していると思っても、現代の精神的空気を肺の奥底まで吸い込み、現代の思考範疇をメガネとして周囲の光景を眺め、手近なところでいえば、現代の流行語を十分な吟味《ぎんみ》なしに使って、物事を論じております。「反時代的考察」と称するものが、実はしばしば自ら意識しないで、時代の雰囲気にとっぷりと浸り、＊2ステロ化された現代のイメージによりかかっているものです。日本のマス・コミや「論壇」のようにトピックの集中性が強い場ほど、そうなりがちです。現代の問題を中心とすること自体はそういう媒体の当然の使命なのですが、話題が刻々の「いま」に集中するほど、さきほどのべた、昔から日本にある思考の底流に乗って水勢を増し、滔々として私たちを押し流します。そこで古典の古典たる所以をきわ立たせるためには、現代流行していない古典、もしくは不評判なテーマに関わる古典を例にとるのがかえって適切だ、というのが私の考えです。

思想的古典に直接向き合って、そこから学ぶためにまず大事なのは、先入見をできるだけ排除して［イ］に臨《のぞ》む、ということです(先入見を一切排除するのは実質上不可能なので、「できるだけ」としか言えません)。先入見というのは裁判でいう「予断」に当ります。つまり当該の思想家なり著書なりにたいしてあらかじめ抱いているイメージであり、そのイメージと離れがたく結びついた期待感や嫌悪感です。とくに現代に不評判な古典の場合には、その不評判の背後にある流通観念が先入見として私たちを支配しがちです。

福沢から一例をとれば、彼は「愚民観」を脱しなかったので、民主主義者として不徹底だった、というようなイメージです。そういうイメージは流通度に比例して手垢《てあか》がついて、正体不明の言語をかかえこむようになります。ですから、あなたのいう「民主主義」とは何か、愚民観の「観」とは何を指すのか、というように問い返すと、大抵は明確に定義を下すことなしに自分の思いこみを対象に投影していることがわかります。定義を下すとは同時に自己限定をすることです。私はこういう意味でコトバを使っているので、べつの意味で用いれば、またちがった帰結が出てくることを認めますよ、という留保です。そうした限定と留保なしに、銘々まるごとの「情念」をぶつけあっている不毛な論争が、何と＊3五月蝿《さばえ》なしていることでしょう。それが結構まかり通れるのは、一見逆説的ですが、日本社会が基本のところでツーツーカーの同質社会で、他者感覚がそれだけ稀薄だからです。

ちょっと脱線しましたが、愚民観に話を戻せば、愚民というコトバを使い、あるいは民衆は愚かだと言っているから「愚民観」だというのなら、カール・マルクスも含めて大部分の古典思想家から愚民観の証拠を引き出すことができます。現に福沢自身ある個所で「西洋の諺《ことわざ》に愚民の上に苛《から》き政府ありとはこの事なり(中略)故に今我が日本国においても此の人民ありて此の政治あるなり」(『学問のすゝめ』初編)と認めているように、「人民はそれぞれ彼等にふさわしい政府をもつ」というのはもと「西洋の諺」です。「だから仕方がないんだ」とあきらめるのか、それとも、だからこそ「愚民の自《みず》から招く災」をはねのけるのは、「愚民」の自発の決断であり、「人民独立の気象」の確立がカナメなのだ、というのか――いずれかによって「愚民観」はまったく正反対の含意を持つことになります。

福沢が啓蒙主義的な歴史の進歩観の持主だ、というのも現在の通念の一種です(この通念は戦時中にもあって、それゆえ福沢は当時羽振りをきかせていた日本浪曼派の攻撃の的になりました。どうやらワン・サイクル、季節が回転したようです)。③「愚民観」の場合と同様、通念は通念なるがゆえに間違いだ、というわけではありません。それが無限定なのが困るのです。福沢がどういう意味で、どういう限りにおいて「文明の進歩」を価値的に肯定したかの綿密な吟味が大事です。たとえば次の一文を御覧下さい。

「概してこれを云えば、古の政府は力を用い、今の政府は力と智とを用ゆ。古の政府は民を御するの術に乏しく、今の政府はこれに富めり。古の政府は民の力を挫《くじ》き、今の政府はその心を奪う。古の政府は民の外を犯し、今の政府はその内を制す。(中略)この勢いに乗じて車の轍を改むることなくば、政府にて一事を起せば文明の形は次第に具《そな》わるに似たれども、人民には正《まさ》しく一段の気力を失い、文明の精神は次第に衰うるのみ」(『学問

のす、め』五編）

これは注釈するまでもなく、現代の政治権力がテクノロジーの進歩を統制手段に利用できるようになったため、どういう事態が生れたか、もしくは生れる可能性があるか、を述べたものです。私は「古の政府は民の外を犯し、今の政府はその内を制す」というような命題を引いて、福沢をナチズムやスターリニズムの予言者に仕立て上げるつもりは、bモウトウありません。ただ、テクノロジーの進歩によって「文明の精神」が衰弱する可能c性を、福沢が戦慄に似た憂慮をこめて指摘しているのを見れば、近代技術文明の躍進と発展とを、めでたしめでたしと手放しで謳歌する「進歩観」を福沢に帰属させるには、すくなくとも保留を要するのはあきらかでしょう。

福沢の「悪い」イメージに内在する予断にたいして、「被告」の弁護人に立てば、申立てたいことは、なお山ほどあります。しかし、そうすることが当面の問題ではありません。右の私の議論にも当然、私なりの偏見が入っていますから、それを右に挙げた通念とともに棚上げして結構です。私たちは福沢より一世紀近くもあとの時代に生き、福沢が見られなかった日本と世界の出来事や推移をすでに知っております。ですから、彼に未知であったことが私たちには既知であるという自然の優越地点に立って、福沢の歴史的限界を指摘することは容易であり、私はむしろそうした姿勢のなかにも、前述した「現在主義」にもとづく、ある不遜さが潜んでいないかをおそれます。古典に臨むには、善いイメージにしろ、悪いイメージにしろ、どちらの［ウ］も「預《あずか》り」にする必要があるのですが、とかく悪いイメージの方が右のような「限界」説に傾斜しやすいので、ヨリ警戒を要すると思います。そういう［ウ］を古典に投影すれば、それだけ「現代から自分を隔離する」作業の妨げになるからです。

（丸山真男『「文明論之概略」を読む』による）

（注）＊1　福沢諭吉…明治時代の啓蒙思想家。
＊2　ステロ化…ステレオ化、の意。
＊3　五月蠅《さばえ》なして…うるさく騒いで、の意。「五月蠅《さばえ》」は夏のハエ。うるさく騒ぎ立てるもののたとえに用いられる。

問1　二重傍線部a～cについて
（1）a「ヘンチョウ」、b「モウトウ」を漢字に直せ。
（2）c「性」について、次の太く書かれた部分は何画目に書くか、漢数字で答えよ。

性

問2　空欄部ア～ウについて
（1）ア・イに当てはまる語句として最も適当なものをそれぞれA～Gから選び、記号で答えよ。
A　虚心坦懐　B　曖昧模糊　C　古色蒼然　D　支離滅裂　E　融通無碍　F　公明正大
G　付和雷同
（2）ウに当てはまる漢字三字の熟語を、本文中から抜き出して答えよ。
問3　傍線部①について、筆者が「この書物を選んだ」理由を述べている一文を、これより後の文中から抜き出し、初めの五字を答えよ。
問4　傍線部②について、この場合のⅠ「隔離」とⅡ「逃避」の説明として最も適当なものをそれぞれA～F

から選び、記号で答えよ。

A　現代的な風潮を否定し、日々昔を懐かしんで過ごす行為。
B　現代の抱える問題を分析し、解決していくための行為。
C　現代的な特徴について思考し、未来に生かしていく行為。
D　現代の有様を受け入れず、離れてしまおうとする行為。
E　現代の状況を悲観的にとらえ、他者との交際を絶つ行為。
F　現代的視点に依らず、じっくりと考察するための行為。

問5　傍線部③について、筆者は、福沢における(1)「愚民観」と(2)「進歩観」についての通念は、どういう点が問題だと言っているか。それぞれ説明せよ。

問6　本文についての説明として最も適当なものをA～Eから選び、記号で答えよ。

A　終始丁寧かつ平易な口語体でつづられ、明快でわかりやすい文体である。
B　口語と文語を適宜使い分けることで、文章にメリハリを持たせている。
C　外来語が効果的に用いられており、福沢の生きた時代背景が実感できる。
D　ことさらに漢語を多用することで、文章の格調高さを際立たせている。
E　具体例が豊かでバラエティに富み、論点が伝わりやすく整理されている。

(☆☆☆◎◎◎)

【二】次の文章を読んで、後の問に答えよ。(出題の都合上、一部本文を省略している。)

勤めはじめて数か月が過ぎ、少し慣れてくると、見逃してはならないという意気込みの他に、もっとたくさん不良品があればいいのに、という①妙な期待が芽生えてきた。もちろん製品にならないビスケットは少ない方がいいに決まっているのだが、延々と全うなアルファベットばかりが流れてくると、心のどこかで残念がっていた。全うな彼らは文句のつけようがない朗らかさで、乾燥ラインから袋詰めラインへとつながる輝く未来に向かって進む。私の手助けを必要とする者など誰一人いない。攪拌《かくはん》機は元気よく生地を練り上げ、ローラーは均等な力を発揮し、オーブンは的確な温度を守る。そんな日は私にとってむしろ、つまらない一日だった。

逆に何もかもが微妙にすれ違ってしまう時、例えば高すぎる湿度が生地を弱らせたり、型を取り付けるネジが弛んだりして、不良品が次々と出る日、私は大いに活気づいた。たいてい不良品は、そうでない者たちの陰に身を潜めている。傷ついた側が死角になるよう細心の注意を払い、どうか私のことなど忘れて下さいとでもいうかのように、ひっそりと息を殺している。

「怖がらなくていいのよ」

心の中でそうつぶやきながら私は、奇形のアルファベットをそっと救い出す。

その時、指先にほんのり伝わってくる焼き立ての温かさが、私は好きだった。②自分は今、このビスケットと心を通わせている、とさえ錯覚するほどだった。更には、口に入れたいという欲求が湧き上がり、それを抑えるのにいつも小さな努力を必要とした。

もっとも私は、やまびこビスケットが決して、びっくりするほど美味しいわけではないとよく承知していた。一般的にやまびこビスケットは、特別な日のおやつとして扱われてはいなかった。［ア］のに他に何のおやつもない時、戸棚の奥で忘れられていた袋を引っ張り出し、湿気《しけ》かけたのを仕方なく食べる、といった扱いがせいぜいだった。甘みが頼りなく、ぱさぱさとして、飲み物がないと上顎の裏側に張り付いてなかなか飲み込めなかった。

「焼き立てはやっぱり、一味違うんでしょうね」

隣にいる先輩に話し掛けてみたが、興味がなさそうに首を振るばかりだった。どんなアルファベットに対してさえ、何かしらの思い入れを抱いているようには見えなかった。

職場の人たちは皆無口だった。それが社長の好みなのだろう。ベテランも新人も、職人も事務員も、猫背で目つきが悪かった。私はすぐに口をつぐみ、手の中の欠けたWを籠の中へ入れた。③ベルトコンベヤーは同じ速度で流れ続けた。

ある日仕事から帰ると庭に大家さんが倒れていた。庭石につまずいて転んだらしく、額に固まりかけた血がこびりついていた。すぐに近所のお医者さんに往診を頼んだが、意識ははっきりしているし、骨は折れていないし、大したことはないでしょうと言って額に＊[1]赤チンだけを塗って帰っていった。

「あれ、やぶ医者だよ」

居間兼寝室といった風情の部屋の片隅に置かれたベッドに腰掛け、足をぶらぶらさせながら大家さんは言った。

「一晩くらいは、用心なさった方がいいですよ」

ようやく私も落ち着いてあたりを見回す余裕ができた。さすがに整理整頓の信奉者だけのことはあり、部屋は見事に片付いていた。手紙は状差しに、新聞はマガジンラックに、櫛は三面鏡の前に、すべてが正しい場所に収まっていた。東向きの出窓には灰皿と毛糸玉が置かれていた。

毛布を取り出そうと押入れを開けた時には、＊[2]もしかしてここに弟さんの遺体が、と一瞬疑惑がよぎったが、もちろんそんな気配は[a]微塵もなかった。布団類もシーツもきちんと角をそろえて折り畳まれ、段ボールには全部封がしてあった。

不必要な品、贅沢な品は一切なく、今そこにあるものは何でも限界すれすれまで使い込まれていた。家全体を覆う拭いようのない古めかしさ、みすぼらしさは、整理整頓の技によってどうにか上手くカモフラージュされていた。

「いつもの歩幅を守らなかったんですか？」

私は言った。

「馬鹿を言うんじゃない。守った。一ミリの狂いもなく守った。しかし…」

大家さんはそっと額に手をやり、赤チンが乾いたかどうか確かめた。

「石に張り付いた落ち葉のせいで、全くこんなはめに。象だったら自分の体重で自分を押し潰して、死んでるところだね」

「もしよかったら、晩ご飯、お作りしましょうか」

出すぎた真似かと思いながら、恐る恐る私は言った。

「いや、やめとくよ。あんまり大騒ぎしたせいで、晩ご飯って気分にもなれないんでね」

珍しく気弱な態度だった。

「それに、今日は買い物に行ってないから、目ぼしい材料が何にもないはずなんだ」
④食事のことが話題に上った途端、大家さんからいつもの尊大さが消え、声は小さくなっていった。
「じゃあ、私が買い物してきましょうか？　アパートで何か作ってきてもいいですし」

「いいの、いいの。本当に、食欲ないから……」

*3象の法則が破られたことがよっぽどショックだったに違いない。大家さんの腰は普段にも増して深く折

れ曲がって見えた。

確かにすっきりと片付きすぎた台所はもの寂しささえ漂わせていた。黒光りするガスコンロは冷え冷えとし、流しは乾ききり、棚に並ぶ調味料の瓶はどれも闇に沈んでいた。冷蔵庫を開けると、明るすぎる光の中に、牛乳とケチャップと茶色に b 萎びたキャベツが浮かび上がってきた。

その時私はふと、カバンの中に不良品のビスケットが入っているのを思い出した。

「ビスケットくらいなら、食べられるんじゃありませんか」

「ビスケット？」

「はい、やまびこビスケット。私、そこの工場にお勤めしているんです。だから、売り物にならない製品を、時々ただ同然で分けてもらえます」

「ただで？」

⑤その一言に反応して大家さんは、ベッドから身を乗り出した。

私は牛乳を温め、居間兼寝室の丸テーブルに運び、大家さんと一緒にやまびこビスケットを食べた。

「これは、英語の字の形だね」

「はい。どれも出来損ないですけれど」

「やまびこビスケットと言えば、別名、つわりビスケットだ」

「何ですか？　それ」

「少なくとも私の周辺ではそう呼ばれていた。つわりでものが食べられない妊婦が、ゲーゲー言いながらでもこれだけは食べられる。私の若い頃は、確かそれを［　イ　］にしてたはずだ」

「へえ、知りませんでした」

「もっとも、私には縁のない話だったね」

大家さんは上棒が取れたFを食べ、真っ二つに割れたVの片割れを食べ、生焼けのeを口に運び、それらが上顎に張り付いてくると、牛乳を飲んだ。食欲がないというわりには、入れ歯を軽快に鳴らして美味しそうに食べた。

「私は子供の頃、このアルファベットシリーズを並べて、いろいろ言葉を作って遊んでいました」

「ほう」

顔を上げた大家さんの口元には、牛乳の膜がくっついていた。

「例えば、自分の名前とか、好きな男の子のあだ名とか……。大家さんの名前も並べてあげますよ」

「やめてよ、恥ずかしいから」

意外にも本気で恥ずかしがった大家さんは、Rの輪に小指の先を突っ込んだり引っ込めたりした。

「⑥では、一番お好きな言葉を」

「それならもちろん」

ぐいと顎を持ち上げ、誰かに向かって自慢するように大家さんは言った。

「整理整頓だよ」

私はふくらはぎ少女の印刷された袋をかき回し、できるだけ破損の少ないアルファベットを選り分け、大文字と小文字が混在するのには目をつぶりつつ、一個一個ビスケットを並べていった。昔、母の名前を並べようとしてどうしてもKが一個足りず、手を粉だらけにして探してもなぜかkも見当たらず、このままでは母が死んでしまうのではないかという不吉な思いに囚われて、泣きじゃくったことを思い出した。

〔sEIrIseITOn〕

丸テーブルの真ん中に、どうにか整理整頓が完成した。あちこちひび割れ、欠損し、ＯなどはＧの半円とＱの半円をつなぎ合わせた急ごしらえだったが、それでも間違いなく整理整頓だった。

「廊下の半紙に比べたら、ずいぶん間が抜けていますね」

「英語の文字でも整理整頓と書けるんだねえ。なかなかいいよ。気に入った」

大家さんは牛乳の膜を舌で口の中に引っ張り寄せながら言った。

私たちは〔ｓＥＩｒＩｓｅＩＴＯｎ〕をしばらく眺めたあと、二人で分け合った。大家さんがｓＥＩｒＩｓｅＩＴの九個、私がＯｎの二個を食べた。


以来、不良品を分けてもらえた時は、必ず大家さんのところへ寄るようになった。分配の優先権は先輩にあるため、そうしばしばというわけにはいかなかったが、それでも一か月に一回か二回は、二人で夜のおやつの時間を過ごした。もしかすると彼女にとってはおやつではなく、夕食だったかもしれない。けれどそのあたりはあいまいなままにしておいた。あくまでもお互い、暇な独り者同士、ただで手に入れた幸運を分かち合おうとする態度を貫いた。残ったビスケットは全部置いて帰った。次に行った時、それはいつもきれいになくなっていた。

しかし家賃を受け取る際の強欲さと、整理整頓が乱された時の怒りは、以前と同じだった。やまびこビスケットの恩恵にあずかっているからと言って、手加減はしてくれなかった。彼女にとって家賃は、決して横取りされてはならない獲物であり、整理整頓は理屈抜きの生存本能だった。

私はいっそう強く不良品のアルファベットを求めるようになっていた。実は不良品こそが本来あるべきビスケットの姿ではないか、と思うことさえあった。無事ベルトコンベヤーの最終地点までたどり着き、袋詰めされ、トラックに載ってどこかへ運ばれてゆくのがやまびこビスケットだとしたら、⑦途中でつまみ出され、厄介者扱いされ、片隅に追いやられるアルファベットは、私のためのビスケットだ。大家さんと私の仲間だ。そんなふうに感じていた。

（小川洋子『やまびこビスケット』による）

（注）＊1　赤チン…外傷部用の赤い消毒・殺菌液。日本では昭和期に広く使われていた。
＊2　もしかしてここに弟さんの遺体が…大家さんは噂では、体の弱い弟を看病し続けて婚期を逃し、弟が死んでからも一人暮らしを続けていると言われていた。弟が死んだ時、役所からの手当が打ち切られないよう遺体を隠していたらしいという噂もあった。
＊3　象の法則…大家さんは店子の失敗を動物園の象を引き合いに出して嫌みを言うのが常であり、「私」が本をうっかり下駄箱の上に置き忘れた時も、象は「毎朝毎晩同じ歩幅で歩くから、通路の同じ場所に足跡がつく。」と言って、整理整頓を必ずするように「私」を尊大な態度で叱りつけていた。

問一　次の(1)〜(3)に答えよ。
(1)　二重傍線部a「微塵」、b「萎びた」の読みをひらがなで書け。
(2)　空欄部アにあてはまる語句として、最も適当なものをA〜Eから選び、記号で答えよ。
A　口直しな　B　口ふさぎな　C　口寂しい　D　口はばったい　E　口慣らしな
(3)　空欄部イにあてはまる語句として、最も適当なものをA〜Eから選び、記号で答えよ。

A　殺し文句　B　謳《うた》い文句　C　決まり文句　D　口説き文句　E　翳《かざ》し文句

問2　傍線部①について、「妙な」というのはなぜか、説明せよ。

問3　傍線部②について、このように「私」が感じるのはなぜか。最も適当なものをA～Eから選び、記号で答えよ。

A　一人暮らしの私にはビスケットの温かさが人肌のように感じられ、安心できるから。
B　不良品を見逃さずに探せるのはビスケットが存在を知らせていると思っているから。
C　仕事に少し慣れてきてビスケットの温かさや優しさを感じ取れる余裕が出てきたから。
D　怖がるビスケットを救い出す作業に没頭するあまり感情移入するようになったから。
E　商品にならない不良品のビスケットが私を必要としてくれているように感じたから。

問4　傍線部③の表現効果の説明として最も適当なものをA～Eから選び、記号で答えよ。

A　無口で仕事への意欲や関心が見られない同僚との単調な時間の流れの中で私の孤立感を表している。
B　工場内で整然とたくさんのビスケットが休みなく生産されていることへの私の感動を表している。
C　近代的で衛生的な工場内では人間より機械がいつでも優先されることへの私の虚しさを表している。
D　絶え間なく続く機械音に遮られ同僚に話しかける機会をとらえられない私の愚鈍さを表している。
E　機械ばかりが並ぶ無機質で容赦ない職場の厳しさについてはいけない私の寂しさを表している。

問5　傍線部④から⑤のように大家さんの態度が変化したのはなぜか、大家さんの心情を一〇〇字以内で説明せよ。

問6　傍線部⑥について、大家さんの様子を象徴的に表している語句を文中の三字で答えよ。

問7　傍線部⑦について、ビスケットに対し、「私」がこのような思いを抱くのはなぜか。「アルファベット」

と表現していることに留意しながら説明せよ。

（☆☆☆◎◎◎）

【三】次の文章を読んで、後の問に答えよ。（出題の都合上、漢字、仮名遣い、送りがななどの表記を一部改めている。）

鳥羽法皇の女房に、小大進といふ歌よみありけるが、＊1待賢門院の御方に、御衣＊2一重《ひとかさね》うせたりけるを負いて、＊3北野にこもりて祭文かきて＊4まもられけるに、三日といふに＊5神水をうちこぼしたりければ、検非違使、「①これにすぎたる失やあるべき。いで給へ」と申しけるを、小大進泣く泣くa申すやう、「おほやけの中のわたくしと申すはこれなり。今三日のいとまをたべ。それに②しるしなくは、われをぐしていでたまへ」と、うちなきて申しければ、検非違使もあはれにおぼえて、のべたりける程に、小大進、

③思ひいづやなき名たつ身はうかりきとあら人神になりし昔を

とよみて、紅の薄様一重にかきて、御宝殿に＊6をしたりける夜、法皇の御夢に、よにけだかくやんごとなき翁の、束帯にて御枕に立ちて、「やや」とおどろかしまいらせて、「われは＊7北野右近馬場の神にて侍り。④めでたき事のb侍る、御使c給はりて、みせ候はん」と申し給ふとdおぼしめして、うちおどろかせ給ひて、「天神のみえさせ給へる、いかなる事あるぞ。みてまいれ」とて、「御厩の御馬に、＊8北面のものをのせて馳せよ」と仰せられければ、馳せまいりみるに、小大進は、あめしづくと泣きて候ひけり。御前に紅の薄様に書きたる歌をみて、これをとりてまいる程に、いまだまいりもつかぬに、＊9鳥羽殿の南殿の前に、かのうせたる御衣をかづきて、さきをば法師、あとをば敷島とて、待賢門院の＊10ざうしなりけるものかづきて、

*11師子をまいてまいりたりけるこそ、天神のあらたに歌にめでさせ給ひたりけると、目出たくたうとく侍れ。則ち小大進をばめしけれども、かかるもんかうをおふも、心わろき物におぼしめすやうのあればこそとて、やがて仁和寺なる所にこもり居てけり。⑤力をもいれずしてと、古今集の序にかかれたるは、これらのたぐひにや侍らん。

（『古今著聞集』より）

（注）＊1　待賢門院……鳥羽法皇の妃。
＊2　一重……「一着」の意。「かさね」は衣類を数える単位。
＊3　北野……北野天満宮。　＊4　まもられける……「検非違使に監視されていた」の意。
＊5　神水……神前に供えてある水。　＊6　をしたりける夜……「張りつけた夜」の意。
＊7　北野右近馬場……菅原道真をまつる北野神社。北野の右近の馬場に鎮座することから。なお、菅原道真は、醍醐天皇の時代の右大臣。讒言により大宰権帥に左遷される。死後、その霊は天神として恐れられるようになった。
＊8　北面のもの……院の御所を守護する武士。　＊9　鳥羽殿……鳥羽上皇の離宮。
＊10　ざうし……雑仕。雑役にあたる者。　＊11　師子……獅子舞。

問1　二重傍線部a～dの敬語動詞について、それぞれの敬語の種類を正しく述べているものをA～Eから選び、記号で答えよ。

A（a　謙譲語　　b　尊敬語　　c　尊敬語　　d　尊敬語）

B（a　尊敬語　b　尊敬語　c　謙譲語　d　丁寧語）
C（a　謙譲語　b　丁寧語　c　謙譲語　d　尊敬語）
D（a　尊敬語　b　丁寧語　c　尊敬語　d　丁寧語）
E（a　謙譲語　b　丁寧語　c　尊敬語　d　尊敬語）

問2　傍線部①・②を口語訳せよ。ただし、①については「これ」が指す内容を明らかにして口語訳すること。

問3　傍線部③の歌に関する説明として最も適当なものをA～Eから選び、記号で答えよ。

A　自分の罪の重さに苦しむ小大進は、かつて罪を犯して罰せられた天神こと菅原道真に共鳴し、心の平安を得ようとしている。

B　北野天満宮でとんでもない失態を犯した小大進は、天神こと菅原道真の怒りに触れたと思い、ひたすら恐れおののいている。

C　検非違使の優しさに触れて改心した小大進は、自分の悪い行いを天神こと菅原道真に詫び、必死に許しを請おうとしている。

D　あらぬ疑いをかけられて北野天満宮にこもった小大進は、自身の身の上を天神こと菅原道真に比して、悲嘆に暮れている。

E　歌がなかなか上達しないことに悩む小大進は、歌の名手であった天神こと菅原道真にあやかるべく、祈りをささげている。

問4　傍線部④が指す内容を本文中から七十字以上八十字以内で抜き出し、始めと終わりの五字を答えよ。

問5　傍線部⑤について

（1）この話のどういう点が「古今集の序にかかれ」た内容と合致するというのか。次の「古今集の序」こと「古今和歌集仮名序」の一節を参照し、説明せよ。

やまと歌は、人の心を種として、よろづの言の葉とぞなれりける。世の中にある人、ことわざしげきものなれば、心に思ふことを、見るもの、聞くものにつけて、言ひ出だせるなり。花に鳴く鶯、水に住むかはづの声を聞けば、生きとし生けるもの、いづれか歌をよまざりける。力をも入れずして天地《あめつち》を動かし、目に見えぬ鬼神《おにがみ》をもあはれと思はせ、男女のなかをもやはらげ、猛《たけ》き武士《もののふ》の心をも慰むるは、歌なり。

（『古今和歌集　仮名序』より）

（2）「古今集の序」こと「古今和歌集　仮名序」を執筆した人物の名を、漢字で答えよ。

問6　本文の内容に合致しないものをA～Eから選び、記号で答えよ。

A　待賢門院のもとからなくなった一着の衣は、鳥羽法皇の持ち物であった。

B　検非違使は小大進の失態を責めたが、泣いて猶予を請う小大進に同情した。

C　鳥羽法皇の夢枕に立った翁は、北野天満宮の祭神である菅原道真であった。

D　北面の武士は北野天満宮に行った際、小大進の歌を見つけて持ち帰った。

E　自分は不心得者だと思われていると思い込んだ小大進は、寺にこもった。

（☆☆☆◎◎◎）

【四】次の文章を読んで、後の問に答えよ。（出題の都合上、旧字体を改め、一部訓点を省略している。）

昔者*1鄭《てい》武公欲伐*2胡。*3故先以其女妻《めあはせ》胡君、以娯《たのしマシム》其意。因問於群臣、「吾欲用兵。誰可伐者。」大夫関其思対曰、「胡可伐。」武公怒而*4戮之曰、「胡*5兄弟之国也。子言伐之何也。」a 胡君聞之、以鄭為親己、遂不備鄭。鄭人襲胡取之。*6宋有富人。天雨*7牆壊《やぶ》。其子曰、「不築①必将有盗。」其隣人之*8父亦云。暮而果大亡《うしなへり》其財。其家甚智其子、而②疑隣人之父。③此二人説者皆当矣。厚者為戮、薄者見b疑。則非知之難《かたキニ》也、□則難也。

（『韓非子』より）

(注)＊1　鄭武公…前八世紀前半の人。周の宣王の庶弟で鄭にはじめて封ぜられた桓公の子。
＊2　胡…ここでは鄭の南方にあった国を指す。　＊3　故…ここでは「則」と同意。
＊4　戮…死罪に処すること。
＊5　兄弟…普通の兄弟の意のほか、古代には同姓の同世代者をいい、さらに姻族にも広げて使われた。　＊6　宋…国名。
＊7　牆壊…「牆」は土塀。ここでは土塀が壊れたことを指す。
＊8　父…「ふ」と読んで、ここでは「老人」を指す。

問1　二重傍線部a・bの読みを答えよ。ただし送り仮名が必要な場合はそれを補うこと。
問2　傍線部①について、必要な送り仮名を補って書き下し文に改めよ。
問3　傍線部②について、どのような「疑」いが生じたのか。その具体的な内容を答えよ。
問4　傍線部③について、「此二人」は誰と誰を指しているか。本文中の語句を抜き出して答えよ。
問5　本文中の[　　]にあてはまる語句として最も適切なものをA～Eから選び、記号で答えよ。

A　知ルコトレ君ヲ　B　知ルコトレ情ヲ　C　処スルコトレ知ニ　D　委ネルコトレ知ニ　E　言フコトレ知ヲ

(☆☆☆◎◎◎)

【五】国語科学習指導要領について、次の問に答えよ。

問1　次のⅠは中学校学習指導要領、Ⅱは高等学校学習指導要領の一部である。文章中の①～③にあてはまる言葉を後の語群A～Iから選び、記号で答えよ。

Ⅰ　中学校学習指導要領

第2　各学年の目標及び内容　〔第3学年〕　2　内容　C　読むこと
(1)　読むことの能力を育成するため、次の事項について指導する。
ア　文脈の中における語句の効果的な使い方など、（　①　）に注意して読むこと。
イ　文章の（　②　）の仕方、場面や登場人物の設定の仕方をとらえ、内容の理解に役立てること。
ウ　文章を読み比べるなどして、構成や展開、表現の仕方について（　③　）すること。
エ　文章を読んで人間、社会、自然などについて考え、自分の意見をもつこと。
オ　目的に応じて本や文章などを読み、知識を広げたり、自分の考えを深めたりすること。

（語群）A　批評　B　表現上の工夫　C　表現　D　論理の展開　E　表現技法
F　表現の特色　G　説明・描写　H　評価　I　分折

Ⅱ　高等学校学習指導要領

第2款　各科目　第1　国語総合　2　内容　C　読むこと

(1)　次の事項について指導する。

ア　文章の内容や形態に応じた(①)に注意して読むこと。

イ　文章の内容を叙述に即して的確に読み取ったり，必要に応じて要約や(②)をしたりすること。

ウ　文章に描かれた人物，情景，心情などを表現に即して読み味わうこと。

エ　文章の構成や展開を確かめ，内容や表現の仕方について(③)したり書き手の意図をとらえたりすること。

オ　幅広く文章を読み，情報を得て用いたり，ものの見方，感じ方，考え方を豊かにしたりすること。

(語群)　A　表現の特色　B　分析　C　表現技法　D　批評　E　詳述　F　翻案
G　表現上の工夫　H　評価　I　引用

問２　「書くこと」の指導のために「案内文を書こう」という単元を設定した。後の(1)〜(4)に答えよ。なお、解答にあたっては、次の条件にしたがうこと。

〔条件〕
・指導する校種等と、この単元の指導事項は次のとおりとする。
中学校第一学年…「書くこと」　オ　書いた文章を互いに読み合い、題材のとらえ方や材料の用い方、根拠の明確さなどについて意見を述べたり、自分の表現の参考にしたりすること。
高等学校…国語総合　エ　優れた表現に接してその条件を考えたり、書いた文章について自己評価や相互評価を行ったりして、自分の表現に役立てるとともに、ものの見方、感じ方、考え方を豊かにすること。

【図1　単元の学習指導計画】

1　ねらい；書いた案内文を互いに読み合い、意見を述べたり、自分の表現の参考にしたりすることができる。

2　指導計画

第一次　案内文の特徴を知る

表1

	案　内　文	ポ　ス　タ　ー
相手	各個人の手元にわたる相手を限定できる	不特定多数の人
特徴	ア	・インパクトのある表現がしてある ・掲載する情報の取捨選択が必要

第二次　案内文を書く

第三次　案内文を読み合い、自分の表現の参考にする

【図2　生徒の書いた案内文】

A　平成28年10月1日

B　合唱コンクールのご案内

C　〇〇学校

D　□□敬老会の皆様

（　イ　）、皆様には元気で過ごしていることと思います。

さて、〇〇学校では、下記のとおり合唱コンクールを開催することとなりました。どのクラスも本番に向けて練習に励んでいるところです。ぜひ、お越しくださいますようご案内申し上げます。

記

日時は10月22日（土）9：30からです。車は校庭に止めてください。会場は〇〇学校音楽ホールです。当日は吹奏楽部の演奏もあります。

（1）図1は単元の学習指導計画の一部である。第一次の学習活動で、案内文の特徴についてポスターと対

比させながら話し合わせるために、表を提示し考えさせた。アに入る語句を二つ記せ。

（２）図２は生徒が書いた案内文である。これについて、冒頭のＡ～Ｄを正しい順に上から並び替え、記号で答えよ。

（３）図２について、本文の書き出しには時候の挨拶がなかった。イにあてはまる適切な時候の挨拶を記せ。

（４）第三次で、「案内文を読み合い、自分の表現に生かすこと」をねらいとし、相互評価を取り入れる。次の条件①・②にしたがって、生徒同士が互いの案内文を評価するための観点を二つ記せ。

① 案内文独自の観点になるようにすること。

② 例にならって「～か。」の形で記すこと。

（例） 時候の挨拶は季節に合っているか。

（☆☆☆◎◎◎）

解答・解説

【中高共通】

【一】問１（１）ａ 偏重 ｂ 毛頭 （２）三(画目) 問２（１）ア Ｃ イ Ａ （２）先入見

問３ そこで古典 問４ Ⅰ Ｆ Ⅱ Ｄ 問５（１）「愚民」であってはならないと自覚して独立の

精神を持つべきだという文脈の可能性もあるのにそれを無視し、「愚民」という言葉を使っていることのみで批判している点。　(2) テクノロジーの進歩によって文明の精神が衰弱する可能性を指摘していることを無視し、「文明の進歩」を手放しで称賛していると批判している点。問6　A

〈解説〉問1　(1) 漢字の書き取りでは、類似の字形に注意する。たとえば、aの「偏」は「遍」や「編」などと間違えやすい。　(2)「性」の部首(りっしんべん)の筆順は、左右の点を先に書き、三画目で二つの点の間を貫くたてぼうを書く。　問2　(1) 空欄補充は、空欄前後の語句や文と整合するように適切な語句を選ばなければならない。アには、「文明論之概略」という題と「最近流行」の現代思潮との関係で考える。イには「先入見を排除した」、つまり既存の固定的な観念を捨て去るという内容を表す話を選ぶ。　(2) 筆者は第第四段落で、「思想的古典に直接向き合って、そこから学ぶためにまず大事なのは、先入見をできるだけ排除して臨む」ことの必要性を述べている。そして、ウを含む本文最後の二文で「古典」に臨む姿勢をあらためて述べている。　問3　筆者は第二段落で古典を学ぶ意味を、自分自身を現代から隔離し、現代の全体像を観察する目を養うことだ、と述べている。続く第三段落で、現代人が無意識のうちに現代の雰囲気に浸りこみ、現代的風潮の中で物事を論じているステロ化状態にあるとし、この状態から距離を置くために、古典のサンプルである論吉の作品を選んだ理由を、同段落最後の一文でまとめている。　問4「隔離」について筆者は、傍線部②の直後で「現代の雰囲気から意識的に自分を隔離することによって、まさにその現代の全体像を「距離を置いて」観察する目を養うことができます」と述べている。これを踏まえると、「逃避」は現実からの離脱行為と解される。　問5　(1) 福沢諭吉は、西洋の諺を用いて「愚民の上に苛き政府あり」と述べ、民衆が独立の精神で主体的な生き方をすることについては何も啓蒙していない。筆者は第五段落で、「彼は「愚民観」を脱しなかったので、民主主義者として不徹底だった、というようなイメージです」とも述べている。

(2) 第九段落の論旨に着目する。福沢諭吉は、現代の政治権力がテクノロジーの進歩を統制手段に利用できるようになった反面、「文明の精神」が衰弱する可能性を指摘している。このことに目を向けず、近代技術文明の躍進と発展を手放しで謳歌する「進歩観」に筆者は疑問をいだいている。 問6 B 福沢諭吉の著作からの引用部分以外で、筆者が文語を使っている箇所は見られない。 C 本文中の外来語は、平易な口語の一つに過ぎない。 D 文章を特徴づけるような難解な漢語は見られず、適宜外来語も用いてわかりやすい文体としている。 E 本文では、福沢諭吉の著作からの引用以外で具体例を用いた記述は見られない。

【二】 問1 (1) a みじん b しな(びた) (2) C (3) B 問2 工場で働くものとしては不良品が少ないことを願うべきなのに、不良品が多くなることを望んでいるから。 問3 E 問4 A 問5 食べるのにも事欠くような貧しい暮らしをしているので、「私」からの申し出を受ければ対価がかかるのではと心配していたが、ただ同然というならお礼の必要もなく、気兼ねせず受けることができると思ったから。(九十七字) 問6 信奉者 問7 商品としての価値はないが、食品としての価値やアルファベットの形である意義を失っていないビスケットは、社会的には恵まれていないが自分なりに生きている大家さんと私に似ていると感じたから。

〈解説〉問1 (1) 「常用漢字表」(平成二十二年内閣告示第二号)に示されている漢字の読み、書き、用法などは完璧に習得しておくこと。その上で、漢字能力検定二級程度の漢字についての知識を蓄えておこう。 (2)・(3) 空欄補充は、空欄前後の文や語句と内容面で整合する語句を選ばなければならない。アには、食欲がある時の状態、イには、多くの人に周知させるためのキャッチフレーズが入る。 問2 「妙な」は「普通でないこと」をいう。「普通ではない期待」とは、ビスケットの製造に携わる者として、不良品がないことに努めるのが普通なのに、不良品が多く出ることに期待しているのである。その理由は、不良品を対価なしでもらえることにある。　問３「私」がビスケットの不良品に心を通わせるのは、彼女の孤独な一人暮らしと深く関わる。商品価値のない不良品に対する温かな心で接する彼女のやさしさである。　問４　同じ速度で単調に流れ続けるベルトコンベヤーは、職場の空気を象徴している。仲間とのコミュニケーションもなく、仕事人の意欲や関心のない人間関係の中での「私」の孤立感を効果的に表現している。　問５「大家さん」は、質素な生活をしている。家の内部は、不必要な品や贅沢な品はなく古めかしく、みすぼらしく、すべてが整理整頓されている。食事にしても同様に貧しいのである。そのため、「私」が買い物の手伝いを申し出ても、食費に苦労しているために断らざるをえない状態にある。「大家さん」が、「私」がタダでもらってきたビスケットの提供に対して思わずベッドから身を乗り出し、その恩恵に浴したいと考えた理由もここにある。問６「大家さん」の一番好きな言葉は「整理整頓」である。文中に「さすがに整理整頓の信奉者だけのことはあり、部屋は見事に片付いていた」とある。　問７　傍線部⑦の「アルファベット」は、商品価値のない不良品のビスケットであり、ローマ字の「整理整頓」の文字資料である。また、このビスケットは、食品としても「大家さん」や「私」の役に立っている。このことから自分たちの境遇に、不良品のビスケットが関わっていることを、「大家さんと私の仲間だ」と表現している。

【三】問１　C　問２　①　神前に供えてある水をこぼす以上の過失があるだろうか、いやない。　②　神仏のご利益がなかったならば、私を引き連れていってください。　問３　D　問４　鳥羽殿の南〜りたりける　問５（１）すばらしい歌を詠むことで、神を動かすことができた点。　（２）紀貫之
問６　A

〈解説〉問1　a　「申す」は「言ふ」の謙譲語。　b　「侍る」は「あり」の丁寧語。　c　「給はる」は「もらふ」の謙譲語。　d　「おぼしめす」は「思ふ」の尊敬語。　問2　①　「これ」は、神水をこぼしたことを指す。これが「失」(過失)だと検非違使は述べている。「やあるべき」は、反語の係助詞「や」と推定の助動詞「べし」の連体形「べき」が係結びとなり、「あるだろうか、いやありはしない。」と訳す。　②　「しるし」は、「神仏のご利益」のこと。「われをぐして」は、「私を引きつれて」の意。「いでたまへ」は、「行ってください」と訳す。　問3　傍線部③の歌意は、「北野の天神様、お思い出しになりますでしょうか。無実の罪に汚名を着せられた身が、どんなにつらいものであったか、菅原道真公が神に祭られることになった昔の事を」。小大進が自分の身の上について悲嘆した歌である。　問4　「めでたき」は、「めでたし」(形・ク)で「喜ばしい」意。紛失した待賢門院の御衣を鳥羽殿の南殿の前で発見した内容を指す。　問5　(1)「古今和歌集　仮名序」の「力をも入れずして天地を動かし、目に見えぬ鬼神をもあはれと思はせ」の一節が、小大進の和歌が北野天神の心を動かした点に関わることをまとめる。　(2)　なお、古今和歌集には漢文の「真名序」もあり、こちらは紀淑望が執筆したとされる。　問6　待賢門院のもとからなくなったのは、待賢門院の御衣一重である。

【四】問1　a　なんぞや　b　る　問2　必ず将に盗有らんとす(と)。　問3　隣の老人が家の金を盗んだ犯人なのではないかという疑い。　問4　関其思　隣人之父　問5　C

〈解説〉問1　a　「何也」は疑問を表す。　b　「見」を「る」と読む場合は、受身の意を表す。　問2　再読文字「将」、返読文字「有」に注意して書き下すこと。　問3　自分の家の財を隣人の老父が盗んだのではないか、という疑問である。大雨が降り、土塀が壊れた家の子が「不築必将有盗」と言ったことを同じように述べた隣人を盗難の被疑者にしたのである。　問4　一人は、鄭のエピソードに出てくる、武公の家臣である関其思。もう一人は、宋のエピソードに出てくる隣人之父。ともに正しい意見を言ったにも関わらず理不尽な目にあった者である。　問5　空欄の前の文に「此二人者説皆当矣」（この二人の言ったことはすべてその通り事実であった）とあり、しかし「厚者」（関其思）は殺され、「薄者」（隣人之父）はあらぬ疑いをかけられた。このことを踏まえ、「則非知之難也」（知っているとか見抜くとかいうことが難しいのではない）とした上で、「知っていること」「見抜いたこと」をどうするかについて空欄で述べている。

【五】問1　Ⅰ　①　B　②　D　③　H　Ⅱ　①　A　②　E　③　H　問2　（1）・相手に合わせた表現をしなければならない　・正確に情報が伝えられる　（2）A→D→C→B　（3）秋冷の候　（4）・相手にとって必要な情報がそろっているか。　・案内文の形式に沿って書けているか。

〈解説〉問1　Ⅰ　アは「語句の意味の理解に関する指導事項」、イは「文章の解釈に関する指導事項」、ウ・エは「自分の考えの形成に関する指導事項」、オは「読書と情報活用に関する指導事項」である。　Ⅱ　アは「表現の特色に注意して読むこと」、イは「文章を的確に読み取ること」、ウは「表現に即して読み味わうこと」、エは「表現の仕方を評価すること・書き手の意図をとらえること」、オは「読書をして考えを深めること」に関する指導事項である。　問2　（1）図1の学習指導計画の案内文の特徴は、不特定多数の人を対象にしたポスターに対し、限定した相手であることおよび各個人の手元に情報が伝わることが条件である。（2）手紙文（横書き）の基本形についての問いである。日時、相手方、案内状発信人、案内の内容の順に並びかえる。　（3）十月上旬なので、時候の挨拶としては解答例のものの他、「仲秋の候」、「清秋の候」、「秋麗の候」などがある。　（4）「案内文」は、図2のように学校行事を対象とした場合、その内容（情報）を正確に伝えなければならない。そのため、相手に合わせた表現で分かりやすく伝えるために必要な情報がそろっているかどうかを確かめ合うことが必要である。また、案内文の形式になっているかどうか、手紙文の基本形についての確認も大切である。

二〇一六年度　実施問題

【中高共通】

【一】次の文章を読んで、後の問に答えよ。（出題の都合上、一部省略している。）

私が学生の頃、日本古典文学の研究と、マルクス主義経済学の著作を併行して次々に読みすすめていたことがある。その頃、私が捉われた疑問がある。日本の古典の研究者の文体には、時々人を酔わせるような名調子のものがある。これに反して、例えば*1守屋典郎氏の著作のように、ひどい悪文で読むのにたいへん苦労をさせられる文章がある。どちらをとるべきか。当時の私の仮の結論は、流麗な文章には人を酔わせる力がある。思考はこうした文章の流れを追う時には一時停止することがある。後者、つまり悪文は、著者の思考が明快でないことから生じることもあるが、少なくとも、人を醒めた状態に引き戻す効果を絶えず持っている。そこで、①名文には警戒の念を持つことを怠ってはいけない、悪文には、それが読みにくいからといって簡単に放棄してはいけない、と。もちろん、後者の場合にもかかわらず、読者としての私を強烈に惹きつける何ものかが文章の他にある、としての話である。

ここに挙げた例は二十数年前に感じていたことであるが、こうした立場を、現在の私の関心に沿って整理しなおすなら次のようになる。いわゆる、名文が、いい文体であると、私は思わないが、②名文は、ある特定の現実のレヴェルに対する密接なかかわり合いによって成り立っている。こうした現実のレヴェルは、美意識、倫理感、言説によって、その基盤を社会意識という形で保証されている。エントロピー(不活性要素)が少ない、つまり、そのコミュニケーションの形態が読む者に抵抗感を起させない。というのはこうした文章の機能は、読者を、保証されたある特定の現実への隷属を強化するところにある。ラディカルな言辞を弄しているはずの文章が、意外に、古風で、美文調であるということによって、そうしたイデオロギーの持ち主の感受性が意外に反動的であるということが明るみに出された、というケースはこのところ次第に増加しつつある。つまり話の通りをよくする文体とは、情報量をたかめようとするあまり、文体のなかからエントロピーを除去することを目的としてはじめて成り立つ。しかし、そもそも情報なるものは、ある一定の現実感覚のなかでの、意味を細分化して、量化することによって蓄積されるものであるから、ある限界に達するならば、堂々めぐりが始まって、結局、何も新しいことは伝えなくなるおそれがある。言い換えれば話の通りのよいこと自体が、何か別のレヴェルの話の通りをよくするための障害になる、ということが起りかねないのである。どうして、こういうことが起るのであろうか。それは、話の通りのよい、それ故抵抗感を与えないで、人を酔わせることもある文体は、現実に対する、一般に容認された態度を前提として成立するため、他のレヴェルの現実、現実に対するふつう通用していない接近の仕方が介入してくるのをできるだけ避けようとする。はっきり言ってしまえば、ある特定の文体は、現実に対する一定の「構え」、つまり世界観を前提として成立している。世界観なんて大仰なことをという反発を受けそうであるが、世界観を排除するというのも現実に対する一定の構えなのであるから始末が悪い。

これに対し、悪文は、読む立場から言えば、情報の流れを妨げる要因の多い文章である。この妨害要因をエントロピーと言うことができる。名文が、エントロピーの少ない文章体であるとするならば、悪文はエントロピーの多い文章であるということになる。この文章もそろそろエントロピーが増大してきたなと感じている人がいるかも知れない。そこで、もう一度エントロピーの効用性を考えなくてはならない地点に戻ってくる。

あえて鬼面人を驚かしそうな言い方をすれば、文体とは、あえてそれを否定するものとの力関係において成立するものではなかろうか。たしかに文章は、ある一定の現実のレヴェルとの取り引きの産物である。しかし、こうした現実に全面的に従属すれば、それは、文章のなかから曖昧性をすべて抜きとった結果残る法律家の文章になってしまう。③文章のなかの曖昧さには、二つの側面があるようだ。たしかに曖昧さは、ある特定の現実の層に表現を固定するための文章においては、混乱を持ち込む、エントロピー拡大のきっかけを与える障害物である。しかしながら、視点を少しずらして、支配的な調子としての、特定な現実に結びついた情報と、そうした支配的な部分に障害要因になることによって、文章体に、さまざまの現実との関係における弾力性を帯びさせる要因の、せめぎ合いの場としての文章を考えてみたらどうであろうか。障害要因としてのエントロピーは、一定の支配的現実のパターンを、語彙の面からも、*2統辞論の面からも、語法の面からも脅かすから、情報量を低下させないために排除されなければならないのである。しかしながら、現実を多次元的に捉えようとする立場から言えば、悪文の条件を構成する曖昧性こそは、現実の別の、ふつうの文章体では浮上することのない次元を顕在化させるきっかけを与える仕掛けであると言える。悪趣味と呼ばれるものも、時によっては創造的に使うことができるのは、それをうまく使うことによって、支配的な現実の見せかけの絶対性をつき崩すことができるからである。同じようにして、潜在的な現実を文章体の上に浮び上がらせる技術として、時代a サクゴ、b コウトウ無稽が使われてきた。これらは古典的文体観においては、許容すべからざる表現様式であった。つまり、エントロピーは、文章のなかにおいて、④それが持つ、両義的な可能性の故に、創造的毒素に転ずることができる。

ロシアの文学史家、ミハイル・バフチンは、人間の一人一人精神の内面を構成する内的発話《スピーチ》と、公的な談話体の関係のなかに、文体の形成のきっかけを捉えようと試みた。彼は、個人が形成する内的宇宙は、際限のない拡がりを持つ故、外的な一般に許容された表現の形式との間に〈懸隔《ギャップ》〉が生じる。この〈懸隔〉を埋める努力、あるいは、妥協の所産として文体はあると言う。我々が幼児期から、深層の意識とのかかわりにおいて造型している内的宇宙は、それが、無限の現実の層を背景に控えている故に、公的表現の形式から見るとc混沌すなわち、エントロピーとしてしか映らない。しかし、この部分を背後に従えない文体はあり得ないし、文体が個人の文体たるd所以は、それが、エントロピーの造型のための仕掛けであるところにあるのだろう。したがって、よい文体とか悪い文体といったe区別は、実は存在しないことになる。文体はある意味では個人差に還元される性質を持っている。そこで、魅力ある文体とそうでない文体という区分を導入しようとすると、それはもはや良い、悪いという公的基準とは関係のない個人の好みの問題になってくる。しかし、その方が、良い、悪いの基準より文体の本質を示すのにより的確であると言えるかも知れない。魅力ある文体とは、個人のかかわり合う現実のさまざまな層が作り上げている層位を、一元的なものに換えることなく、その微妙な入り組み方に至るまで、取りこぼさずに、汲み上げることができる文章体のことを指すとしよう。この場合、エントロピーの要素は、層の異なる現実の間の繋ぎの役割りを果たしていると言える。そのうえで、再びバフチンの言う〈懸隔〉の問題に戻れば、文体は、[　　　　]との仲介をなす仕掛けであると言えそうである。

（山口昌男『文化の詩学Ⅱ』による）

（注）＊1　守屋典郎…弁護士、経済学者。
＊2　統辞論…句・節・文の構成に内在する規則性を研究する言語学の一領域。また、記号論で記号間の関係を研究する部門。

問1　二重傍線部a～eについて

（1）a「サクゴ」、b「コウトウ」を漢字に直せ。

（2）c「混沌」、d「所以」の読みをひらがなで書け。

（3）e「区」について、次の太く書かれた部分は何画目に書くか、漢数字で答えよ。

区

問2　傍線部①のように当時の筆者が考えたのは、何を懸念したからか。五字以上十字以内の語句で答えよ。

問3　傍線部②について

（1）ここで述べられている名文の特徴を説明した文として、最も適当なものを次のA～Eから選び、記号で答えよ。

A　名文で用いられる言葉は、美意識や倫理といった社会意識に基づく言語感覚から生み出され、美辞麗句として高い評価が与えられると同時に言語規範として社会に定着していくため、名文はそれが生み出された特定の時代の社会意識が色濃く反映されるものである。

B　名文で用いられる言葉は、ある共同体において既に形成され浸透した美意識や倫理に基づいて形成されたものであり、名文の流麗な表現は本来伝えるべき意味内容や情報以上に、まず、その表現の根幹にある特定の社会意識に対する理解と共感を強いるものである。

C　名文で用いられる言葉は、社会意識によって構成されている曖昧な現実の諸相を断片化し、明確に記号化することで情報を伝達する機能を持つため、名文は高度な情報伝達を可能にするコミュニケーション能力が求められる現代の情報化社会と不可分のものである。

D　名文で用いられる言葉は、社会全体で共有されてきた美意識や倫理などの価値観を背景として意味作用が形成され、その言葉と表す意味や情報との繋がりが一義的に定まっているため、名文は社会一般で認められている特定の現実の捉え方と強く結びつくものである。

E　名文で用いられる言葉は、長い歴史の中で社会が磨き上げてきた古風な美文調によって形作られており、その言説は、常に既存の社会形態を維持しようとする方向に読む人の意識を方向付けるため、急進的な世界観を排除しようとする力として作用するものである。

(2)　このような名文には、つまり、弊害としてどのようなことが生じる可能性があると筆者は考えているか。「こと。」につながるように、本文中から十五字以内で抜き出せ。

問4　傍線部③を説明した次の文の[ア]・[イ]にあてはまる語を本文中から二字で抜き出せ。

文章においてある現実の層を表現する上で、曖昧さは[ア]をもたらし、エントロピーの作用を生み出す要因として障害物になるという側面がある。それと同時に、裏を返せば、文章の意味作用に[イ]性を持たせて、創造的な表現に変える要因として働く側面があるということ。

問5　傍線部④とはどういうことか。本文中の表現を用いて説明せよ。

問6　本文中の[　　]にあてはまる語句として、最も適当なものを次のA～Eから選び、記号で答えよ。

A　内的発話と個人が精神の内面に形成する宇宙

B　公的な談話体と一元的に現実を指し示す表現

C　個人の内的なことばと公的に認められたことば

D　文体の良し悪しを定める公的基準と個人的な嗜好

E　個人の経験から得られる現実の認識とエントロピー

（☆☆☆◎◎◎）

【二】次の文章を読んで、後の問に答えよ。（出題の都合上、一部省略している。）

キワは、東京に働きに出ている父を訪ねるため、青森の農村部からひとり汽車に乗っていた。長い道中でキワは眠ってしまっていた。

不意に、頭の上で学校とおなじようなベルが鳴り響いたので、キワはびっくりして目が醒めた。

起き上ってみると、そこは爺《じ》っちゃの馬車の荷台ではない。

「まだ大丈夫よ。ここは宇都宮。もう一時間とちょっとで上野だからね。」

前の席のおばさんが、眼鏡の奥で笑いながらそう教えてくれた。

そのおばさんの隣の席には、さっきまでは本ばかり読んでいる若い男がいたのだが、それがいつのまにか和服の婆さんに替わっていて、その婆さんが胡散臭《うさんくさ》げに目尻でこちらをじっとみている。キワは、［　　］、頷《うなず》くともなく顎《あご》を引いたまま窓の外へ目をやった。

外はもう、たそがれで、ホームやそのむこうにみえる駅舎には蒼白《あおじろ》い明りが点《と》っていた。ベルが鳴り終ると、それらがうしろへ流れはじめて、やがて窓ガラスに自分の広いおでこが映った。出かけてくるとき、なるべく大人にみえるようにと婆《ば》っちゃが髪を三つ編みにしてくれたので、そうでなくても広いおでこが、みっともないほど広くみえる。

キワは、窓ガラスに映った自分のおでこが油を引いたように光っているのをみて、初めて自分が全身に汗をかいているのに気がついた。それなのに、なにやら薄ら寒い夕暮だという気がしていたのは、知らぬ間に車内の天井にも点もっていた蒼白い明りのせいだろうか。

東京の父親のところは、村で見馴れている赤い裸電燈であってくれればいい。そう思いながら、座席の下からリュックを引き出し、なかから町の商店の名入りの手拭いを取り出して顔や首筋を拭いていると、

「この子、ひとりなのかしら……。」

和服の婆さんが独り言のようにそう呟《つぶや》くのがきこえた。

「……ええ、ひとりですって。青森の方から乗ったらしいんですけどね、上野までいくんだそうです。」

ちょっと間を置いてから、前の席の眼鏡のおばさんがちいさな声でそういった。

「ま、青森から……よくまあ、ひとりで。」

と婆さんがいうので、褒めてくれたのかと思うと、

「切符は、持ってるんでしょうね。」

「ええ、持ってますよ。お祖父《じい》さんが馬車で町の駅まで送ってきて、買ってくれたんですって。」

「へえ……馬車でねえ。」

と婆さんは妙なことに感心している。

大人たちは、時々こちらを見縊《くび》って筒抜けの内証話をするから、目の遣《や》り場《ば》に困ってしまう。キワは、手拭いを畳んでリュックに仕舞うと、また窓の方へ目をやって、それでもやはり、念のために、①薄手のセーターの鳩尾《みぞおち》のあたりを片手でそっと摑《つか》んでみた。

首から紐《ひも》で肌着の内側に吊《つる》してある婆っちゃ手製の布袋には、鎮守様のお守りと、まさかの時のために爺っ

ちゃが持たせてくれた千円札が三枚と、それに切符が入っている。人目を盗んで汽車に飛び乗った子供と間違えて貰っては困る。

「いくつぐらいかしらねえ。」

「四年生ですって。」

「四年生が、ひとりで東京へなにしにいくのかしら。いま、学校はお休みじゃないんでしょう?」

この婆さんは田植え休みも知らないとみえる。

「なんでもね、お父さんが東京へ働きに出ていて、そのお父さんに会いにいくんですって。」

「この子、ひとりで? お母さんはどうしたんでしょうねえ。」

「さあ……私もそう訊《き》いたんですけど、②お母さんの話になると、急に黙っちゃうんです、この子。」

母親が、弟二人を連れて山むこうの実家へ帰ってしまってから、もうそろそろ一年になる。それというのも、父親が東京へ働きに出かけたきり二年も音沙汰なしだったからだが、そんなことを行きずりの他人に話したところで、どうなるものでもない。

外の夕闇のなかを流れてゆく燈火を、ただぼんやりと見送っているうちに、キワはまたあくびが出そうになった。今朝、村の家を出てきたのはまだ暗いうちだったから無理もないが、もうすぐ東京だから眠ってはいけない。

キワは、窓ガラスを鏡にして、手のひらでaほつれた髪を撫《な》で上げてから、③目印の赤いリボンを結び直した。すると、不意に胸が水車小屋のような音を立てはじめた。

上野駅のホームは、人の流れがまるで水嵩《みずかさ》を増した川のようであった。実際、キワはデッキで思わず躊躇《ためら》い、背後から重い鞄《かばん》に腰を突かれて、川で水浴びするときのように、両足を揃《そろ》え目をきつくつむって飛び降りた。

それから、人の流れのなかで時々渦に巻かれるように、何度も踵《かかと》を軸にしてくるりくるりと軀《からだ》を回転させながら歩いていった。

ホームが急に広くなるところまでくると、どこからか自分の名を呼ぶ声がきこえた。けれども、それが女の声だったので、聞き違いだったかもしれないと思ってそのまま前へ歩いていると、突然うしろからリュックを摑まれた。びっくりして振り向くと、

「あんた、キワちゃんでしょう？　小鮒沢のキワちゃんでしょう？」

赤いカーディガンの女の人が顔を覗《のぞ》き込むようにしながらそういった。みたこともない顔だったが、こちらはいかにも小鮒沢からはるばる出てきたキワである。黙って頷くと、

「ああ、よかった。みつからなかったら、どうしようかと思ってたのよ。これが結構役に立ったね。」

女の人はそういって、赤いリボンを結んだ三つ編みの髪を摘《つま》んでみせた。笑うと、赤く塗った唇の間から眩《まぶ》しいほどに金歯が光る。

「さあ、いこう。迷子にならないように手を繋《つな》いでいこうね。」

キワは、女の人の手が、まるで土人形の手のようにひんやりとして滑っこいのに、びっくりした。しっかり握っていないと、自分の手が滑って抜け落ちそうだった。

④この人は一体、誰だろう。キワは手を引かれて改札口の方へ歩きながら、そう思った。てっきり、父親が迎えにきてくれるものだとばかり思っていたから、キワは面くらっていた。父親はどこにいるのだろう。改札口の外にいるのだろうか。

それを訊こうと思って、舌で乾いた唇を濡らしていると、女の人の方から、

「くたびれたでしょう？　八時間も乗ってたんだもんね。」

といった。キワは黙って笑ってみせた。

「重そうなリュックね。持ってあげようか？」

キワは、あわててかぶりを振った。素性の知れない者に荷物なんか預けられない。

「なかに、なにが入ってるの？」

「……フキと、ウドと、タラッポせ。」

と、キワは初めて口を開いた。

女の人は笑った。

「タラッポって？」

「タラッポって……タラッポ。」

「……そうか、楤《たら》の芽ね、みんな山菜じゃない。酒の肴《さかな》ができて、喜ぶわ、父ちゃん。」

キワは、女の人の口から父親のことが出てきたので、ほっとした。髪に赤いリボンを結んできたのは、父親の手紙にそうするようにと書いてあったからだが、そのリボンのことをこの女の人は知っていた。それに、自分の名ばかりではなく、小鮒沢という村の通り名まで知っていた。どうやら怪しげな人ではなさそうであった。

改札口までできて、

「あんた、切符は？」

女の人にそういわれて、キワは急いで首に掛けていた紐を引き上げ、喉元《のどもと》から布袋を出した。女の人は、首をすくめるようにして笑ってみていた。

「お祖母《ばあ》ちゃんが作ってくれたのね。」

お母ちゃんが、とはいわなかった。村の家のことは、なんでも知っているらしい。

改札口の外にも父親はいなかった。

「本当は電車でいくと、早くて廉《やす》いんだけどね。むこうの駅からちょっと歩くから、今夜は奮発して、タクシーでいこうね。」

女の人が勝手にそういって歩き出すので、キワは堪りかねて、

「父《と》っちゃは？」

と訊いた。

「ああ、父ちゃん？　今夜はね、夜勤でちょっと遅くなるの。だから、私が代わりに迎えにきてあげたのよ。」
⑤するとこの人は父親のなにに当たるのだろう、とキワは思った。齢のことはよくわからないが、今年三十三になる母親よりはずっと若い人である。若くて、腰がほっそりとして、色が白い。
キワは、乗用車に乗るのが初めてで、タクシーが走り出すと、嬉しさで却って軀がぐったりとした。座席に深く腰を下ろすと、もう身動きするのも大儀になって、そのまま窓越しに、多彩な明りの洪水をぼんやり眺めていると、

「父ちゃんにそっくりね。」

と女の人がb含み笑いをしていった。

「顔も似てるけど、無口なところもそっくりだわ。」

タクシーは、明るい街と暗い街とを縫うようにしばらく走ってから、ちいさな家々がぎっしりと立て込んでいる裏町のせまい道の途中で停まった。キワは、降りると、ブランコに乗りすぎたときのように軀がふらふらとした。そっと生唾を吐きながら、女の人のあとについて暗い路地の奥までいくと、そこに父親が封筒の裏に書いてきた楽々荘というアパートがあった。細い廊下の両側に、入口の板戸が幾つも並んでいる古びた木造の

アパートで、女の人はその板戸の一つを持っていた鍵《かぎ》で難なく開けると、
「さあ、どうぞ。自分の家だと思って気楽にして頂戴。」
と、まるで自分がその部屋の主《あるじ》であるかのような口振りでいった。

（三浦哲郎『接吻』による）

問1　二重傍線部a、bについて
(1) 二重傍線部a「ほつれた」の「た」の文法的な役割(意味)として正しいものを次のA～Eから選び、記号で答えよ。
A　過去　B　様態　C　完了　D　存続　E　比況
(2) 二重傍線部b「含み笑い」はどのように笑うことか。次のA～Eから選び、記号で答えよ。
A　目尻を下げて微笑むように笑うこと
B　相手を小馬鹿にして表情だけで笑うこと
C　おかしくもないのにわざと笑うこと
D　怒ることもできずにしようがなく笑うこと
E　口を閉じたまま声を出さずに笑うこと

問2　本文中の□にあてはまる語として、最も適当なものを次のA～Eから選び、記号で答えよ。
A　眠気をかみ殺そうと　B　なんとなくばつが悪くて　C　甘えきった様子で
D　挑戦的な態度で　E　心配をかけまいとして

問3　傍線部①について、そのときのキワの心情を説明した文として最も適当なものを次のA～Eから選び、

記号で答えよ。

A　人目を盗んで無賃乗車した子どもと勘違いされたことに腹を立て、なんとかその怒りを沈めようとしている。

B　祖父の馬車に感心する婆さんの見当違いな発言があまりにも滑稽で、笑いを必死でこらえようとしている。

C　祖父母の愛情に支えられて育ったという自負を意識し、切符のありかを確認して安堵感を得ようとしている。

D　東京まで無事に着くようにとお守りに祈ることで、ひとりで上京する不安を何とか紛らわそうとしている。

E　自分のことを詮索しようとする婆さんの無遠慮な会話を耳にし、胸がふさがるような苦しさを覚えている。

問4　傍線部②について、キワが「急に黙っ」てしまった理由を説明せよ。

問5　傍線部③について

（1）キワが「目印の赤いリボンを結び直」した意図を五十字以上五十五字以内で説明せよ。

（2）「すると、不意に……音を立てはじめた。」に表れているキワの心情を説明せよ。

問6　傍線部④・⑤について、傍線部⑤におけるキワの心情を、傍線部④から傍線部⑤までの女の人に対する心情を踏まえて説明せよ。

問7　本文の表現上の特徴を説明した文として、最も適当なものを次のA～Eから選び、記号で答えよ。

A　都会に降り立った主人公の不安や決意を多彩な比喩で表現することによって、読者に主人公の心情を効果的にイメージさせている。

B　方言と共通語で会話が進められることによって、なかなか都会の人々にうちとけられないが、強く生き抜いていこうとする主人公の決意を表している。

C　華やかできらびやかな都会の風景を色彩豊かに表現し、主人公のふるさとである田舎と対比させ、主人公の都会への憧憬を暗示している。

D　文章全体を主人公の視点で統一し、大人たちの中でたくましく生き抜いてきた主人公の目線で大人たちの醜さを鋭く描いている。

E　短い会話文を連ねたテンポの良いやりとりによって、差し迫った状況に次第に余裕を失っていく主人公の心情を際立たせている。

（☆☆☆◎◎◎）

【三】次の文章を読んで、後の問に答えよ。（出題の都合上、漢字、仮名遣い、送りがななどの表記を一部改めている。）

*1源宰相、三条堀川のほどに、広く面白き家に住みたまふ。*2上《うへ》に、時の上達部《かんだちめ》の①かしづきたまひける一つ娘、十四歳にて婿取られて、また思ふ人もなく、いみじき仲②にて、「この世にはさらにもいはず、行く末にも、草、木、鳥、獣《けだもの》となるとも、友だちとこそならめ」といひ契りて、住みわたりたまふに、男《を》の子一人、女子《ご》一人、女子は袖君、男子《をのこご》をば真砂子《まさご》君といふ。真砂子君をば、父君片時え見たまはであへず、撫《な》で養ひたまふほどに、殿の内豊かに、家を造れること、金銀《こんごん》、瑠璃《るり》の大殿に、*3上下《かみしも》の人植ゑたるごとして経《へ》たまふに、この*4あて宮に思ほしつきてより、年ごろの契りをも忘れ、愛《かな》しき妻子《めこ》の上をも知らで、*5かの殿に籠《こも》

りて居て、吹く風、飛ぶ鳥につけても訪《とぶら》ひたまはで、年月になりぬ。北の方、思ひ嘆きたまふこと限りなし。

③如月ばかりになりぬ。④殿の内、やうやく毀《こほ》れ、ア人少なになり、池に水草《みくさ》居わたり、庭に草繁り行き、木《こ》の芽、花の色もむかしに覚えず。朝《あした》には、もしイ人や訪れたまふ、と待ち暮らし、夜《よう》さりは、影にや見ゆる、と頼みわたる。涙を流して眺めわたりたまふに、春の雨つれづれに降る日、雨籠《あまごも》りて、若き君だち父君を恋ひつつ、うち泣きて居たまへるを、母君、あからしく悲しと思ほえて、鶯《うぐひす》巣に卵《こ》を生み置きて雨に濡れたるを取らせて、かく書きて奉らせたまふ。源宰相に、

実忠妻「春雨とともにふる巣のもりうきは濡るるこどもを見るにぞありける

これに劣らぬ宿は、見苦しうなむ。さても、*6真砂子は数知らずとか聞こゆめる」とて奉らせたまへり。宰相、げにいかに思ふらむ、と思ほえて、

実忠「住み慣れし宿をぞ思ふ⑤うぐひすは花に心も移るものから

など、のどかに思したれ。げにいかに、と思ふものからなむ。『真砂子は数知らむ*7時にや』とのたまへ」とあり。

⑥北の方、見たまひて、涙を流して経たまふほどに、真砂子君十三歳、袖君十四歳なり。真砂子君、父君の撫で養ひたまひしのみ恋しく、遊びもせず、物も食はで思ふほどに、父君《てて》のわれを思ほしし時には、遊びしに、片時立ち退《しぞ》きしをだに苦しきものにこそしたまひしか、今は前を渡り歩《あり》きたまへど訪ひたまはぬは、御子《こ》とも思さぬなり。親なき人は、心もはかなく、才《ざえ》も習はで、官爵《つかさかうぶり》も得ること難くこそあなれ。われこそさるべき人なれ、など思ほし屈《く》して、病づきて、ただ弱りに弱りぬ。真砂子君、乳母《めのと》にいふほどに、「われこそ父《てて》君《き》の恋しく覚えたまふに、⑦えあるまじくおぼゆれ。上に仕うまつらむと思ひつるものを」と泣く泣くいふ。乳母、「あなゆゆしや。あが君はなどかのたまふ。上も今はかく*8御徳もなくなりたまひつれど、君《きん》だちのお

はしませばこそ、行く先を頼みきこえて、⑧ここらの人候《さぶら》へ。おはしまさずは、*9ややよりはじめて、何を頼みてか仕うまつらむとこそ思さめ。⑨つらくあからしき父君《ちちぎみ》によりたてまつりて、身をもいたづらになさむとは思すな」と泣く泣くいふ。真砂子君、「さは思へど、えぞあるまじきや。わがなからむ代はりに、上によく仕うまつりたまへよ」などいひわたるに、つひに父君を恋ひつつ亡《な》くなりたまひぬ。母君惑ひ焦《こが》れたまふにかひなし。

（『うつほ物語』による）

（注）＊1　源宰相…人名。源実忠。あて宮の従兄弟にあたる。
＊2　上…源宰相の妻を指す。「北の方」も同様。
＊3　上下の人…身分の上下のさまざまな召使いたちのこと。
＊4　あて宮…左大将源正頼の娘。東宮に所望され、この後、入内することがほぼ内定している。
＊5　かの殿…あて宮が居住する源正頼の邸を指す。
＊6　真砂子は数知らず…「真砂子」は男子の名前であるとともに、本来は「真砂」で細かい砂を意味する。その砂粒は数え切れないほど多く、際限がないことを言う。
＊7　時にや…「帰らむ」などの語句が省略されている。
＊8　御徳…ここでの「徳」は財力のこと。
＊9　やや…乳母のこと。

問1　傍線部①・⑧について
（1）傍線部①の終止形「かしづく」の意味を答えよ。

（2） 傍線部⑧の意味を答えよ。

問2 傍線部②の助動詞「に」の文法的意味を答えよ。

問3 傍線部③は陰暦で何月にあたるか。漢数字で答えよ。

問4 傍線部④を授業の際、生徒に口語訳させたところ、波線部「ア」・「イ」の箇所を、いずれもそのまま「人」と訳した。波線部「ア」・「イ」の「人」が指す人物について正しく理解させるために、この生徒に対して具体的にはどのような説明が必要か、答えよ。ただし、解答には「ア」・「イ」の記号を用いて「人」を省略しても構わない。また、です・ます調など、どのような文体で答えるかは問わない。

問5 傍線部⑤は、どのようなことを喩えているか、答えよ。

問6 傍線部⑥について、このときの「北の方」の心情を説明した文として最も適当なものを次のA～Eから選び、記号で答えよ。

A 父親を恋い慕う我が子の不憫さを切実に訴えたにも拘わらず、自身が招いた状況に半ば開き直って、一向に自宅へ帰ろうとしない源宰相の返事を読んで、思いが届かぬ悲しさと我が子の憐れさに、やるせない思いを抱いている。

B 事情も分からず父親を恋しがる幼い我が子のあどけなさを伝えて、源宰相の気持ちを我が子に向けようとしたが、分別がつく年頃になれば再会しても構わないという素っ気ない返事を読んで、夫の薄情さを恨めしく思っている。

C 年甲斐もなく妻子を捨てて気ままな生活を送る身勝手さを非難して反省を促そうとしたことが、かえって源宰相を依怙地にさせ、妻子への未練を断ち切ろうとする決意が表れた返事を読んで、自らの軽率さを深く悔やんでいる。

D　父親に疎まれて泣き暮らす我が子の様子を伝えてさえも、悠長に構えて父親としての責任を果たそうとしない源宰相の返事を読んで、次第に将来の望みを失い、病弱になっていく我が子に対し母親として申し訳なく思っている。

E　年端もいかぬ子どもを抱えながら生活が次第に窮乏していく有り様を恥を忍んで打ち明けたのに、まるで他人事のように無関心で、妻子が置かれた不遇を楽観視する源宰相の返事を読んで、夫に対する失望を禁じえないでいる。

問７　傍線部⑦を口語訳せよ。

問８　傍線部⑨は、具体的には真砂子君に対する父親の態度がどのように変化したてことを指しているのか。七十五字以内で説明せよ。

（☆☆☆☆◎◎◎）

【四】次の文章を読んで、後の問に答えよ。（出題の都合上、旧字体を改め、一部訓点を省略、改めた箇所がある。）

*1子思居於*2衛、*3縕《うん》袍《ぽう》無表、*4二旬而九食。*5田子方聞之、①使人遺*6狐白之裘。恐其不受、因謂之曰、②吾仮《か》人遂忘之、吾与人也如棄之。③子思辞而不受。

子方曰ハク、我有リ子ハ無シ、何ノ故ニ不ルトレ受ケ。子思曰ハク、伋《きゅう》聞クレ之ヲ、妄リニ与フルハ不トレ如カ三遺‐棄スルニ物ヲ於*7溝《こう》壑《がく》ニ一。伋雖モレ貧ナリト也、不レ忍ビ三以テレ身ヲ為スニ二溝壑ト一。是ヲ以テ不ト二敢テ*8当ラ一也。

（『説苑』による）

〔注〕＊1　子思…人名。孔子の孫。名は伋、字は子思。
＊2　衛…国名。春秋時代の列国の一つ。
＊3　縕袍…どてらのこと。
＊4　二旬…二十日間のこと。
＊5　田子方…人名。魏の人。
＊6　狐白之裘…狐の腋の下の白い毛を集めて作った皮ごろものこと。
＊7　溝壑…どぶのこと。
＊8　当…相当するの意。

問1　傍線部①を必要な送り仮名を補って書き下し文に改めよ。ただし、「遣」の終止形は「おくる」と読む。

問2　傍線部②について、次の(1)・(2)に答えよ。

(1)　「如棄之。」を口語訳せよ。ただし、「之」は「之」のままで訳して構わない。

（2）このように言った田子方の意図を説明した文として、最も適当なものを次のA～Eから選び、記号で答えよ。

A　もの覚えが悪いことを強調して、子思に対する配慮を欠いてしまった非礼を釈明するため。
B　財物に対する執着がないことを分からせて、子思に気兼ねなく贈り物を受け取らせるため。
C　孔子の孫として知られている子思に施しをすることで、篤志家であるという名声を得るため。
D　せっかくの親切が無駄になると嘆いてみせて、子思が受け取らざるをえないようにするため。
E　気前が良いところを見せつけて、子思が田子方のところに身を寄せるように仕向けるため。

問3　傍線部③のように子思がしたのはなぜか、説明せよ。

（☆☆☆◎◎◎）

【五】国語科学習指導について、後の問に答えよ。

問1　次のⅠは中学校学習指導要領、Ⅱは高等学校学習指導要領の一部である。文章中の［①］～［④］にはⅠ、Ⅱとも同じ言葉が入る。当てはまる言葉を後の語群より選び、記号で答えよ。Ⅱ高等学校学習指導要領については、［③］、［④］の順序に注意すること。

Ⅰ

第3　指導計画の作成と内容の取扱い

3　教材については、次の事項に留意するものとする。

（1）教材は、話すこと・聞くことの能力、書くことの能力、読むことの能力などを偏りなく養うことや［①］態度の育成をねらいとし、生徒の発達の段階に即して適切な話題や題材を精選して調和的に取り上げること。また、第2の各学年の内容の「A話すこと・聞くこと」、「B書くこと」及び「C読むこと」のそれぞれの(2)に掲げる[②]が十分に行われるよう教材を選定すること。

(2) 教材は、次のような観点に配慮して取り上げること。

【略】

(3) 第2の各学年の内容の「C読むこと」の教材については、各学年で説明的な文章や文学的な文章などの文章形態を調和的に取り扱うこと。

(4) 我が国の言語文化に親しむことができるよう、[③]の代表的な作家の作品を、いずれかの学年で取り上げること。

(5) 古典に関する教材については、古典の原文に加え、古典の[④]、古典について解説した文章などを取り上げること。

Ⅱ

第2款 各科目 第1 国語総合 3 内容の取扱い

(6) 教材については、次の事項に留意するものとする。

ア 教材は、話すこと・聞くことの能力、書くことの能力、読むことの能力などを偏りなく養うことや[①]態度の育成をねらいとし、生徒の発達の段階に即して適切な話題や題材を精選して調和的に取り上げること。また、内容のA、B及びCのそれぞれの(2)に掲げる[②]が十分行われるよう教材を選定すること。

イ　古典の教材については、表記を工夫し、注釈、傍注、解説、［④］などを適切に用い、特に漢文については訓点を付け、必要に応じて書き下し文を用いるなど理解しやすいようにすること。また、古典に関連する［③］の文章を含めること。

〔語群〕

A　国語を尊重する　B　読書に親しむ　C　伝え合う　D　人生を豊かにする
E　探究的な活動　F　自主的な活動　G　言語活動　H　表現活動
I　鑑賞文　J　現代語訳　K　マルチメディア教材　L　近代以前
M　近代以降　N　現代

問2　「読むこと」の指導のために「新聞記事を比較しよう」という単元で、表のようにねらいと学習活動を設定した。後の(1)～(3)に答えよ。なお、解答にあたっては次の条件にしたがうこと。

〔条件〕

・受験者の受験区分にしたがって、指導する学年を選択すること。なお、特別支援学校受験者は中学校第三学年、高等学校第一学年のいずれかを選択し、解答すること。

・指導する学年と、この単元の指導事項は次のとおりとする。

中学校第三学年…　　ウ　文章を読み比べるなどして、構成や展開、表現の仕方について評価すること。

高等学校第一学年…　国語総合　エ　文章の構成や展開を確かめ、内容や表現の仕方について評価したり、書き手の意図をとらえたりすること。

〔表〕

単元名　「新聞記事を比較しよう」	
本時のねらい ○同一の話題を取り上げた２社の新聞記事を読み比べ、書き手の意図をとらえることができる。	
学習活動	評価規準
①学習のねらいを確認する。 ②新聞記事を読み比べる際の観点をあげる。 [観点] ・リード文の表現の仕方 ・具体的な数値の取り上げ方 ・構成や展開の仕方	
③グループで、新聞記事を読み比べる。 ④話し合って考えたことについて、グループの意見をまとめ、発表し合う。	【読む能力】
⑤発表をふまえて、あらためて２社の記事を読み比べ、自分の考えをまとめる。	

（1）学習活動②において「新聞記事を読み比べる際の観点」として挙げている「リード文の表現の仕方」・「具体的な数値の取り上げ方」・「構成や展開の仕方」の他にどのような観点が考えられるか、二つあげよ。

（2）学習活動④において、「読む能力」を観る評価規準として考えられることを答えよ。

（3）この単元をとおして読書活動を促すために、複数の文章を読み比べる学習活動をするとき、次の例の他にどのような文章を読み比べることが考えられるか、答えよ。

(例) 同一題材について書かれたもの

（☆☆☆◎◎◎）

解答・解説

【中高共通】

【一】問1 （1） a 錯誤　b 荒唐　（2） c こんとん　d ゆえん　（3） 二〔画目〕

問2 思考の一時停止(7字)　問3 （1） D　（2） 何も新しいことは伝えなくなる〔こと。〕(14字)

問4 ア 混乱　イ 弾力　問5 エントロピーが持つ、一定の支配的現実のパターンを脅かし、情報量を低下させる障害用因として作用する性質は現実を多元的に捉えることを可能にする性質としても作用するために、エントロピーは支配的現実の見せかけの絶対性を突き崩して、普通の文章体では浮上することのない、

現実の別の次元を顕在化させるきっかけを文章に与えるものにもなるということ。　問6　C

〈解説〉問1　(1)・(2)「常用漢字表」(平成二十二年内閣告示第二号)に示されている漢字の読み、書き、用法などは完璧に習得しておくこと。その上で、古典漢籍に由来する熟語についての知識を蓄えておこう。(3)「匚」(はこがまえ)を部首とする漢字は、かまえの上の横棒を一画目に書き、二画目以降でかまえの中の部分を書いて、最後にかまえの乚字部分を書く。　問2　傍線部①の名文への警戒の念は、2文前の「悪文」と対比させた「流麗な文章には人を酔わせる力がある。思考はこうした文章の流れを追う時には一時停止することがある。」をヒントにしてまとめる。　問3　(1)　傍線部②の名文についての説明で、「ある特定の現実のレヴェル」とあるが、このことについて筆者は直後の文で、その基盤が美意識、倫理観、言説などの現実の社会意識と密接なかかわり合いがあるとし、そのため混沌がなく、現実性を持つために読む者に抵抗感を起させない、と述べている。(2)「弊害」と意味の似通う表現が傍線部②の近辺にないかさがしていくと、第2段落中盤で、「名文」は、文体の中からエントロピー(不活性要素)を除去することを目的として情報量を高めることにあるが、ある限界に達すると堂々めぐりが始まり、何も新しいことは伝えなくなる、と述べている。問4　傍線部③は、悪文のもつエントロピー(情報の流れを妨げる要因)としての「曖昧さ」に2つの側面があることを述べている。まず一つの側面として「混乱」をもたらすこと。他の一面はエトロピーのない特定の現実に結びついた情報に「混乱」(障害要因)を与え、現実を多次元的にとらえようとする弾力性である。問5　傍線部④の「それが持つ、両義的な可能性」とは、エントロピーのもつどちらともとれる余地をいう。筆者は、悪文はエントロピーの多い文章である、と述べ、そのエントロピーの効用を問い悪文の「曖昧さ」の二面性を追求していく。悪文のもつ障害的要因としてのエントロピーは情報量を低下させる反面、現実を多次元的に捉え、一般の文章体では浮上することのない次元を顕在化させる。こうしてエントロピーは支配的な現実の見せかけの絶対性への隷属からわれわれを解放してくれる創造性を持っているというのである。
問6　第5段落の冒頭に、人間の内的発話と公的な談話体の関係のなかに「文体」形成のきっかけを捉えようとするミハイル・バフチンの試みについて述べてある。この両者の関係には個人差があり、魅力ある文体とそうでない文体に区分されるにしても文体についての良し悪しの公的基準に親しまない、としている。その上で文体は、個人の好みによるものであり、この方が文体の本質をより的確に示している、と推定している。結論は、ミハイル・バフチンの文体論の確認である。

【二】問1　(1)　D　(2)　E　問2　B　問3　C　問4　父親が東京に出かけたきり二年も音沙汰がないので、母親が弟二人を連れて実家に帰ってしまっているという複雑な状況を行きずりの他人に話してもどうなるものではないので、むしろこの話題に触れたくないと感じたから。　問5　(1)　駅で自分をみつけるため目印につけてくるように父親が指示した赤いリボンが父親の目に留まりやすくするため。(51字)　(2)　父親との再会を意識して気持ちを高揚させている。　問6　素性の知れない女の人に対して抱いていた警戒心は、キワの父親や郷里、家族のことを女の人が知っていることで次第に警戒を解き、安心を感じるようになったが、改めてこの女の人と父親との関係に疑問を抱くようになっている。　問7　A
〈解説〉問1　(1)　a　「ほつれた」の「た」は、存続の助動詞「た」の連体形。　(2)　b　「含み笑い」は、「笑い声を口にこもらせて笑うこと」。　問2　空欄の前の文「その婆さんが胡散臭げに目尻でこちらをじっと見ている」状況の中でのキワの心情を読みとる。キワは、その場の具合が悪いのに取り繕うことができず恥かしい思いをしているのである。　問3　①のキワが着ている薄手のセーターの鳩尾のあたりを片手で摑んだのは、そこに祖母の手製の布衣があるからである。その布衣の中には切符のほかに、祖母のくれた鎮守様のお守りと祖父が持たせてくれた千円札が三枚入っている。孫への祖父母の愛を受けて育ったキワのその時の心情を汲みとる。　問4　キワの沈黙の理由は、会話のあとに述べてある家庭の事情にある。複雑な事情を行きずりの他人に話しても無意味であると思ったのである。　問5　(1)　キワが「目印の赤いリボンを結び直した」のは、上野駅で女の人にリュックの中身を聞かれた場面にあるように、父親の手紙に髪に赤いリボンを結んでくるようにと書いてあったからである。上京するキワを駅の構内の混雑する人の群れの中で見付けやすいようにした父の計らいである。　(2)「すると、不意に…音を立てはじめた。」は、父のいる東京に着き、父に再会することへの娘としてのキワの胸の高鳴りである。直喩法が用いられキワの心情の高揚を効果的に表現している。　問6　傍線部④での「この人(女の人)」は、キワにとって最初は得体の知れない存在として意識されているが、会話がはずむに従い、互いに心が通じ合っていく。しかし、傍線部⑤では父のことについてあまりにも詳しいこの女の人について、キワの心情は、「この女の人は、父とどのような関係の人だろうか」の疑念に変わっている。　問7　Bの方言と共通語の会話は、見知らぬ人間同士のそれと幼いキワの素朴さを表現しているが主人公が健気に生きる決意までは表していない。Cについて、キワの都会への思いは、上野駅のホームでの場面に代表される戸惑いとして描かれている。Dについて、本文は第三者の視点から描かれている。Eの置かれた状況の中で主人公が余裕を失っていく心情は、本文の表現上の特徴としては不適切。

【三】　(1)　大切に育てる　(2)　たくさんの　問2　断定　問3　二(月)　問4　アは、屋敷が荒廃した様子をかつての華やかさと対比して描いている箇所なので、次第に減ってしまった召使いのことを指しており、それに対してイは、妻子が自宅への訪問を待ち望んでいる、その訪問者を表しているので、源宰相のことを指している。　問5　源宰相があて宮に心変わりをしたということ。　問6　A　問7　私は生きていられそうもないように思われる。　問8　かつては真砂子君のことをかわいがり、遊んでいた時は、少しの間離れても心配していた父君が、今は邸の前を通っても、真砂子君を訪ねてくれなくなったこと。(73字)

〈解説〉問1　(1)「かしづく」は、「大切に守り育てる。傅育する」の意。　(2)「ここら」は、「数多く。たくさん」の意の副詞である。　問2　傍線部②の「に」は、断定の助動詞「なり」の連用形。　問3「如月」(きさらぎ)は、陰暦二月。現在の暦(新暦)では二月下旬から四月上旬頃に相当する。　問4　アの「人」については、文中の「殿の内豊かに、家を造れること、金銀、瑠璃の大殿に、上下の人植ゑたるごと」とある「上下の人」を指していることを理解させるために源宰相の豊かな生活ぶりが、「殿の内、やうやく毀れ」の状況となり「人少なになり」になっていることで説明する。イの「人」については、文中の「あて宮」に思いを寄せている主人公源宰相が自分の家に帰って来る日を待ち望む北の方について説明する。イについてはアと異なり「訪れたまふ」と源宰相について敬語が用いられていることにも注意させる。　問5　源宰相が北の方にあてた歌意は、「住みなれた宿(妻の家)を切に恋しく思う。たとえ浮気なうぐいす(私)が花から花へと移り変わりはするものの(決して忘れているのではない)」。　問6　北の方の夫源宰相への歌は、「春雨の降る日、若き君だち父君を恋ひつつ、うち泣きて居たまへるを、あからしく悲しと思ほえて」書かれたものである。その北の方への夫の返事には、歌とともに「のどかに思したれ」(思いつめずに気長に待っていてください)とある。このことを踏まえて、北の方の心情説明を選ぶ。　問7　傍線部⑦「えあるまじくおぼゆれ」の「え〜まじく」は、不可能を表わす。会話文の直前で「病づきて、ただ弱りに弱りぬ」とあることを踏まえ、「とても生きられなさそうに思われる」と訳す。　問8「あからしき」は、「あからし」(形・シク)の連体形で、「ねんごろである。切実である」の意。それまで真砂子君を「父君片時え見たまはであへず、撫で養ひたまふほど」の源宰相が、「今は前を渡り歩きたまへど訪ひたまはぬ」父親となり、あるまじき親の態度に変化した。そんな父君への真砂子君の思いは、「父君のわれを思ほしし時には、(中略)われこそさるべき人なれ」に述べてある。父君はあて宮へ心移りをして以降は、真砂子君を「御子とも思さぬなり」とあるような冷たい態度に変わったのである。

【四】問1　人をして狐白の裘を遺らしむ。　問2　(1)　之を捨てるようなものです。　(2)　B

問3　理由もなく物を与えることは、どぶに捨てるよりも劣ると言われるので、田子方から贈り物を受け取ることによって、自分自身をどぶ以下に相当すると認めるわけにはいかないと子思は考えたから。

〈解説〉問1　使役形「使ム二XヲシテY一セ」の文型の応用である。　問2　(1)「如棄之」は、「之を棄つる如し」と書き下す。比況を表す。　(2)「吾仮人遂忘之、吾与人也如棄之」(吾人に仮せば遂に之を忘れ、吾人に与ふれば之を棄つるが如し)とは、私は人に財貨・物品を貸しても忘れてしまい返済を求めないし、人に物を与えるのは自分の金品を放棄するような気持でいる、という意。この田子方の言葉からその意図を判断する。

問3　子思が田子方からの贈り物(狐白之裘)を受け取らない理由は、「妄与不如遺棄物於溝壑」(妄りに与ふるは、物を溝壑に遺棄するに如かず)にある。「むやみやたらに金品を人に与えるのは、どぶに物を捨てるよりも劣る」の意。さらに子思は、「仮雖貧也、不忍以身為溝壑」(仮貧なりと雖も身を以て溝壑と為すに忍びず)と述べている。他者からの金品の施しを受けて自らをどぶ以下の人間にするのは耐え難いという子思の考えをまとめる。物欲に惑わされず「仁」の道を生き抜く孔子の孫らしい生き方であるといえよう。

【五】問1　①　B　②　G　③　M　④　J　問2　(1)　・見出しの示し方　・写真の示し方　(2)　中学校第三学年…2社の新聞記事を比較して、文章の構成や展開、表現の仕方などについて、その特徴や効果をまとめ、書き手の意図を推論して説明している。　高等学校第一学年…2社の新聞記事を比較して、文章の構成や展開を的確にとらえ、文章に表れている書き手の思想の流れや文章の筋道に着目して、書き手の意図を説明している。　(3)　同一作者のもの

〈解説〉問1　設問は教材の選定に関する留意事項についてである。教材の選定に当たっては、生徒一人一人が、学習意欲をもって国語科の学習に取組み、その意義や喜びが自覚できるような話題や題材を精選して取り上げることが大切である。そのためには、生徒の心身の発達や理解の程度、言語能力の発達の程度からみて、教材の表現や内容の難易、分量の多少、生徒の興味・関心などに十分配慮する必要がある。　問2　中学校学習指導要領(平成二十年三月告示)第2章第1節国語第2各学年の目標及び内容〔第3学年〕2内容の「C読むこと」の指導事項ウは、文章を読み比べるなどを通じて構成や展開、表現の仕方など様々な文章の形式についての特徴や効果などを評価するものである。この指導事項を発展させるかたちで、すべての生徒が第一学年で履修することが想定される、高等学校学習指導要領(平成二十一年三月告示)第2章第1節国語第1款第1国語総合2内容の「C読むこと」の指導事項エでは、「書き手の意図」をとらえることも示されている。　(1)　新聞記事による読み手への配慮を考える。文字の大小や枠囲いによる「見出しの示し方」「グラフによる統計図」「自然災害や事件、スポーツ、国内外のできごと」を「写真で示すこと」などが考えられる。　(2)　学習活動④の「話し合って考えたこと」について「読む能力」を観るポイントは、指導事項の、文章を読み比べるなどして(文章中の)構成や展開、表現の仕方などについて中学校第三学年の場合はそれらの特徴や効果を正しくとらえているかどうか、を考える。高等学校第一学年の場合は、中学校での「読むこと」の指導を発展させ、文章

の内容や表現の仕方の特徴や効果だけでなく、書き手の意図までとらえているかどうか、文章の構成や展開を確かめているかどうかが評価の対象となる。（3）複数の文章を読み比べる学習は、一つの文章では気が付かなくても、複数の文章を比較しながら読むことで構成や展開、表現の仕方等の違いに気づかせ、様々な文章の形式についての特徴や効果などを理解させて読書への興味や関心を高めることにある。そのため「別の作者の形式(表現)の似た作品」の読み比べも考えてみよう。

二〇一五年度 実施問題

【中高共通】

【一】次の文章を読んで、後の問に答えよ。なお、出題の都合上、本文の一部を省略している。

最近は企業が何か事故や不祥事を起こすと、必ず「今後はコンプライアンスを徹底して……」といったお詫び会見が開かれるようになりました。

コンプライアンスは「法令a遵守」と一般的に訳されています。元検事の弁護士で企業のコンプライアンスに詳しい郷原信郎《ごうはらのぶお》さんも、「法令遵守」という言葉のおかしさについて再三発言していますが、①私もこの訳語には違和感を覚えます。

じつは「コンプライアンス」という言葉は、工学の世界でも使われています。この場合の意味は、相手のものの形に従ってそのものが変形するときの「柔らかさ」や「柔軟b性」などを示しています。

たとえば自動車の車体をプレスでつくるとき、鉄板を金型の間にはさんで押しつけますが、鉄板が金型の形に素直にならって変形することが求められます。このとき素直に変形する度合いをコンプライアンスと言っています。

これを具体的な物理量で表現すると、バネに負荷を加えたときの荷重を伸びで割った比例定数《じょうすう》を「バネ定数」と言います。そして、工学の世界における「コンプライアンス」は、このような剛性の逆数のことを指しているのです。つまり、あるものに一定の力を加えたとき、どれだけ大きな変形が起こるかを表しているのが

「コンプライアンス」なのです。

たとえば、「コンプライアンスが大きい」というと、小さな力で大きく変形する状態を表します。これを人間関係に当てはめてみると、社会や相手の変化に順応するように自分が柔軟に変化している姿が想像されます。社会が何を求めているかをきちんと見極め、それに順応しながら柔軟に動いていくこと、これがまさしく「コンプライアンス」の本当の意味であり目的であると私は理解しています。

ある会社ではコンプライアンスを「社会や法律のルールを守ることはもとより、ステークホルダー(利害関係者)の皆様の期待に誠実に応え、信頼を得ること」と定義していますが、ステークホルダーを広い意味で「社会」と捉えると、まったく同感です。

その「コンプライアンス」が日本では「法令を遵守すること」と理解されているのです。これはどう考えても変です。そもそも法律を守るのは当たり前のことで、それを「コンプライアンスの徹底を云々」などとあらためて強調されても、聞いているほうは「何を当たり前のことを言ってるんだ」くらいにしか思いません。裏を返せば、このようなおかしな考え方がまかり通っているから、日本には失敗への対処がきちんとやれずにいる会社がまだまだ多いのだと思います。

ちなみに、「コンプライアンス」を「法令遵守」とすることのおかしさは、反対に日本語から英語に直してみればよくわかります。「法令遵守」を英語に直すと「Compliance」にはならず、「Observance of law」や「Compliance with the law」となります。つまり、「コンプライアンス」を「法令遵守」とするのは、「マンション(Mansion)」(「大邸宅」という意味だがアパートと差別化をはかるために意図的に間違った意味を当てて使っている)などの言葉と同じで、日本でしか通用しないものなのです。

ところで、「コンプライアンス」を「法令遵守」とする〝誤訳〟がなされたのは、日本の文化が深く関係しているようにも思われます。昔から日本では、誰かが決めたものに従って動くのが社会規範であるかのように扱われてきました。それが村の掟とされていたから、社会的な責任を果たすうえで、誰かが決めた規則に対して「それをしっかり守ります」という姿勢を示すことが最も重要であると考えてしまったのではないでしょうか。

もうひとつ考えられるのは、「コンプライアンス」を単純に「法令遵守」と解釈したほうが楽だと考える人たちがいるということです。たとえば、事故や不祥事を起こしたときに、外側に向かって「コンプライアンスを徹底させて云々」と情報発信をして事態をcオサめることができるなら、これほど楽なことはありません。前述したように、お詫び会見でこのようなことをdオクメンもなく主張している会社は現実にたくさんあります。

こういう姿を見ていると、②私は「それではあなたの会社はこれまでは違法行為を容認していたのですか」と皮肉のひとつも言いたくなります。先ほども言いましたが、法律を守るのは当たり前のことなのです。もっと言えば、社会の要求に応じて会社が活動の方法を変えていくのも当たり前です。「コンプライアンス」という言葉をあえて持ち出さないと、その当たり前のことができないような組織運営が行われていること自体が私には信じられません。

最近は事故や不祥事をe危惧する人たちに向かって、経営者が「わが社はコンプライアンスがきちんとしているから」と話している姿をよく見かけます。これはかつて多くの会社が「わが社にはマニュアルがあるから大丈夫」と言いながら失敗を繰り返していた姿とどこか重なります。彼らは形式さえ整えればいいんだ、という大きな過ちを犯しているのです。

製品やサービスの品質を一定のレベル以上に保つためには、マニュアルのようなものは必要です。ただし、マニュアルを使うときには、環境などの制約条件の変化によってマニュアルが当初の目的を果たせなくなっていないかどうかを常に検証する必要があります。それをせずに一度つくり上げたものに完全に依存し、「うちにはマニュアルがあるから大丈夫」「うちはマニュアルに従ってるから問題ない」などと主張している経営者は、大失敗の原因を自らつくっているようなものです。

コンプライアンスもまったく同じです。ただ形の上だけのことになってしまうと、社会の変化する要請についていけなくて、それだけ大きな失敗をする危険を高めてしまうことにもなるのです。③経営者が「うちはコンプライアンスをきちんとやっているから大丈夫」と話しているのを聞くと、逆に危うさを感じるのはそのためです。

最近の社会保障に関する論議を見ていると、ぬるい経営判断を行っている経営者たちの姿がダブって見えます。それは、社会の変化ということをまったく感じていないという点です。

一九八〇年代のバブル期頃までは、社会には「成功するための定式」がありました。その定式に従ってさえいれば、どんな人でもそれなりの努力でそれなりの結果を出すことができました。

ところが、いまはそのような動き方では結果が出せなくなっています。それは社会全体に通用するマニュアルがなくなったからです。要求も多様化しているので、成功を得るには、新たなマニュアルが必要になります。しかし、以前と違うのは、そのマニュアルを、社会の要求を見ながら、自分たちでつくり出さなければならなくなっていることです。

もちろん、そのためには自分でいろいろなことを観察したり考えたり判断したりしなければなりません。これは非常にたいへんなことです。誰かが与えてくれるのをただ待っているというのに慣れていた人にとっては、もしかすると不可能に近いことかもしれません。

そこで、こういう人たちの多くは、「f閉塞感」という言葉を口にしながら、社会のシステムが変わったことを大いに嘆いています。しかし、これは「④オレがキリギリスでいられなくなったのは社会のせいだ」と言っているように聞こえてしまいます。

いままで、楽をすることができたのは、日本の戦後の社会のシステムがたまたま例外的にしっかりしていたからに過ぎません。もちろんそうなったのは先輩方の努力もあったし、その背景には日本が置かれた環境が非常に恵まれていたということもありました。世界的に見ても歴史的に見ても、このようなケースは珍しく、むしろいままでキリギリスでいられたほうが奇跡と言えます。それが崩れたのは、「当たり前のことが当たり前のように起こった」というふうに考えるのが自然です。

そもそも永久にキリギリスでいられるはずはないのですから、アリのように努力を強いられるようになったことを恨むのはお門違いです。社会のシステムがいままでどおりにあてにできてもできなくても、個人は個人で生きていかなければなりません。そのことを前提にしていないと、困難な状況に追い込まれたときに何もできず、結果として自分が不幸になるだけです。

こうした時代に必要なのは、仮説を立てたり自分の経験を通じて考えをつくっていく能力だと私は考えています。誰かをあてにするのではなく、そのときどきで必要な考えを自分自身でつくれるようにするのです。⑤それができる人が、社会のシステムがあてにならない困難な状況でも、アリのように努力をしながらしぶとく生きていけるのではないでしょうか。

（畑村洋太郎『回復力』による）

問1　傍線部a～fについて

(1)　a「遵守」、f「閉塞感」の読みをひらがなで書け。

(2)　b「性」について、次の太く書かれた部分は何画目に書くか、漢数字で答えよ。

(3)　c「オサ(める)」、d「オクメン」を漢字に直せ。

(4)　e「危惧」について、熟語としての成り立ち方が同じものを次のア～エから一つ選び、記号で答えよ。

ア　予知　　イ　善悪　　ウ　抜群　　エ　阻止

問2　傍線部①について、筆者は「コンプライアンス」とは、どのような意味だと考えているか。文章中から三十字以上四十字以内で抜き出し、初めと終わりの四字を書け。

問3　傍線部②について、筆者はこの会社のどのような点に対して皮肉を言いたくなるのか。「皮肉」の意味を踏まえながら説明せよ。

問4　傍線部③について、筆者がそのような経営者に危うさを感じるのはなぜか、説明せよ。

問5　傍線部④について、「キリギリス」とはどのような人をたとえた表現か。本文中から三十字以内で抜き出し、初めと終わりの四字を書け。

問6　傍線部⑤について、どのような努力が求められると筆者は考えているか。「社会のシステム」の在り方にも触れながら、具体的に説明せよ。

(☆☆☆◎◎◎)

【二】次の文章を読んで、後の問に答えよ。（出題の都合上、一部省略している。）

小説家の「僕」が通う居酒屋「若松屋」で働く女中の「トシ」は、「僕」が連れてくる客は皆小説家だと期待し、ある日「僕」が連れてきたピアニストの川上六郎の名字を聞いただけで、小説通を誇示するように、「※1川上眉山」だと訳知り顔で言った。それ以来、「僕」たちは「トシ」の無智と軽薄さを馬鹿にして「眉山」と呼び、ついには居酒屋のことも「眉山軒」と呼ぶようになった。

あたたかくなって、そろそろ桜の花がひらきはじめ、僕はその日、前進座の若手俳優の中村国男君と、眉山軒で逢《あ》って或《あ》る用談をすることになっていた。用談というのは、実は彼の縁談なのであるが、少しややこしく、僕の家では、ちょっと声をひそめて相談しなければならぬ事情もあったので、眉山軒で逢って互いに大声で論じ合うべく約束をしていたのである。中村国男君も、その頃はもう、眉山軒の半常連くらいのところになっていて、そうして眉山は、彼を※2中村武羅夫《むらお》氏だとばかり思い込んでいた。

行ってみると、中村武羅夫先生はまだ来ていなくて、※3林先生の橋田新一郎氏が土間のテーブルで、ひとりでコップ酒を飲みニヤニヤしていた。

「壮観でしたよ。眉山がミソを踏んづけちゃってね。」

「ミソ？」

僕は、カウンターに片肘《かたひじ》をのせて立っているおかみさんの顔を見た。

おかみさんは、いかにも［　　］眉をひそめ、それから仕方無さそうに笑い出し、

「話にも何もなりゃしないんですよ、あの子のそそっかしさったら。外からバタバタ眼つきをかえて駈《か》け込ん

で来て、いきなり、ずぶりですからね。」

「踏んだのか。」

「ええ、きょう配給になったばかりのおミソをお重箱に山もりにして、私も置きどころが悪かったのでしょうけれど、わざわざそれに片足をつっ込まなくてもいいじゃありませんか。しかも、それをぐいと引き抜いて、爪先立《つまさきだ》ちになってそのまま便所ですからね。どんなに、こらえ切れなくなっていたって、何もそれほどあわて無くてもよろしいじゃございませんか。お便所にミソの足跡なんか、ついていたひには、お客さまが何と、……」

と言いかけて、さらに大声で笑った。

「お便所にミソは、まずいね。」

と僕は笑いをこらえながら、

「しかし、御不浄へ行く前でよかった。御不浄から出て来た足では、たまらない。何せ※4眉山の大海《たいかい》といってね、有名なものなんだからね、その足でやられたんじゃ、ミソも変じてクソになるのは確かだ。」

「何だか、知りませんがね、とにかくあのおミソは使い物になりゃしませんから、いまトシちゃんに捨てさせました。」

「全部か？　そこが大事なところだ。時々、朝ここで、おみおつけのごちそうになる事があるからな。①後学のために、おたずねする。」

「全部ですよ。そんなにお疑いなら、もう、うちではお客さまに、おみおつけは、お出し致しません。」

「そう願いたいね。トシちゃんは？」

「井戸端で足を洗っています。」

と橋田氏は引き取り、

「とにかく壮烈なものでしたよ。私は見ていたんです。ミソ踏み眉山。※5吉右衛門《きちえもん》の当り芸になりそうです。」

「いや、芝居にはなりますまい。おミソの小道具がめんどうです。」

橋田氏は、その日、用事があるとかで、すぐに帰り、僕は二階にあがって、中村先生を待っていた。

ミソ踏み眉山は、お銚子を持ってドスンドスンとやって来た。


【中略】


「私ね、さっき本屋へ行ったのよ。そうしてこれを買って来たの。あなたのお名前も出ていてよ。」

ふところから、新刊の文芸雑誌を出して、パラパラ頁《ページ》を繰って、その、僕の名前の出ているところを捜している様子である。

「やめろ！」
②こらえ切れず、僕は怒声を発した。打ち据《す》えてやりたいくらいの憎悪《ぞうお》を感じた。
「そんなものを、読むもんじゃない。わかりゃしないよ、お前には。何だってまた、そんなものを買って来るんだい。無駄《むだ》だよ。」

「あら、だって、あなたのお名前が。」

「それじゃ、お前は、僕の名前が出ている本を、全部片っ端から買い集めることが出来るかい。出来やしないだろう。」

へんな論理であったが、僕はムカついて、たまらなかった。その雑誌は、僕のところにも恵送せられて来ていたのであるが、それには僕の小説を、それこそ、クソミソに非難している論文が載っているのを僕は知っているのだ。それを、眉山がれいの、けろりとした顔をして読む。いや、そんな理由ばかりではなく、眉山ごときに、僕の名前や、作品を、少しでもいじられるのが、いやでいやで、堪え切れなかった。いや、案外、小説がメシより好き、なんて言っている連中には、こんな眉山級が多いのかも知れない。それに気附かず、作者は、汗水流し、妻子を犠牲にしてまで、そのような読者たちに奉仕しているのではあるまいか、と思えば、泣くにも泣けないほどの残念無念の情が胸にこみ上げて来るのだ。

「とにかく、その雑誌は、ひっこめてくれ。ひっこめないと、ぶん殴るぜ。」

「わるかったわね。」

と、やっぱりニヤニヤ笑いながら、

「読まなけれあいいんでしょう？」

「どだい、買うのが馬鹿の証拠だ。」

「あら、私、馬鹿じゃないわよ。子供なのよ。」

「③子供？　お前が？　へえ？」

僕は二の句がつげず、しんから、にがり切った。

それから数日後、僕はお酒の飲みすぎで、突然、からだの調子を悪くして、十日ほど寝込み、どうやら恢復《かいふく》したので、また酒を飲みに新宿に出かけた。

黄昏《たそがれ》の頃だった。僕は新宿の駅前で、肩をたたかれ、振り向くと、れいの林先生の橋田氏が微醺《びくん》を帯びて笑って立っている。

「眉山軒ですか？」

「ええ、どうです、一緒に。」

と、僕は橋田氏を誘った。

「いや、私はもう行って来たんです。」

「いいじゃありませんか、もう一回。」

「おからだを、悪くしたとか、……」

「もう大丈夫なんです。まいりましょう。」

「ええ。」

橋田氏は、そのひとらしくも無く、なぜだか、ひどく渋々応じた。

裏通りを選んで歩きながら、僕は、ふいと思い出したみたいな口調でたずねた。

「ミソ踏み眉山は、相変わらずですか?」

「いないんです。」

「え?」

「きょう行ってみたら、いないんです。あれは、死にますよ。」

ぎょっとした。

「おかみから、いま聞いて来たんですけどね。」

と橋田氏も、まじめな顔をして、

「あの子は、腎臓結核《じんぞうけっかく》だったんだそうです。もちろん、おかみにも、また、トシちゃんにも、そんな事とは気づかなかったが、妙にお小用が近いので、おかみがトシちゃんを病院に連れて行って、しらべてもらったらその始末で、しかも、もう両方の腎臓が犯されていて、手術も何もすべて手おくれで、あんまり永い事は無いらしいのですね。それで、おかみは、トシちゃんには何も知らせず、静岡の父親のもとにかえしてやったんだそうです。」

「そうですか。いい子でしたがね。」

思わず、溜息《ためいき》と共にその言葉が出て、④僕は狼狽《ろうばい》し、自分で自分の口を覆《おお》いたいような心地がした。

「いい子でした。」

と、橋田氏は、落ち着いてしみじみ言い、

「いまどき、あんないい気性の子は、めったにありませんですよ。私たちのためにも、一生懸命つとめてくれましたからね。私たちが二階に泊まって、午前二時でも三時でも眼がさめるとすぐ、下へ行って、トシちゃん、お酒、と言えば、その一ことで、ハイッと返事して、寒いのに、ちっともたいぎがらずにすぐ起きてお酒を持って来てくれましたね、あんな子は、めったにありません。」

涙が出そうになったので、僕は、それをごまかそうとして、

「でも、ミソ踏み眉山なんて、あれは、あなたの命名でしたよ。」

「悪かったと思っているんです。腎臓結核は、おしっこが、ひどく近いものらしいですからね、ミソを踏んだり、階段をころげ落ちるようにして降りてお便所にはいるのも、無理がないんですよ。」

「眉山の大海も？」

「きまっていますよ。」

と橋田氏は、僕の茶化すような質問に立腹したような口調で、

「貴族の立小便なんかじゃありませんよ。少しでも、ほんのちょっとでも永く、私たちの傍にいたくて、我慢に我慢をしていたせいですよ。階段をのぼる時の、ドスンドスンも、病気でからだが大儀で、それでも、無理

して、私たちにつとめてくれていたんです。私たちみんな、ずいぶん世話を焼かせましたからね。」

僕は立ちどまり、地団駄《じだんだ》踏みたい思いで、

「⑤ほかへ行きましょう。あそこでは、飲めない。」

「同感です。」

僕たちは、その日から、ふっと河岸をかえた。


（太宰治『眉山』による）

（注）※1　川上眉山…小説家。尾崎紅葉らと硯友社を興した。
※2　中村武羅夫…小説家。評論家。雑誌「新潮」編集長を務め、同人誌「不同調」を主宰した。
※3　林先生の橋田一郎氏…洋画家。「僕」から小説家の林芙美子だと紹介されたトシは、橋田が男性である事に疑問を持ちながらも、それを信じている
※4　眉山の大海…貴族の出だと言う「眉山」に「僕」たちは「ほんものの貴婦人は、おしっこをする時、しゃがまないものだ」と嘘をついて教えた後に、「眉山」が便所で小便を飛散させて汚したという一件があった。
※5　吉右衛門…中村吉右衛門。明治末から昭和にかけて活躍した歌舞伎役者。

問1　本文中の［　　］にあてはまる語として、最も適当なものを次のA～Eから選び、記号で答えよ。
A　呆れ返ったように　B　憐れむように　C　困惑したように
D　胡散臭そうに　E　不機嫌そうに

問2　傍線部①には、どのような表現効果があるか、四十五字以内で答えよ。
問3　傍線部②のように「眉山」に対して「僕」が「怒声を発した」のはなぜか、その理由を説明せよ。
問4　傍線部③について、このときの「僕」の様子を説明した文として最も適当なものを次のA～Eから選び、記号で答えよ。

A　見識の無さを指摘されたことに腹を立て、まだ未熟な子供だがいずれ経験を重ねて精神的にも成長したときには、対等以上に話のできる知見を備えた女性になるとうそぶく眉山の自尊心の高さに驚き、辟易している。

B　自分の思慮の至らなさを、無垢でまだ分別がつかない子供であるからだと言い返すような眉山の態度は、子供の持つ純真なイメージとあまりにもかけ離れているため、眉山の図々しさに閉口し、不快に感じている。

C　女中として働く眉山のたくましさは子供のような可憐さとはほど遠いものでありながら、自分の浅はかさを幼い子供の爛漫さに喩え、媚びるように甘えてみせる眉山のしたたかな態度を苦々しく思っている。

D　自分が無学であるのは、子供の頃から女中として働かされて勉強する機会を奪われたままでいるためだと、頑なに自分の非を認めようとしない眉山の傲岸さに腹を立て、心の底から嫌悪感を抱いている。

E　無智なのではなく、大人が気にする体裁にとらわれないだけだと反論して、暗に僕の態度を非難する眉山を揶揄しながらも、僕の図星をつく眉山の正論に言い返せないで、この場をごまかそうとしている。

問5　傍線部④について、「僕」はなぜ「狼狽し」たのか、「僕」の気持ちを踏まえつつ説明せよ。
問6　傍線部⑤について、このときの「僕」の心理を説明した文として、正しいものを次のA～Fから二つ選び、記号で答えよ。

A　眉山が病気からくる苦痛に耐えていたことを知った今、女中としての勤め以上に働いてくれたかいがいしさが思い出され、眉山への申し訳なさが募って安穏と楽しめはしないと思っている。

B　何も知らない僕たちがわがまま放題に遊んで眉山を振り回したことが、眉山の病状を悪化させたのだと思うにつけて、病気を顧みず尽くしてくれた眉山には詫びる言葉もないと深く反省している。

C　粗野に思えた眉山の振る舞いは、僕たちに尽くそうとする純粋な好意によるものであることを知って、その健気さに打たれ、それに気づかず眉山を馬鹿にしていた自分を腹立たしく思っている。

D　僕が何の気兼ねもせず眉山軒で遊べたのは、実は眉山が親身になって世話をしてくれたためだと知り、眉山と顔を合わせることを避けてきた僕には、眉山軒で遊ぶ資格はないと自分を責めている。

E　僕たちに取り入ろうとする軽薄な眉山の態度も、憧れの小説家たちの仲間入りをしたいという素朴な願いの表れに過ぎず、そのことに無関心を装ってきた僕の方こそ馬鹿だったと思っている。

F　ぞんざいに見える言動の端々に、眉山は自分が病気に罹っていることを何とか示そうとしていたにも関わらず、その気持ちを理解してやれなかった自分の不甲斐なさを情けなく思っている。

(☆☆☆☆◎◎)

【三】次の文章を読んで、後の問に答えよ。(出題の都合上、漢字、仮名遣い、送りがななどの表記を一部改めている。)

この男、また、はかなきもののたよりにて、雲居《くもゐ》よりもはるかに見ゆる人ありけり。ものいひつくべきたよりなかりければ、いかなるたよりして、気色《けしき》見せむと思ひて、からうして、たよりをたづねて、ものいひはじめてけり。「①いかで、一度《ひとたび》にても、御文《ふみ》ならで、聞《きこ》えしかな」といふを、いかがはあべき、げに、よそにても、いはむことをや聞かましと思ひけるほどに、この女の親の、わびしくさがなき※1朽嫗《くちおな》の、さすがにいとよくものの気色を見て、かしがましきものなりければ、かく文通《かよ》はすと見て、文も通はさず、責《せ》め守《まほ》りければ、この男は、せめて、「対面《たいめん》に」といひければ、この女ども、「『かかる人の、制《せい》したまへば、雲居《くもゐ》にてだにもえ』など②いひ聞かせよとてなむ、迎へる」といひければ、「今まで、などかおのれにはのたまはざりつる。人の気色とらぬ先に、月見むとて、母の方《かた》に来《き》て、わが琴弾《ことひ》かむ。それにまぎれて、簾《す》のもとに呼び寄せて、ものはいへ」とぞ、この、来たる※2親族《しぞく》たばかりける。さて、この男来て、簾のうちにて、ものいひける。③この友だちの女、「わが徳《とく》ぞ」といひければ、「うれしきこと」など、男、女いひ語らふに、この、母の女のさがなもの、宵《よひ》まどひして寝にけるときこそありけれ、夜ふけければ、目さまして起き上《あが》りて、「あな、さがな。などて寝られざらむ。もし、※3あややある」といひければ、この男、簀子《すのこ》のうちに、はひ入《い》りて隠れにければ、のぞきて見るに、人もなかりければ、「おいや」などいひてぞ、奥へ入りける。その間《ま》に、男、いで来たれば、「よし、これを見たまへ」「かかればなむ。命あらば」などいひけるほどに、「あやしくも、いませぬるかな」といへば、男、帰りぬ。

④たまさかに聞けと調《しら》ぶる琴《こと》の音《ね》のあひてもあはぬ声のするかな

といひたれば、この、琴弾《ひ》きける友だちも、「はや⑤返したまへ」といひけるほどに、親聞きつけて、「いづこなりし盗人《ぬすびと》の鬼《おに》の、わが子をば、からむ」といひて、いで走り追へば、沓《くつ》をだにもえ履《は》きもあへで、逃ぐ。女どもは呼吸《いき》もせで、うつぶしふしにけり。かかりけれど、いみじう制しければ、言《こと》の通《かよ》はしをだにえせで、ものいひけるたよりをも尋ねて、寄せざりけるほどに、こと人にあはせてけり。さりければ、男、親さあはすとも、さやはあるべきとぞ、⑥思ひ憂《う》じてやみにける。

（『平中物語』による）

（注）※1　朽嫗…老女を罵っていう言葉。
※2　親族…親戚の女。後出の「友だちの女」と同一人物。
※3　あや…ここでは「入り組んだわけ」の意味。

問1　傍線部のうち、動詞「寝」の活用の種類と活用形を、例にならって答えよ。
例　活用の種類…カ行四段活用　活用形…終止形
問2　傍線部①を口語訳せよ。
問3　傍線部②について、「いひ聞かせ」る主語は誰か。その人物として正しいものを次のA～Eから選び、記号で答えよ。
A　男　B　女　C　女の親　D　女ども　E　親族
問4　傍線部③について、「うれしきこと」には、「男」と「女」のどのような気持ちが表れているか。三十五字以内で説明せよ。
問5　傍線部④の和歌に用いられている修辞技巧について簡潔に説明せよ。
問6　傍線部⑤「返し」のここでの意味を答えよ。
問7　傍線部⑥について、「男」はどのようなことに対して「思ひ憂じ」たのか。四十五字以内で説明せよ。

（☆☆☆☆◎◎◎）

【四】次の文章を読んで、後の問に答えよ。（出題の都合上、旧字体を改め、一部訓点を省略した箇所がある。）

今有《リ》㆔三‐人㆓焉《ニ》㆒。一人《ハ》勇、一人《ハ》勇怯半《なかばシ》、一人《ハ》怯《ナリ》。①有与之臨乎淵谷者、且《ツ》告《ゲテ》㆑之《ニ》曰《ハク》、能《ク》跳《をどリテ》而越《ユレバ》㆑此《ヲ》、謂《フ》㆓之《ヲ》勇《ト》㆒。不㆑然為《ス》㆑怯《ト》、彼《ノ》勇《ナル》者《ハ》恥《ヂテ》㆑怯《ヲ》、必《ズ》跳《リテ》而越《エン》焉。其《ノ》勇怯半《スル》者《ト》与《ハ》㆓怯《ナル》者㆒則《チ》不㆑能也。又告《ゲテ》㆑之《ニ》曰《ハク》、跳《リテ》而越《ユル》者《ニハ》与《ヘン》㆓千金《ヲ》㆒。②不㆑然則否《ト》。彼《ノ》勇怯半《スル》者《ハ》奔《リ》㆑利《ニ》、必《ズ》跳《リテ》而越《エン》焉。其《ノ》怯《ナル》者《ハ》③猶未㆑能也。須臾《ニシテ》顧《ミテ》見㆓猛虎《ノ》暴然《トシテ》向《カヒ》逼《せまラントスルヲ》㆒、則《チ》怯《ナル》者《モ》、不《シテ》㆑待《タ》㆑告《グルヲ》跳《リテ》而越《ユルコト》㆑之《ヲ》、如《カラン》㆓*1康壮《ノ》㆒矣。然則《チ》人豈《ニ》有《ラン》㆓勇怯㆒哉。要《ハ》在《ル》㆓以《テ》㆑勢《ヲ》駆《ルニ》㆒㆑之《ヲ》耳。

（『唐宋八大家文読本』による）

（注）※1　康壮…四通八達の大通りの意味。

問1　傍線部①「有与之臨乎淵谷者、」について、次の口語訳を参考にして返り点をつけよ。送り仮名は不要。
【口語訳】彼らとともに淵や谷を目の前にしている者がいて、
問2　傍線部②「不然則否。」について、具体的にはどういうことを述べているのか、答えよ。
問3　傍線部③「猶未能也。」を全てひらがなで書き下し文に改めよ。
問4　本文で、結局、筆者はどのようなことを言おうとしているのか。それを説明した文として最も適当なものを次のA～Eから選び、記号で答えよ。
A　勇敢な人と臆病な人との違いは一目瞭然であるかのように思えるが、実際には勇敢と言われる人の方が真っ先に逃げ出し、臆病な人の方が最後まで悠然としているように、差し迫った危険な状況を前にした時の態度を見なければ人の本性は分からないということ。
B　勇敢さや臆病さといった性格は一生を通じて変わることがない先天的な本性だと考えられがちだが、臆病な人も最後には勇敢な行動が取れることを見れば、実際には最初から決められた本性というものはなく、心掛け次第で勇敢な性格にもなれるということ。
C　同じ行動を取ってもその行動の動機は人それぞれであり、人間の品格は行動の根底にある動機や価値観、何を重視するかという信念によって決まるものであるから、行動に表れる勇敢さや臆病さだけを見て人の優劣を計ろうとするのは、無意味だということ。
D　人となりを評して勇敢であるとか臆病であるとか言うが、臆病な人も状況次第で勇敢な行動を取り得ることを考えれば、大切なのはどういう状況に身を置かれるかということであって、勇敢さや臆病さといった性格はそれほど問題ではないということ。
E　世間では勇敢な人が注目されて高く評価される傾向にあるが、自分にとって都合のよい条件が出てくるまでじっくりと待つ人こそが最後には得をするのであって、同じ行動を取るにしても、一見臆病でも得失を冷静に見極める態度こそ賢明であるということ。

（☆☆◎◎◎）

【五】国語科学習指導について、後の問に答えよ。

問1　次のⅠは中学校学習指導要領、Ⅱは高等学校学習指導要領の一部である。文章中の［　①　］～［　④　］にはⅠ、Ⅱとも同じ言葉が入る。当てはまる言葉を後の語群より選び、記号で答えよ。

Ⅰ

第3　指導計画の作成と内容の取扱い　3

（2）教材は、次のような観点に配慮して取り上げること。

ア　国語に対する認識を深め、［　①　］態度を育てるのに役立つこと。

イ　［　②　］、思考力や［　③　］を養い［　④　］を豊かにするのに役立つこと。

ウ　公正かつ適切に判断する能力や創造的精神を養うのに役立つこと。

エ　科学的、論理的な見方や考え方を養い、視野を広げるのに役立つこと。

オ　人生について考えを深め、豊かな人間性を養い、たくましく生きる意志を育てるのに役立つこと。

カ　人間、社会、自然などについての考えを深めるのに役立つこと。

キ　我が国の伝統と文化に対する関心や理解を深め、それらを尊重する態度を育てるのに役立つこと。

ク　広い視野から国際理解を深め、日本人としての自覚をもち、国際協調の精神を養うのに役立つこと。

Ⅱ

第2款　各科目　第1　国語総合　3　内容の取扱い

(6)　ウ　教材は、次のような観点に配慮して取り上げること。

(ア)　言語文化に対する関心や理解を深め、[　①　]態度を育てるのに役立つこと。

(イ)　日常の言葉遣いなど言語生活に関心をもち、[　②　]を高めるのに役立つこと。

(ウ)　思考力や[　③　]を伸ばし、心情を豊かにし、[　④　]を磨くのに役立つこと。

(エ)　情報を活用して、公正かつ適切に判断する能力や創造的精神を養うのに役立つこと。

(オ)　科学的、論理的な見方や考え方を養い、視野を広げるのに役立つこと。

(カ)　生活や人生について考えを深め、人間性を豊かにし、たくましく生きる意志を培うのに役立つこと。

(キ)　人間、社会、自然などに広く目を向け、考えを深めるのに役立つこと。

(ク)　我が国の伝統と文化に対する関心や理解を深め、それらを尊重する態度を育てるのに役立つこと。

(ケ)　広い視野から国際理解を深め、日本人としての自覚をもち、国際協調の精神を高めるのに役立つこと。

（語群）

A　想像力　　B　表現力　　C　読解力　　D　判断力

E　言語に関する能力　　F　生きる力　　G　伝え合う力　　H　言語感覚

I　感性や情緒　　J　学習意欲　　K　国語を尊重する　　L　国語に親しむ

M　適切に表現する

問2　短歌を教材として「読むこと」の指導をする単元を設定した。一回目の授業で、教材を一読した後、気に入った一首について感想文を書くように指示した。後に示す二つの感想文は生徒A、Bが書いたものであるが、指導しようとする指導事項から見たとき、いずれの生徒にも課題が見られる。それぞれにどのような課題があり、どのような指導を加える必要があるか。感想文からうかがえる生徒A、Bの課題と指導する内容を具体的に説明せよ。なお、解答に当たっては次の条件にしたがうこと。

〔条件〕
・受験者の受験区分にしたがって、指導する学年を選択すること。なお、特別支援学校受験者は中学校第三学年、高等学校第一学年のいずれかを選択し、解答すること。
・すべての受験者は選択した学年について、解答用紙の所定の欄の学年を○で囲んで示すこと。
・指導する学年と、この単元の指導事項は次のとおりとする。
　中学校第三学年　…　ア　文脈の中における語句の効果的な使い方など、表現上の工夫に注意して読むこと。
　高等学校第一学年　…　国語総合　ア　文章の内容や形態に応じた表現の特色に注意して読むこと。
・生徒A、Bのいずれについても解答すること。

くれなゐの二尺伸びたる薔薇《ばら》の芽の針やはらかに春雨のふる

正岡子規

〈生徒A〉

まだ二尺ほど伸びただけの赤いバラの芽は、若くてみずみずしい感じなんだろう。バラのとげを、やわらかな「針」と表現しているところがおもしろいと思った。「とげ」と聞くと、痛そうでいやだけど、「針」と聞くとなんだかきれいな感じに伝わってくるから不思議だなあと思った。

「寒いね」と話しかければ「寒いね」と答える人のいるあたたかさ

俵万智

〈生徒B〉

この歌を読んで、温かい気持ちになった。そばにだれかいてくれるということは、とても幸せなことだと思う。もし私がひとりぼっちで話し相手がいなかったとしたら、さびしくて耐えられないだろう。どんなにたわいのない会話でも、それができるということに感謝したくなった。

(☆☆☆◎◎◎)

解答・解説

【中高共通】

【一】問1 (1) a じゅんしゅ f へいそくかん (2) 三〔画目〕 (3) c 収(める) d 臆面 (4) エ 問2 社会が何～いくこと 問3 法律を守ることは当たり前のことであるのに、「今後はコンプライアンスを徹底して……」という言葉をあえて持ち出すことによって、逆にその当たり前のことができない企業運営がなされているという情報発信をしていることになる点。 問4 形式だけ整えられたマニュアルと同じで「コンプライアンス」も当初の目的が果たせなくなっていないか常に検証することもなく、一度つくり上げたものに完全に依存しているだけだと、社会の変化する要請についていけず、大きな失敗をする危険を高めることになるから。 問5 誰かが与～ていた人 問6 社会は変化するものであり、社会の要求は多様化するものであるから、そのような社会に対応するためには自分で新たなマニュアルを作り出す必要があり、そのためには自分でいろいろなことを観察したり考えたり判断したりする努力が求められている。

〈解説〉問1 (4)「危惧」は「危(ぶむ)」＋「惧(れる)」で、類義語を重ねた形。ア「予知」は「予め知る」で、「修飾語＋動詞」。イ「善悪」は対義語を重ねた形。ウ「抜群」は「群を抜く」で、「動詞＋目的語」。エ「阻止」は「阻(む)」＋「止(める)」で、類義語を重ねた形。 問2 工学の世界における「コンプライアンス」の説明をした後で、「社会が何を求めているかをきちんと見極め、それに順応しながら柔軟に動いていくこと」と筆者の考えるコンプライアンスの意味が説明されている。文章のキーワードの定義に当たる部分であるから、問われずともチェックしておかねばならない。 問3 まず、皮肉を言いたくなるのは会社のどのような点に対してなのかについて一言で答えると、「事故や不祥事を起こしたときに、『今後はコンプライアンスを徹底させて云々』といったお詫びをする点」ということになる。次に、これに対してなぜ皮肉を言いたくなるのかを考える。それは、傍線部にすでに示されているように、「『今後はコンプライアンスを徹底させる』というお詫びは、これまでは違法行為を容認していたことを表明しているのと同じだから」である。以上の二点を組み合わせて答案を作ればよい。なお、傍線部の表現を使うことに抵抗があるならば、傍線部の後の表現を使って「法律を守ることは当然であるのに、『今後はコンプライアンスを徹底させる』とお詫びをすることによって、その当然のことができないような組織運営が行われていることを表明してしまっているから」などとしてもよい。　問４　傍線部直後に「そのためです」とあるように、傍線部の根拠は、直前の二文にある。つまり、コンプライアンスは、「ただ形の上だけのことになってしまうと、社会の変化する要請についていけなくて、それだけ大きな失敗をする危険を高めてしまうことにもなる」からである。この抜き出しでも十分だとは思うが、この中の「形の上だけのことになってしまう」をもう少し詳しく言い換えることは可能だろう。傍線部③を含む段落の前二段落のマニュアルの例えを用いて、「コンプライアンスが当初の目的を果たせなくなっていないか常に検証することなく、一度つくり上げたものに完全に依存する」と言い換えることができる。　問５「キリギリス」とは、もちろん『アリとキリギリス』に出てくるキリギリスのことだ。夏から冬への変化が、この文章における「社会システムの変化」に相当する。つまり、「キリギリス」とは、「自身に都合のいい社会システムの上にあぐらをかいて、社会の変化に備えず、自ら努力しようとしない人」といった意味になる。これと同内容のものを本文中から探す。　問６〈「社会全体に通用するマニュアルがなくなった」→「社会の変化に対応するためには自分で新たなマニュアルを作り出さなければならない」→「そのためには自分でいろいろなことを観察したり考えたり判断したりしなければならない」〉という本文後半部（「一九八〇年代の」から始まる段落以降)の叙述の流れがつかめていれば、その流れを追うことが則ち解答となる。

【二】問1　E　問2　言わずもがなのことをあえて改まった口調にすることで大仰な印象を与えて滑稽さを出している。　問3　僕の小説をひどく非難した書評を眉山が平然と読むことに加え、文学の善し悪しもわからないくせに訳知り顔で僕のことや僕の作品を批評するであろう眉山に激しい憎悪を感じたから。　問4　B　問5　普段から馬鹿にしていた眉山のことを、内心では好ましく思っていたことに、僕自身、思い掛けず気付かされて驚いたから。　問6　A、C

〈解説〉問1　空欄後のおかみさんのセリフの内容や、「眉をひそめる」が不快なさまを表す時に用いる表現であることを考え合わせれば、E「不機嫌そうに」が選べる。　問2「後学」も「おたずねする」も、ミソを全部捨てたかどうかなどといった他愛もないことに対してはふつう使わない。にもかかわらず、このような改まった表現を使っているのはなぜかを考える。いろいろな解釈が考えられると思うが、一つには、大したことのないことをわざと大げさに言って滑稽さを出している、という解釈が可能だろう。あるいは、このような言い回しを用いる「僕」の気障な性格を表現していると解釈することも可能だろう。　問3　文章の構成や展開から内容の理解をみる問題である。怒声を発するという行為の直接の原因となった心情は、傍線部のすぐ下にあるが、「(眉山に対する)憎悪」である。では、なぜ憎悪を感じたのかといえば、その理由は傍線部の四行後からの部分で述べられている。ポイントを整理すると、〈眉山が買ってきた雑誌には、「僕」の小説をひどく非難している論文が載っていて、それを眉山に平然と読まれるのが不愉快である〉、さらに、〈眉山ごときに、「僕」の名前や、作品を、少しでもいじられるのが、堪え切れないほどいやである〉といった感じになる。これに、眉山に対する形容として〈文学のことなどろくに理解できもしない〉といった要素を加えれば、「僕」の怒りの理由としてさらに説得力のあるものになる。　問4　傍線部直後の「二の句がつげない」、「にがり切る」は、それぞれ「あきれて閉口すること」、「ひどく不愉快そうな顔つきをする」の意。要するに、まったくもって「子供」からかけ離れた存在である眉山が、自分のことを「子供」だと言うことに対して、閉口し不愉快に思っているのである。このような内容になっているのはB。「子供」という言葉の持つ様々な意味・イメージの中から眉山は「無分別」を、「僕」は「純真」をそれぞれ抽出し、その乖離が「僕」の発言となって現れたという解釈が妥当であろう。　問5「自分で自分の口を覆いたいような心地がした」という表現からは、無意識のうちに「いい子でしたがね」という言葉が口をついて出てしまったことが窺われる。つまり、自分でもなぜそんなことを口走ったのか分からず、だからこそ「僕」は「狼狽した」のである。その無意識とは、文字通り「いい子」という表現から考えて、眉山に対する好感と解釈するのが妥当だろう。意識の領域では、眉山を馬鹿にしていたのに、内心では眉山を好ましく思っていたことに気づかされて、驚いたのだ。　問6「それから数日後」以降の展開を踏まえると、事情を知った「僕」の心情を、眉山に対する「申し訳なさ」と「自責の念」として解釈できる。Bは「病気を顧みず尽くしてくれた」が誤り。眉山は自身の病気のことは知らなかった。Dは「眉山と顔を合わせることを避けてきた」が誤り。本文記述からはそのようなことは窺われない。Eは病気のことにまったく触れていないので不適。Fは「眉山は自分が病気に罹っていることを何とか示そうとしていた」が、Bと同じ理由で誤り。

【三】問1　活用の種類　ナ行下二段活用　活用形　未然形　問2　何とかして、一度でいいから、お手紙ではなく、直接お話し申し上げたい　問3　E　問4　計略を巡らせて男と女を対面させてくれた親族に対して感謝する気持ち。　問5「あひ」が、琴の音の調子が合っている「合ひ」と男と女が逢う「逢ひ」との掛詞になっている。　問6　返歌　問7　親が他の男と結婚させたがるからといって、女が親の言うことに従って、他の男と結婚したこと。

〈解説〉問1　下に可能の助動詞「られ」が接続しているので、未然形。　問2　「いかで」には、疑問・反語の用法(「どうして〜」)と、願望・意志の用法(「なんとかして〜」)があるが、ここでは後者の用法。また、「聞えしかな」の「聞え」は「言ふ」の謙譲語「聞こゆ」の連用形、「しか」は動詞の連用形に続いて自己の願望を表す終助詞、「な」は文の終止の表現につく詠嘆の終助詞である。直訳すれば「申し上げたいなあ」となるが、前に「御文ならで(お手紙ではなく)」とあるので、それとの対比を生かして「直接お話し申し上げたい」などとすると丁寧な訳となる。　問3　傍線部の少し前に出てくる「この女ども」に少し面食らうかもしれないが、これは女の家に仕えている女房たちのことである。男女が手紙のやり取りをするといっても、もちろん本人たちが直接手紙を出し、受け取っているわけではない。そこには仲介の人間が必ず存在している。これは当時では常識のことであったので、わざわざ説明されることはない。傍線部の前後をおおまかに訳すと、〈この女房たちが「A」に対して、「『このような人(女の親)が、制止するので、たとえ雲居(のような遠く隔たった所)でさえも(逢うことは)できません』と、(Bに)言い聞かせてもらおうと思って、(Cを)迎えたのです」と言ったところ、(Aが)「今まで、どうして私に言わなかったのですか。……(計略の内容)」と、この「来たる親族」が、計略を考えた〉となるので、「A」＝「来たる親族」と分かる。さらにここで、この「来たる親族」は男の使いだったのではないか、ということに思い及んでほしい。つまり、女の女房たちは、男の使いである「親族」に、男に対して「もう諦めてください」と言い聞かせてもらおうとしているのである。よって、先の「B」は「男」、「C」は「親族」ということになる。　問4　「友だちの女」が「私のおかげよ」と言ったのに対して、男と女が「うれしきこと」と言っている。これには、「親族」が計略を巡らせて男と女を逢わせてくれたことに対する感謝の気持ちが表れている。　問5　「あひ」に、「合ひ」と「逢ひ」を掛けるのはよく見られる。ここでの「合はぬ」は、琴の音の調子が合っていないということだが、これには「友だちの女」の計略が甘かったことに対する批難が込められていると解釈することもできる。　問6　男が歌を詠みかけてきたことに対して、「返ししたまへ」と言っているのだから、この「返し」は返歌のことである。　問7　女の親が娘を他の男(「こと人」)と結婚させた(「あはせてけり」)ことに対して、男は「親さあはすとも、さやはあるべきとぞ」との感想を抱いている。これは、「親がそのように結婚させたといっても、娘がそれにそのまま従うようなことがあってよいものだろうか」の意である。解答は、この内容を「こと」に続くように再構成すればよい。

【四】問1

有下与レ之臨二乎淵谷一者上、

問2　淵や谷を飛び越えなければ、千金を与えないということ。　問3　なほいまだあたはざるなり。

問4　D

〈解説〉問1　「之と淵谷に臨む者有り」と書き下す。　問2　「然らざれば(ずんば)則ち否と」と読み、「そうでなければ、そうではない」と訳す。その具体的な内容は、直前に「跳りて越ゆる者には千金を与へん(飛んで淵や谷を越えた者には、千金を与えよう)」とあり、それとの対比で考えれば、「淵や谷を飛び越えなければ、千金を与えない」ということだとわかる。　問3　再読文字「未」は、一度目には「いまダ」と読み、二度目には「〜ず」と読む。「能」は上に打ち消し語を伴うときは「あたハ」と読む。「也」はここでは、助動詞「なり」として読む。　問4　筆者の主張は最後の「然れば則ち人豈に勇怯有らんや。要は勢を以て之を駆るに在るのみ」の箇所に表れている。つまり、「人間には勇敢と臆病という性格の違いがあるのではなく、それぞれの勢(状況)に合わせて、行動を駆り立ててやるのが重要だ」ということである。

【五】問1 ① K ② G ③ A ④ H 問2 生徒A (中学校第三学年) 四句の「針やはらかに」の「やはらか」は「春雨のふる」様子についても表現していることに気づいていないので、「春雨」のイメージをふくらませて、「やはらかに」と「春雨」を関連づけて短歌全体をとらえさせる。(高等学校第一学年) 助詞「の」の押韻が短歌にリズムを生み出していることに気づいていないので、繰り返し音読させ、同じ音「の」の繰り返しに気づかせ、韻文の特徴を生かした作者の工夫をとらえさせる。 生徒B (中学校第三学年) 初句と三句に用いられている「寒いね」という言葉に注目していないので、五句の「あたたかさ」と対比させ、「寒い」という言葉を選んだ作者の思いを考えさせ、作者の表現の工夫に気づかせる。(高等学校第一学年) 「寒いね」の反復表現に気づいていないので、会話の応答が「寒いね」という同じ言葉であることに注目させ、オウム返しの表現が日常のありふれた情景を表現していることに気づかせる。

〈解説〉問1 指導計画や取り扱う内容は、科目ごと及び各学年で掲げられる「目標」を達成するように設定されている。中学校学習指導要領「国語」の「目標」は、「国語を適切に表現し正確に理解する能力を育成し、伝え合う力を高めるとともに、思考力や想像力を養い言語感覚を豊かにし、国語を尊重する態度を育てる。」、高等学校学習指導要領「国語」の「目標」は、「国語を適切に表現し的確に理解する能力を育成し、伝え合う力を高めるとともに、思考力や想像力を伸ばし、心情を豊かにし、言語感覚を磨き、言語文化に対する関心を深め、国語を尊重してその向上を図る態度を育てる。」である。 問2 中学校第三学年 「語句の効果的な使い方など、表現上の工夫」に関しては、「もしその言葉ではなくて、他の言葉が使われていたら?」という観点で、歌中のそれぞれの表現を検討していく姿勢が求められる。一般とは異なる特殊な言語用法があればまずそこに目をつける。正岡子規の歌では、「針」と「やはらかに」が、俵万智の歌では、「寒いね」と「あたたかさ」がポイントとなる。　高等学校第一学年　「内容や形態に応じた表現の特色」に関しては(とくに形態論)、倒置法・体言止め・省略法・対句法・反復法・音韻などの形態論的なレトリックに注意を払い、歌中のそれぞれの表現を検討していく姿勢が求められる。さらに、形態論的レトリックが、内容の上にどのような効果をもたらしているかも考えなければならない。正岡子規の歌では、「句冒頭に配置された『くれなゐ』」「『の』の反復」、俵万智の歌では、「『寒いね』の反復」「話しかけとそれに対する応え」がポイントとなる。

●書籍内容の訂正等について

弊社では教員採用試験対策シリーズ（参考書，過去問，全国まるごと過去問題集），公務員試験対策シリーズ，公立幼稚園・保育士試験対策シリーズ，会社別就職試験対策シリーズについて，正誤表をホームページ（https://www.kyodo-s.jp）に掲載いたします。内容に訂正等，疑問点がございましたら，まずホームページをご確認ください。もし，正誤表に掲載されていない訂正等，疑問点がございましたら，下記項目をご記入の上，以下の送付先までお送りいただくようお願いいたします。

① **書籍名，都道府県（学校）名，年度**
（例：教員採用試験過去問シリーズ　小学校教諭 過去問　2025 年度版）
② **ページ数**（書籍に記載されているページ数をご記入ください。）
③ **訂正等，疑問点**（内容は具体的にご記入ください。）
（例:問題文では“ア～オの中から選べ”とあるが,選択肢はエまでしかない）

〔ご注意〕
○ 電話での質問や相談等につきましては，受付けておりません。ご注意ください。
○ 正誤表の更新は適宜行います。
○ いただいた疑問点につきましては，当社編集制作部で検討の上，正誤表への反映を決定させていただきます（個別回答は，原則行いませんのであしからずご了承ください）。

●情報提供のお願い

協同教育研究会では，これから教員採用試験を受験される方々に，より正確な問題を，より多くご提供できるよう情報の収集を行っております。つきましては，教員採用試験に関する次の項目の情報を，以下の送付先までお送りいただけますと幸いでございます。お送りいただきました方には謝礼を差し上げます。
（情報量があまりに少ない場合は，謝礼をご用意できかねる場合があります）。

◆あなたの受験された面接試験，論作文試験の実施方法や質問内容
◆教員採用試験の受験体験記

送付先	
	○電子メール：edit@kyodo-s.jp ○FAX：03-3233-1233（協同出版株式会社　編集制作部 行） ○郵送：〒101-0054　東京都千代田区神田錦町2-5 協同出版株式会社　編集制作部 行 ○HP：https://kyodo-s.jp/provision（右記のQRコードからもアクセスできます）

※謝礼をお送りする関係から，いずれの方法でお送りいただく際にも，「お名前」「ご住所」は，必ず明記いただきますよう，よろしくお願い申し上げます。

教員採用試験「過去問」シリーズ

島根県の
国語科 過去問

編　集　　© 協同教育研究会
発　行　　令和5年11月25日
発行者　　小貫　輝雄
発行所　　協同出版株式会社
〒101-0054　東京都千代田区神田錦町2 - 5
電話　03－3295－1341
振替　東京00190－4－94061
印刷所　　協同出版・POD工場

落丁・乱丁はお取り替えいたします。

本書の全部または一部を無断で複写複製（コピー）することは，著作権法上での例外を除き，禁じられています。

2024年夏に向けて

―教員を目指すあなたを全力サポート！―

●通信講座

詳細はこちら

志望自治体別の教材とプロによる
丁寧な添削指導で合格をサポート

●公開講座（＊1）

詳細はこちら

48のオンデマンド講座のなかから、
不得意分野のみピンポイントで学習できる！
受講料は6000円～　＊一部対面講義もあり

●全国模試（＊1）

詳細はこちら

業界最多の **年5回** 実施！
定期的に学習到達度を測って
レベルアップを目指そう！

●自治体別対策模試（＊1）

詳細はこちら

的中問題がよく出る！
本試験の出題傾向・形式に合わせた
試験で実力を試そう！

上記の講座及び試験は，すべて右記のQRコードからお申し込みできます。また，講座及び試験の情報は，随時，更新していきます。

＊1・・・2024年対策の公開講座、全国模試、自治体別対策模試の情報は、2023年9月頃に公開予定です。

協同出版・協同教育研究会
https://kyodo-s.jp

お問い合わせは
通話料無料の
フリーダイヤル
0120(13《いいみ》)7300《なさんおうえん》
受付時間：平日（月～金）9時～18時　まで